国际中文教育研究课题
学术交流研讨会论文选

（第一辑）

教育部中外语言交流合作中心　◎编

北京语言大学出版社
BEIJING LANGUAGE AND CULTURE
UNIVERSITY PRESS

© 2023 北京语言大学出版社，社图号 23251

图书在版编目（CIP）数据

国际中文教育研究课题学术交流研讨会论文选. 第一
辑 ／ 教育部中外语言交流合作中心编. —— 北京 ： 北京
语言大学出版社，2023.12
　　ISBN 978-7-5619-6466-8

　　Ⅰ. ①国… 　Ⅱ. ①教… 　Ⅲ. ①汉语－对外汉语教学－
教学研究－学术会议－文集 　Ⅳ. ① H195.3-53

　　中国国家版本馆 CIP 数据核字 (2023) 第 227159 号

国际中文教育研究课题学术交流研讨会论文选（第一辑）
GUOJI ZHONGWEN JIAOYU YANJIU KETI XUESHU JIAOLIU YANTAOHUI
LUNWENXUAN (DI-YI JI)

排版制作：北京创艺涵文化发展有限公司
责任印制：周　燚

出版发行：北京语言大学出版社
社　　址：北京市海淀区学院路 15 号，100083
网　　址：www.blcup.com
电子信箱：service@blcup.com
电　　话：编 辑 部　8610-82300207
　　　　　国内发行　8610-82303650/3591/3648
　　　　　海外发行　8610-82303365/3080/3668
　　　　　北语书店　8610-82303653
　　　　　网购咨询　8610-82303908
印　　刷：天津鑫丰华印务有限公司
版　　次：2023 年 12 月第 1 版　　　印　　次：2023 年 12 月第 1 次印刷
开　　本：789 毫米 × 1092 毫米　1/16　　印　　张：14.25
字　　数：308 千字
定　　价：75.00 元

PRINTED IN CHINA

凡有印装质量问题，本社负责调换。QQ：1367565611，电话：010-82303590

目 次

教学、教材与习得研究

师资能力建设研究

线上中文教学研究

中文与文化国际传播研究

区域国别中文教育研究

教学、教材与习得研究

中高级商务汉语口语教材练习考察[*]

——以"商务谈判"话题为例

周　红　上海财经大学国际文化交流学院

马昕彤　上海市控江初级中学

摘　要　练习是教材的重要组成部分。本文以"商务谈判"话题为例，选取2000年后出版的9种中高级商务汉语口语教材，从练习题型与题量、语言练习编排、练习关联度等角度进行考察。考察发现，交际性练习在30%～40%之间为佳，题型数量在9～10道为佳；语言练习按词语到句子再到语篇、机械型到理解型再到交际型的顺序编排；练习与课文内容、语言知识、话题有着密切的关联。在此基础上，文章提出均衡题型与题量、提高编排顺序合理性、增强交际型练习情境性和创新呈现形式等建议。

关键词　商务汉语口语教材　练习　商务谈判　话题　编写建议

一、引言

随着中国与世界各国商务活动的不断深化，商务汉语作为专门用途语言的需求不断增加，商务汉语口语教学因此受到更多重视，教材作为课堂活动的主要载体也得到更多关注。本文以教材重要组成部分的练习编排为研究对象，选取2000年后出版的通用度较高的9种中高级商务汉语口语教材进行考察。具体教材列表详见表1。

表1　9种中高级商务汉语口语教材

编者	书名	出版社	出版时间	简称
刘丽瑛	《经贸洽谈ABC（上）》	北京语言大学出版社	2002	《洽谈》

* 本文是教育部中外语言交流合作中心2021年度项目"国际中文教育新形势下的商务汉语教材及语料库建设研究"（21YH40C）、教育部人文社科项目"面向二语教学的商务汉语平衡语料库建设及应用研究"（21YJA740056）的研究成果。

续表

编者	书名	出版社	出版时间	简称
孙 冰	《商务汉语金桥·中级会话》	北京大学出版社	2005	《金桥》
黄为之	《中级商务汉语实用会话》	北京语言大学出版社	2007	《实用》
黄为之	《经贸中级汉语口语（上册）》（修订本）	北京语言大学出版社	2008	《经贸》
李 泉	《发展商务汉语·口语篇》	上海外语教育出版社	2010	《发展》
李小萌	《纵横商务汉语·中级口语教程1》	高等教育出版社	2012	《纵横》
刘丽瑛	《尔雅中文·高级商务汉语会话教程》（上）	北京语言大学出版社	2012	《尔雅》
辛玉彤	《商务口语流利说》	华语教学出版社	2013	《流利说》
张 黎	《商务汉语拓展·交易与合作篇　企业管理篇》	北京大学出版社	2018	《拓展》

考察练习需明确评判标准。赵金铭（1998）认为，练习应涵盖所有语言点，练习之间要有关联，练习要重视表达性和启迪性，练习数量要充足，练习编排应遵循从有控制到较少控制再到无控制的顺序，练习题目应简练，练习形式应多样；杨东升（2003）认为，商务汉语教材练习应遵循实用性、知识性、趣味性和科学性等原则，并体现交际性和开放性。以上观点涉及练习的数量、题型，以及练习与课文、语言点等的关系，这些对于编写商务汉语口语教材练习均具有借鉴意义。董明、桂弘（2005）认为，练习应与课型特点相符合，与课文内容紧密相关，突出每一课的重难点，注重复习，提高重现率，练习形式要新颖多样、难度要适中、数量要充足；束定芳、庄智象（2008）认为，练习要关注实践性和可操作性，还要考虑外语学习的规律及人脑记忆的特点。

为便于深入考察练习形式与内容的编排，本文以出现频率较高的"商务谈判"话题为例，从题型分类与顺序，机械型、理解型与交际型练习，词语、句子与语篇层级练习，课文内容、语言知识与话题延展练习等四个方面对9种商务汉语口语教材进行定量与定性分析，在此基础上，对商务汉语口语教材练习的编写提出一些建议。

二、题型分类与顺序

统计发现，9种商务汉语口语教材的练习一般按照课文理解、词语练习、句子练习、交际练习与课外阅读的顺序编排，如表2所示（括号中数字为教材分布数量，下同）。

表2　9种商务汉语口语教材题型统计

练习类型	共有题型	特有题型
课文理解（8）	课文简答（5）、课文判断（2）、课文复述（2）	课文填空（《拓展》）

续表

练习类型	共有题型	特有题型
词语练习（7）	词语造句（6）、词语搭配（5）、选词填空（2）	字音辨析（《洽谈》）、词语联想（《纵横》）
句子练习（6）	排序成句（4）、朗读句子（2）、替换练习（2）、改写句子（2）	理解句子（《发展》）、完成句子（《纵横》）
交际练习（9）	情景会话（7）、角色扮演（6）、主题讨论（2）	无
课外阅读（4）	课外阅读（4）	无

第一，课文理解。针对课文内容的理解与巩固，包括4种题型，按频次从高到低依次为：简答、判断、复述和填空。

第二，词语练习。针对课文中出现的重要词语进行复习巩固，包括5种题型，按频次从高到低依次为：词语造句，即用指定的词语造句，复习词语在语境中的具体用法；词语搭配，即给出既定词语，填写常用搭配词项；选词填空，即在句子空白处填写适当的词语；字音辨析，即辨析词语中的易出错字音；词语联想，即填写相关话题的词语。

第三，句子练习。针对课文中出现的重要词语或结构进行句子层面的练习，包括6种题型，按频次从高到低依次为：排序成句，即将词语排列成完整的句子；朗读句子，即用正确的语调朗读句子，注意重音；替换练习，即结合句型进行关键结构的替换；改写句子，即使用重要句型改写句子，意义保持不变；理解句子，即对句子的意义做出正确理解；完成句子，即用给定词语或结构完成句子。

第四，交际练习。围绕本课话题模拟商务情境开展语言表达练习，包括3种题型，按频次从高到低依次为：情景会话，即设置具体情景，引导学生进行对话；角色扮演，即分组扮演角色，完成具体交际任务；主题讨论，即通过问题带动学生思考与自由发挥。

第五，课外阅读，即阅读短文或案例后回答问题。

题量是考察教材练习的重要指标之一。练习题量要适当，并与教学目的相契合。练习过多容易让学习者产生疲惫心理，练习过少也不利于学习者对知识的全面掌握，题量过多或过少均达不到培养学习者交际能力的效果。统计发现，9种教材每课平均题型数量为9.8，题量为44.8，如表3所示（以1课为单位，教材后面的数字是课目；"/"前面的数字为具体的题型数量，后面的数字为小题数量）。

表3　9种商务汉语口语教材题量统计

教材及课目（课）	课文理解（个）	词语练习（个）	句子练习（个）	交际练习（个）	课外阅读（个）	小计（个）
《洽谈》11	3/15	9/52	2/10	1/2	0/0	15/79
《金桥》16	0/0	1/6	1/5	2/7	1/4	5/22
《实用》9	2/4	2/9	2/7	3/5	0/0	9/25
《经贸》4	1/4	2/32	1/19	1/8	1/4	6/67
《发展》13	1/20	1/11	1/4	2/4	0/0	5/39
《纵横》6	1/1	4/25	8/38	6/8	1/1	20/73
《尔雅》3	1/5	2/8	0/0	2/4	0/0	5/17
《流利说》6	2/8	2/9	1/4	3/7	1/2	9/30
《拓展》4	6/42	0/0	0/0	8/9	0/0	14/51
平均值	1.9/11	2.6/16.9	1.8/9.7	3.1/6	0.4/1.2	9.8/44.8

三、机械型、理解型与交际型练习

刘珣（2000）将练习分为机械型练习、有意义的练习和交际型练习。机械型练习考查学生对知识的记忆和模仿情况，有意义的练习（理解型练习）考查学生对知识的内化和理解情况，交际型练习考查学生在实际生活中运用语言表达的能力。统计结果如表4所示。

表4　9种商务汉语口语教材机械型、理解型与交际型练习题型统计

练习类型	共有题型	特有题型
机械型练习	词语造句（6）、词语搭配（5）、朗读句子（2）、替换练习（2）	字音辨析（《洽谈》）、词语联想（《纵横》）
理解型练习	课文简答（5）、排序成句（4）、课外阅读（4）、课文判断（2）、课文复述（2）、改写句子（2）、选词填空（2）	理解句子（《发展》）、完成句子（《纵横》）、课文填空（《拓展》）
交际型练习	情景会话（7）、角色扮演（6）、主题讨论（2）	无

3.1　机械型练习

机械型练习共有题型包括词语造句、词语搭配、朗读句子和替换练习，特有题型是字音辨析和词语联想。这些题型是针对语音、词语和句子的。

朗读句子和字音辨析是针对语音的练习，引导学生区分和辨别汉语拼音。前者如《金

桥》里的"读下面的句子并注意语音语调"，如"我们对贵公司的产品很感兴趣，不知价格如何？"；后者如《洽谈》里的"从下列画横线的字音中选择正确的"，如"上涨 zhǎng　zhàng"。

词语造句、词语搭配和词语联想是针对词汇的练习，引导学生掌握词语的意义和用法。词语造句的呈现方式可以是给出词语自由造句，也可以是指定词语完成句子或回答问题。前者如《流利说》里的"用自己的话解释下列词语并造句"，如"名不虚传"；后者如《尔雅》里的"用指定词语或结构说明你的看法或意见"，如"如果进口大豆的价格比国产的高，进口数量会有什么变化？（高于）"。词语搭配的呈现方式可以是填空或连线。词语联想是围绕某话题开展词语的联想，便于进行词语类聚。

替换练习是针对句型的练习，通过重复操练让学生加深对重点句型的理解和运用，如《金桥》里的："贵公司要不要先谈谈新产品的研发情况？"画线部分用"能不能，大概的价格"替换。

3.2　理解型练习

理解型练习共有题型包括课文简答、排序成句、课外阅读、课文判断、课文复述、改写句子和选词填空，特有题型包括理解句子、完成句子和课文填空。

简答、判断、复述和填空均针对课文内容，其中简答出现频次最高，如《尔雅》第 3 单元的"以第三者的身份回答下列问题：'姜老板为什么非要购买进口大豆呢？'"；其次是判断，如《流利说》第 6 课的"请根据课文内容判断下列句子的正误：'杰克对华宇食品厂非常满意。'"；第三是复述课文，如《纵横》里的"你还记得在'商务导入'中对谈判前需要做的工作的答案吗？现在假设你是鸿涛生产厂的朱新，根据以下提示和课文内容，将此次谈判情况总结成一份报告，并向同伴陈述一遍"；第四是根据课文内容填空，尤其是填写本课的重点词语。

排序成句、改写句子、理解句子和完成句子考查学生对词语和结构的理解。排序成句如《实用》第 9 课的"把下列词语组成句子：'接受 不 还盘 能 的 您 我们'"；改写句子如《纵横》第 6 课的"判断下列哪个句子可以用'有所……'改写，哪个句子可以用'特别是……'改写，和你的同伴讨论一下，并口头表述出来：'石油的价格上涨了''今年什么东西都很贵，房价最贵'"。理解句子以选择题的形式呈现，考查学生对句子含义的理解，如《发展》第 13 课的"'美元还有升值的余地。'这个句子，下面四个选项哪个句子的意思跟例句不一样？'美元已经升值了。/ 美元还可以升值。/ 美元还有升值的空间。/ 美元还有上涨的可能。'"。完成句子如《纵横》第 6 课的"完成下面带'一旦……'的句子，并口头表述出来：'一旦销售量大幅下降，_____'"。

选词填空考查学生对词汇的理解和在具体情境中的运用，《洽谈》里这类练习题数量较多，每篇课文后和每个单元后均有此类题型，包括选择适当的词语、动词、量词等，如"第11单元'先＿＿＿＿一笔＿＿＿＿，就可以送货上门（付款）。'"。

课外阅读是通过相关话题的延展文章来巩固所学内容。如《经贸》第4课话题是"购销"，最后一项练习是一篇补充阅读，标题为《聪明的商人》，内容也是关于购销的，要求学生阅读短文后回答相关问题。又如《流利说》第6课练习，先给出具体案例并针对该案例设置问题："读了这个案例，请谈谈你对商务谈判的看法。"

3.3 交际型练习

交际型练习共有题型包括情景会话、角色扮演和主题讨论。

情景会话的呈现方式有两种。一是模仿课文会话。这是由课文引出的延伸对话。如《拓展》第4课有："假设你是李总，你向王光提出合作条件。请你跟你的老师或同学模仿课文分角色会话，然后交换角色练习。请注意语音语调。"二是补充上下文情景。该类练习会给出交际中角色A的部分，让学生补充角色B的部分，有助于模拟真实交际情景。如《经贸》第4课练习"A：你认为报价单上的价格有竞争力吗？B：＿＿＿＿。（公道）"。三是完成情景任务。该类练习是让学生根据给出的交际情景完成具体的任务。如《发展》第13课练习："买卖双方讨论价格和支付条款时常常要经过很长时间的谈判，怎么才能说服对方呢？现在试一试：1.说服对方同意用你选择的货币支付；2.双方的价格相差60美元，说服对方接受你的价格；3.说服对方采用你选择的支付方式。"我们认为，设置情景会话时可循序渐进，选择不同类型的呈现方式，以帮助学生提升口头交际能力。

"角色扮演"的呈现方式大致分为两种。一种是明确给出要练习的交际功能和不同角色的具体任务，如《发展》第13课练习："讨论支付货币。买方：询问是否收到报价单、解释原因、坚持自己的观点；卖方：回复是否收到报价单、表示感谢、提出跟原来不同的看法、表示同意或反对。参考词语：报价、注意到、贬值、走低、升值、余地、说不好、稳定。"另外一种是对交谈背景进行简要说明，让学生自由发挥，如《发展》第13课练习"讨论支付方式"，题干列出了买方和卖方的交易过程提示语"买方：表示兴趣、询价、提出价格太高、比较价格、还盘、让步、达成一致；卖方：感谢、报价、提出不同看法、解释、让步、坚持、达成一致"，并提供了参考词语"采用、支付、也就是、信用证、即期、远期、额外、惯例、破例"。为体现交际场景的真实性，题干提供的信息应更全面、更准确、更细致，以便更好地引导学生进行交际练习。

主题讨论是让学生结合课文话题给出的问题进行讨论。如《尔雅》第3单元有："通过对比分析，说明中国国产大豆与进口大豆各自的优势。"又如《纵横》第 6 课有："谈判中你的观点和对方不一致，请结合实际案例，谈谈应如何向对方说明自己的理由。"题目还给出了一些提示："方法一：给出数据。方法二：在谈判中援引其他相关案例，为自己的谈判找到依据。方法三：提出新的附加条件。"这些题目与课文所学内容相关，有助于学生进一步思考。

统计发现，以上三类练习在教材中的占比从高到低依次为理解型练习、交际型练习和机械型练习，其中交际型练习占比为 32.7%；题型总数为 5～20 道，教材之间差距较大，平均为 9.8 道，如表 5 所示。我们认为，交际型练习的占比在 30%～40% 为佳，题型总数在 9～10 道为佳。

表5 9种商务汉语口语教材机械型、理解型与交际型练习题目数量统计

教材名称	题型总数（道）	机械型练习 数量（道）/占比	理解型练习 数量（道）/占比	交际型练习 数量（道）/占比
《洽谈》	15	4/26.7%	10/66.6%	1/6.7%
《金桥》	5	2/40.0%	1/20.0%	2/40.0%
《实用》	9	2/22.2%	4/44.5%	3/33.3%
《经贸》	6	2/33.3%	3/50.0%	1/16.7%
《发展》	5	1/20.0%	2/40.0%	2/40.0%
《纵横》	20	4/20.0%	10/50.0%	6/30.0%
《尔雅》	5	2/40.0%	1/20.0%	2/40.0%
《流利说》	9	1/11.2%	4/44.4%	4/44.4%
《拓展》	14	0/0	6/42.9%	8/57.1%
平均值	9.8	2.0/20.4%	4.6/46.9%	3.2/32.7%

四、词语、句子与语篇层级练习

我们将语言层级的练习分为词语练习、句子练习和语篇练习三类。统计发现，语篇练习平均占比为 55.7%，词语练习占比略高于句子练习，如表 6 所示。

表6 9种商务汉语口语教材语言层级练习题型统计

教材名称	词语练习 类型	数量（道）/占比	句子练习 类型	数量（道）/占比	语篇练习 类型	数量（道）/占比
《洽谈》	选词填空、词语搭配、字音辨析	9/60.0%	排序成句、改写句子	2/13.3%	课文简答、主题讨论	4/26.7%

教材名称	词语练习		句子练习		语篇练习	
	类型	数量（道）/占比	类型	数量/占比	类型	数量（道）/占比
《金桥》	无	0/0	朗读句子、替换练习	2/40.0%	情景会话、角色扮演、课外阅读	3/60.0%
《实用》	词语搭配、词语造句	2/22.2%	替换练习、排序成句	2/22.2%	情景会话、课文简答、课文复述、课外阅读	5/55.6%
《经贸》	词语造句、词语搭配	2/33.3%	朗读句子	1/16.7%	情景会话、课文简答、课外阅读	3/50.0%
《发展》	词语造句	1/20.0%	理解句子	1/20.0%	课文填空、角色扮演、情景会话	3/60.0%
《纵横》	词语搭配、词语造句、词语联想	4/20.0%	改写句子、排序成句、完成句子	8/40.0%	复述、角色扮演、情景会话、主题讨论、课外阅读	8/40.0%
《尔雅》	词语造句	2/40.0%	无	0/0	课文简答、角色扮演、主题讨论	3/60.0%
《流利说》	词语造句、词语搭配	2/22.2%	排序成句	1/11.1%	情景会话、课文判断、课文简答、角色扮演、课外阅读	6/66.7%
《拓展》	无	0/0	无	0/0	课文简答、课文填空、情景会话、角色扮演、主题讨论	14/100.0%
小计	22/25.0%		17/19.3%		49/55.7%	

4.1 词语练习

词语练习的共有题型为"词语造句""词语搭配"，特有题型为"选词填空""字音辨析""词语联想"。大多数教材每课都包含 1 至 3 道词语练习题。《洽谈》词语练习设置丰富，占比为 60%，包括选词填空、词语搭配和字音辨析，对词语的关注较为全面，既包括专业词汇，也包括重要的语法点，还包括量词和动词，分别如第 11 单元的"办理、金融、通用、外汇、结算、汇率""怪不得、不好说、不得不、好像、算了""种、家、张、句、杯、把""帮忙、炒股、投资、报价、付款"。《经贸》包括词语造句和词语搭配 2 种题型，其中词语造句不是直接给出词语，而是给出情景，用所学词语补充完成句子，如第 4 课的"请用'确实'回答问题：'这些名优产品在市场上的销售情况怎么样？有竞争力吗？'"。除此之外，《纵横》

其他课中还有词汇联想题，形式为"填写下列词语的反义词和近义词"等，如第 9 课的"写出'延长、降低、赞成、按时、安全、集中、滞销、获得、热门、灵活、增加、疲软、优质、下跌、稳定、接受、远期、担心、合法、短缺、保留、遵守、破损、吃亏'等词语的反义词和近义词"，这种题型有利于引导学生将相关词语集合起来进行联想并记忆，从而扩大学生的词汇量。

4.2　句子练习

句子练习的常见题型有"排序成句""替换练习""改写句子""朗读句子"，特有题型为"理解句子"和"完成句子"。其中《纵横》句子练习题型丰富，从"改写句子"到"排序成句"再到"完成句子"，都属于理解型练习，题目由易到难，编排顺序合理。《经贸》句子练习编排逻辑性较强，先是"熟读下列各句，体会词语的意义和用法"；再是"用固定词语回答下列问题"，考查的词语和第一种练习里的一样，需要学生用相关词汇补全句子，如先通过"他说熟悉市场行情，其实他并不熟悉""他担心开立人民币信用证手续麻烦，其实很简单"等句子体会"其实"的意义和用法，接下来是用"其实"完成句子："他说保证提前交货，其实_____"。

4.3　语篇练习

语篇练习的题型较多，既包括较少控制的理解型练习，如"课文简答""课文判断""课文复述""课文填空""课外阅读"，也包括无控制的交际型练习题，如"情景会话""角色扮演""主题讨论"。语篇练习往往是在理解型练习基础上进行的交际型练习。以《拓展》为例，首先通过简答题和填空题复习课文的内容，再模仿课文结构进行会话，然后是交际表达练习，如第 4 课的"你所在的公司要进行装修，有几家装修公司给你提供了装修方案和报价，请你和一家装修公司的经理联系，就装修价格进行讨论。参考词语及表达方式：希望、预算、标准、压低、相对于、够……的了、主要是、做不了主、商量、如果……那……"。

综上，词语练习多以机械型练习为主，句子练习在机械型练习后搭配适量的理解型练习，语篇练习主要在理解型练习的基础上进行交际型练习。

五、课文内容、语言知识与话题延展练习

练习要紧密结合课文内容、课文包含的语言知识以及课文涉及的话题。统计发现，语言知识练习占比最高，其次是话题延展练习和课文内容练习，如表 7 所示。

表 7　9 种商务汉语口语教材练习关联度统计

教材名称	课文内容练习		语言知识练习		话题延展练习	
	类型	数量（道）/占比	类型	数量（道）/占比	类型	数量（道）/占比
《洽谈》	课文简答	3/20.0%	选词填空、词语搭配、字音辨析、排序成句、改写句子	11/73.3%	主题讨论	1/6.7%
《金桥》	无	0/0	朗读句子、替换练习	2/40.0%	情景会话、课外阅读、角色扮演	3/60.0%
《实用》	课文简答、课文复述	2/22.2%	替换练习、词语搭配、排序成句、词语造句	4/44.5%	情景会话、课外阅读	3/33.3%
《经贸》	课文简答	1/16.7%	朗读句子、词语造句、词语搭配	3/50.0%	情景会话、课外阅读	2/33.3%
《发展》	课文填空	1/20.0%	词语造句、理解句子	2/40.0%	角色扮演、情景会话	2/40.0%
《纵横》	课文复述	1/5.0%	词语搭配、改写句子、词语造句、排序成句、词语联想、选词填空、完成句子	12/60.0%	角色扮演、情景会话、主题讨论、课外阅读	7/35.0%
《尔雅》	课文简答	1/20.0%	词语造句	2/40.0%	角色扮演、主题讨论	2/40.0%
《流利说》	课文判断、课文简答	2/22.2%	词语造句、词语搭配、排序成句	3/33.3%	情景会话、角色扮演、课外阅读	4/44.5%
《拓展》	课文简答、课文填空	6/42.9%	无	0/0	情景会话、角色扮演、主题讨论	8/57.1%
小计	17/19.3%		39/44.3%		32/36.4%	

5.1　课文内容练习

　　与课文直接相关的练习主要有简答、判断、复述和填空。题目按照课文情节发展的先后排序，题干提取了文章中的主要情节和关键信息，在做题的同时还帮助学生梳理课文大意。

多数教材只采用了一种题型，《实用》《流利说》《拓展》则采用了两种或两种以上题型。问题答案可以是固定的，如观点提炼、细节掌握等；也可以是不固定的，具有开放性。以《流利说》第 6 课为例，首先是"判断句子正误"，考查学生对课文的理解，如"杰克对华宇食品厂非常满意"；在此基础上，进一步思考并回答问题，如"在商务谈判中，作为卖方，应该强调哪些因素？"。除简答和判断两种常见题型外，还有填空和复述两种题型。前者如《发展》第 13 课的"曹经理这次报的是_____价格，不是_____价格。"，这种题型既可以复习课文内容，也可以复习重要词语。复述也是很好的复习内容的方式。

5.2　语言知识练习

语言知识是学生理解课文并开展交际的基础和前提。词汇知识的练习题型按使用频次从高到低依次为词语造句、词语搭配和选词填空，这些题型考查词语的意义与用法；还有词语联想题，如《纵横》第 6 课的"请你从学过的词中找出与'电脑'相关的词语"。句子知识的练习题型按使用频次从高到低依次为排序成句、改写句子、替换练习、理解句子和完成句子。针对语音的训练可以使用交际型练习，单独的语音练习主要是朗读句子和字音辨析。从语言知识的编排顺序来看，一般是先词语练习，再句子练习。教材设置练习题时可以参考《洽谈》，先集中展示重要短语或句型等语言知识的用法，然后设置相关练习题。这样可以使该课的语言知识得到集中呈现，学生在复习总结时也有直观的参考，同时在知识呈现后再设置练习题能够让学生学以致用，增强语言知识的积累与运用能力。

5.3　话题延展练习

教材练习中除了与课文有直接联系的部分，还有关于话题的拓展性题目。拓展训练有助于学生更全面地掌握相关知识和技能，提高商务谈判的综合能力。情景会话和角色扮演的使用频次最高，是最常见的题型。在此基础上设计的主题讨论，能提高学生主动收集与加工的能力，如《拓展》第 4 课学习价格谈判，在情景会话和角色扮演之后又设置了主题讨论，即"请问问你的中国朋友，或去商场、工厂实地调查一下，讨价还价的方法有哪些？除了课文中学到的以外，还有什么样的方法比较有效？"

此外，课外阅读提供与话题相关的素材，能帮助学生延展相关内容，如《金桥》第 16 课补充了本课价格谈判话题的对话，并设置了 4 道理解型问答题，有助于帮助学生把握文章的关键信息，检验学生是否掌握了文章的主要内容。

六、编排建议

本文全面考察了商务汉语口语教材的练习编排情况，在未来商务汉语口语教材的编写中，有关练习的题型设置、数量控制、编排顺序等建议如下。

第一，均衡题型与题量。以共有题型为主，兼顾适宜的特殊题型，交际型练习占比在30%～40%为佳，题型数量每课在9～10道为佳。设置练习时应更多关注语篇练习，其次是词语练习和句子练习。词语练习多以机械型练习为主，句子练习宜在机械型练习后搭配适量的理解型练习，语篇练习宜在理解型练习基础上进行交际型练习。语言知识练习的比例应最高，其次是话题延展练习和课文内容练习。

第二，合理安排题型编排顺序。口语教材练习按照课文理解、词语练习、句子练习、交际练习与课外阅读的顺序编排，类型上按照机械型练习、理解型练习和交际型练习的顺序编排。在不同类型练习的编排上，应设置多种类型难度由低到高且有所关联的题目，这样可以避免题目难度一成不变或形式过于单调，从而激发学生的练习兴趣；也可以增强题目间的关联性，逐步提高学生的交际能力。

第三，加强交际型练习的情境性。除了课文内容与语言知识练习外，口语教材练习的重心是围绕课文话题与所学语言知识进行交际练习，因此，应保证交际练习所占比重，增强情境性，让学生能够沉浸其中，提高完成情境任务的成就感。

第四，创新呈现形式。在保持原有商务元素的基础上，创新呈现形式可以调动学习者的积极性。如可以通过有趣的案例故事或图文并茂的形式普及与该课内容相关且与真实商务活动有关的商务知识，并设置针对该部分的练习，增加学生的商务知识储备；也可以在练习题之后开设"商务知识"等板块，对相关内容进行补充，可以选择与本课有关且在商务谈判活动中应用频率高的内容，如"商务面谈时的策略"。

参考文献

董明，桂弘. 谈谈好教材的标准 [J]. 语言文字应用，2005（9）：66-68.

刘珣. 对外汉语教育学引论 [M]. 北京：北京语言文化大学出版社，2000.

束定芳，庄智象. 现代外语教学：理论、实践与方法（修订版）[M]. 上海：上海外语教育出版社，2008：143.

杨东升. 商务汉语教材编写初探 [J]. 辽宁工学院学报，2003（2）：73-75.

赵金铭. 论对外汉语教材评估 [J]. 语言教学与研究，1998（3）：4-19.

《国际中文教育中文水平等级标准》应用研究的"三教"维度："研""学""用"*

宋春香　中国政法大学国际教育学院

摘　要　目前，《国际中文教育中文水平等级标准》出台已有三年多。作为全球化与国际化的通用型和纲领性的语言标准，其应用研究具有重要的理论价值和实践意义。基于国内外已公开发表的文献资料和中国知网数据库（CNKI）的文献资料统计可知，现有研究从"三教"视角来看，关注教师的业务培训，侧重教学的语言技能提升，落脚于教材的研发与对接。鉴于此，本研究认为，国际中文教育标准的应用研究有待在"三教"层面深入拓展，实现教师所"研"、教学所"学"、教材所"用"，即国际中文教师培训力求本土化，国际中文教学突出中文特色，国际中文教材研发有待参照标准，融合中外专家力量，鼓励产学合作，编写新时代的国际中文教材。在上述多元立体融合中，应进一步推进国际中文教育标准应用的进程，为相关研究提供有益的参考。

关键词　国际中文教育中文水平等级标准　教师　教学　教材

一、前言

历史上，"标准是人类文明进步的成果。从中国古代的'车同轨、书同文'，到现代工业规模化生产，都是标准化的生动实践"。[①]《中华人民共和国国民经济和社会发展第十四个五年规划和2035年远景目标纲要》指出，为实现"提升中华文化影响力"的目标，要构建"国际中文教育标准体系"。《教育部2022年工作要点》把"完善国际中文教育标准体系"列为

---

*　本文是教育部中外语言交流合作中心2021年国际中文教育研究课题一般项目《国际中文教育中文水平等级标准》通用性与罗马尼亚本土化研究"（21YH49C）、2021年国家社科基金项目《国际中文教育中文水平等级标准》推广应用及教材研发策略"（21STA032）、2023年北京高等教育本科教学改革创新项目一般项目"'三教'联动'五维'并举——国际法律中文教学理论与实践研究"的研究成果。

① 参见《习近平致第39届国际标准化组织大会的贺信》，网址为：http://www.xinhuanet.com/politics/2016-09/12/c_1119554153.htm。

语言国际合作交流工作的要点。可以看到，国际中文教育标准体系建设是我国语言文化国际传播能力提升的又一着力点（史维国、布占奎，2022）。2021年出台的《国际中文教育中文水平等级标准》（GF 0025—2021）（以下简称《等级标准》）是全球化、国际化的通用型纲领性标准，是国家语委首个面向外国中文学习者，全面描绘、评价其中文语言技能和水平的规范标准（田立新，2021），具有划时代的意义（马箭飞，2021）。胡自远（2022）提议，应以标准建设与应用研究为核心，推动新时代国际中文教育整体性变革。《等级标准》的建设和应用研究是学界关注的一个重点课题。

目前，《等级标准》应用的理论解读突出三个研究角度。第一，基于国家政策的文本层面解读，即从语言政策方面进行文本价值和意义的深刻解读。其定位有四：其一是面向新时代的国家级汉语水平标准，其二是汉语国际教育学科与国际中文教育事业的顶层设计与基本建设，其三是为汉语作为非第一语言的学习、教学、测试、评估四个关键环节提供最权威的参考与指导（李亚男，2021），其四是凸显中文特色，体现中国特色与时代特点（刘英林等，2022）；其意义在于体现汉语母语国的担当（吴勇毅，2021）。第二，基于区域国别的对比层面解读，即通过国内外语言政策和语言标准的对比研究，为我国《等级标准》的推广应用提供启示和借鉴。比如，宏观领域可与《美国外语教学委员会外语教学标准》进行互鉴与互补（刘乐宁，2021）；通过《欧洲语言共同参考框架》与国际汉语水平等级标准的对比研究来探讨其对国际中文教育的影响（张新生，2021），在《欧洲语言共同参考框架》视角下审视对外汉语教学建设问题（施荣杰，2020）；与澳大利亚国际中文课程标准做对比研究，打造国际中文教育多层次、规范化的"教研"新生态（张欣亮、童玲红，2021）等。微观领域可与韩国《汉字能力检定考试大纲》进行对比分析（罗慧兰，2022），为国别化汉字教学大纲研发提供参考；探讨与新加坡中小学华文课程标准对比的意义与构想（陈琪，2021）等。第三，基于《等级标准》衍生标准的研究。对此，史维国、布占奎（2022）将其概括为六种类型：中文能力标准、中文课程标准、中文测试标准、中文教师标准、语言要素标准、专门用途标准。已有研究如：职业中文能力等级标准的构建（宋继华等，2022）、教师标准的制定（冯忠芳，2012；张新生，2014；潘玉华、吴应辉，2016；张洁，2019；王添淼等，2022）、语法大纲研究（郭锐，2021；王鸿滨，2021；金海月、应晨锦，2021）、来华留学生本科入学中文水平标准研究（张洁，2021）、中文医学术语框架研究（李岳峰等，2022）。

鉴于标准建设与研究都需要在教学实践层面进行，故《等级标准》推广与应用既不是一个简单的政策推广，也不是单一的理论阐释，而是一个国际中文教育教学的应用实践。

余佳蔓等（2023）从教学观念、课程、课型、教学资源和教学法等方面探讨了《等级标准》中的教学应用问题，认为教学中不能将语言能力标准等同于语言学习标准和语言课程标准，要重视标准体现的结构与功能并重以及知识、技能、交际三位一体的语言观，避免学生走"为考而学"的歧路。为此，《等级标准》的教学应用应立足本国母语文化，从汉语二语教学层面，基于"三教"教学实践展开多个层面的对话交流，为教师所研，为师生所学，为教材所编，取得最大范围内的国际化应用成果。其间，教师具有控制者、领导者、组织者等多种角色定位（陈颖等，2015；赵杨，2016，2021；刘路，2017），发挥着重要的引导作用；教学是教师应用标准的主渠道。从国外来看，海外中文教师最为关注的就是"三教（jiāo）"问题。从"三教"问题的角度来说，《等级标准》在"教什么"和"怎么教"方面提供了很多可靠的参考（古川裕，2021）。教材是标准应用的重要载体，有助于多模态展示《等级标准》关于听、说、读、写、译各个方面的知识点。鉴于此，《等级标准》应用研究的"三教"问题的理论与实践是本文关注的重点。

本文以中国知网数据库（CNKI）的文献数据为参照，结合《等级标准》应用实践成果，在全球化视野下综合考察其在"三教"维度的"研""学""用"问题。

二、教师维度：《等级标准》是国际中文教师的重要研究内容之一，需依托研讨培训平台实现为教师所"研"

目前，《等级标准》是国际中文教师开展教学科研的出发点和归宿，是国际中文教师的教学目标，是国际中文教师立足本国、面向世界的职业素养要求。在其应用中，无论是在国内还是在国外，国际中文教师一般都起着教学引导的作用，是具体的实践者。国际中文教师的知识能力与综合素养将决定《等级标准》应用的实际效果。但是，教师对《等级标准》的认识与把握会因人而异，其自身的标准也会因语境差异而有所不同。赵杨（2021）将国际中文教师分为三种语境下的三种主体类型：第一种是在国内国际中文教学所处的语境，即中文母语教师在中文环境中教授中文；第二种是孔子学院中方教师和志愿者以及其他国家中文母语教师所处的语境，即中文母语教师在非中文环境中教授中文；第三种是其他国家本土教师所处的语境，即中文非母语教师在非中文环境中教授中文。本文以国内和国外作为分类标准，将教师概括为国内的国际中文教师和国外的本土中文教师两大类型。在《等级标准》的应用过程中，从教师维度看，现有研究多关注其标准构建和业务研讨活动，由此不断提升其专业素养，加大不同语境教师的业务培训力度，增强教师实践教学应用的综合研究能力。

2.1 国内对外汉语教师的业务研讨与培训

这是指针对国内从事国际中文教学工作者的业务培训和学术研讨活动。传统意义上的国际中文教师具有立足中文母语国的地域优势，也拥有宣传推广《等级标准》的义务和责任，他们在实际的宣传工作中起到了积极作用。依托中外语言交流合作中心、世界汉语教学学会、北京语言大学、华东师范大学、汉考国际教育科技（北京）有限公司等企事业单位和机构，对外汉语专家、教师举办了多期研讨会与线上讲座。比如，2021—2022 年，融合高校、教育机构资源，全球中文教学线上交流平台先后举办了四场《等级标准》专题讲座研讨活动，即"研制与应用、深度解读与研究路向""基于中文水平等级标准的语言要素教学案例分享""基于中文水平等级标准构建国际中文教育学科知识体系""区域国别化视域下的中文水平等级标准研究与应用"；2022 年，先后有"聚焦标准 共话未来"《国际中文教育中文水平等级标准》学术研讨会、《基于新标准体系的国际中文教育教学语法资源建设研究》新书座谈会（共两场）等（见表 1）。这些学术活动的及时开展为《等级标准》后续具体的国际实践与应用提供了智力支持。

表 1 《等级标准》推广主题的国内学术研讨会（2021—2022 年）

序号	时间	地点	名称	主办方与承办方
1	2021 年 4 月 20 日	北京语言大学（线上 + 线下）	《国际中文教育中文水平等级标准》新书发布会暨国际学术研讨会	1.中外语言交流合作中心 2.北京语言大学
2	2021 年 9 月 11 日	线上	《国际中文教育中文水平等级标准》的研制与应用——全球中文教学线上交流平台（第二十一场）	1.北京语言大学汉语国际教育学部 2.北京语言大学出版社 3.汉考国际教育科技（北京）有限公司
3	2022 年 1 月 8 日—9 日	线上	"聚焦标准 共话未来"《国际中文教育中文水平等级标准》学术研讨会	1.汉考国际教育科技（北京）有限公司 2.华东师范大学
4	2022 年 5 月 28 日	线上	《国际中文教育中文水平等级标准》的深度解读与研究路向——全球中文教学线上交流平台（第二十七场）	1.北京语言大学汉语国际教育学部 2.北京语言大学出版社 3.汉考国际教育科技（北京）有限公司 4.世界汉语教学学会标准与认证工作委员会
5	2022 年 6 月 4 日	线上	基于中文水平等级标准的语言要素教学案例分享——全球中文教学线上交流平台（第二十八场）	
6	2022 年 6 月 25 日	线上	基于中文水平等级标准构建国际中文教育学科知识体系——全球中文教学线上交流平台（第二十九场）	

续表

序号	时间	地点	名称	主办方与承办方
7	2022 年 7 月 2 日	线上	区域国别化视域下的中文水平等级标准研究与应用——全球中文教学线上交流平台（第三十场）	北京语言大学出版社
8	2022 年 10 月 8 日	线上	"国际中文教育标准建设与创新发展"学术高峰论坛	1. 喀什大学中国语言学院 2. 四川外国语大学中国语言文化学院
9	2022 年 11 月 27 日	线上	《基于新标准体系的国际中文教育教学语法资源建设研究》新书座谈会（第 1 场）	北京语言大学出版社
10	2022 年 12 月 4 日	线上	《基于新标准体系的国际中文教育教学语法资源建设研究》新书座谈会（第 2 场）	北京语言大学出版社

2.2 国外本土教师的业务研讨与培训

这是指国外中文母语教师与国外中文非母语教师的业务培训与学术研讨活动。这些活动一方面能实现中外教师的交流对话，另一方面也有助于实现《等级标准》与本土外语教师标准中教学能力要求的对接。目前，围绕《等级标准》已经先后举办了针对西班牙、美国、印度尼西亚等国家的国别化讲座（见表 2）。2023 年 7 月于韩国首尔举办的"《国际中文教育中文水平等级标准》实施两周年国际学术会议"由 10 家单位承办，6 家单位大力支持，来自中国、韩国、美国、日本、越南等国家和地区的 500 余名国际中文教育专家学者出席了这次会议。① 相关研究日益关注实践与应用，为全面推进《等级标准》高质量发展做出了积极的学术贡献。其他国家的本土中文教师学术研讨还有待深入。

表 2 《等级标准》推广主题的国别化国际学术研讨活动（2021—2023）

序号	时间	地点	名称	主办方与承办方
1	2022 年 9 月 3 日—4 日	线上	《国际中文教育中文水平等级标准》西班牙工作坊	1. 汉考国际教育科技（北京）有限公司 2. 西班牙汉语考试委员会
2	2022 年 9 月 17 日—18 日	线上	《国际中文教育中文水平等级标准》印尼工作坊	1. 汉考国际教育科技（北京）有限公司 2. 印尼雅加达华文教育协调机构

① 参见《〈等级标准〉实施两周年国际学术会议在韩国首尔举行》，网址为：http://www.chinanews.com.cn/m/gj/2023/07-03/10035868.shtml。

续表

序号	时间	地点	名称	主办方与承办方
3	2022 年 9 月 24 日	线上	《国际中文教育中文水平等级标准》与美国中文教学国际学术研讨会	1. 美国中文教师学会 2. 汉考国际教育科技（北京）有限公司
4	2023 年 7 月 1 日—2 日	线上 + 线下（韩国首尔）	《国际中文教育中文水平等级标准》实施两周年国际学术会议	1. 世界汉语教学学会 2. 吉林省教育国际交流协会 3. 汉考国际教育科技（北京）有限公司 4. 韩国外国语教育学会 5. 韩国中国语教育学会 6. 韩国中国语文学研究会 7. 韩国延世大学中国研究院 8. 在韩中国教授学会 9. 彩虹孔子学院 10. 佳选企划 支持单位包括：中国驻韩国大使馆、吉林省教育厅、韩国孔子学院联席会、韩国中国语教师会、（社）韩国大学未来教育协会、韩国旅游发展局

除上述活动外，海外孔子学院教师和志愿者师资培养标准也关注到以埃塞俄比亚孔子学院为例的非洲地区（赵屹青，2022）等，同时也关注本土中文教师的培育过程和特点分析。如罗世琴（2023）认为，新时期国际中文教育本土教师的培育过程具有三个特点：高阶性、精准性与时代性。其中，精准性是在充分考虑诸种差异与个性因素的基础上，开展具有较强针对性的精细化的训练与实践。构建国际中文本土教师培育长期稳定的有效机制，要开拓中国境内与海外本土互为补充的培育格局，采用学历教育与短期培训相辅相成的培育模式，用好媒介资源与标准化建设合力打造的培育平台，实施有规模、有计划、有层次的持续培育的策略。

总体上看，相关研究显示：海外孔子学院在教师和志愿者的数量、质量、师资建设和标准化等方面存在不足，相关研究有待深入，有针对性的业务培训尚有待进一步强化，以更有效地在海外开展中文教学工作。诚如刘利（2021）所言，基于《等级标准》深入研讨其在教学、测试、资源建设等领域的应用问题，非常具有现实意义，在此基础上的教学实践将更具有参照性和推广性价值。

三、教学维度：《等级标准》是国际中文教师和汉语二语学习者共同学习的重要内容之一，需在教学实践中实现为师生所"学"

《等级标准》是一部全新的立足汉语特点的国家等级标准（李行健，2021），具有鲜明的中国特色和时代特点（刘英林等，2022），是多语世界国际中文教育的共同语言（袁礼，2022）。它既遵循汉语规律，又融合语言与文化。实践教学中的"学"离不开语言、技能、文化这三个层面的有机融合。基于现有的"四维基准"互动研究成果，尤其是从"联通性"和"一致性"两个角度的考察（王鸿滨，2023），可以认为这些知识和技能既是教师的教学内容，也是学习者的学习内容。

3.1 学语言：音、字、词和语法

这里是指教师基于中文音形义的特点，深入学习汉语的语言要素，包括语法、语音、汉字、词语、句子和篇章的理论知识和应用策略，而学习者要在此基础上学习语言本体知识，进一步提升跨文化交际能力。音节、汉字、词汇、语法是中文水平等级标准的"四维基准"。以语法为例，根据金海月、应晨锦（2021）的研究，《语法等级大纲》统计了3000余册国际中文教材的语法点频率，参考了11部国际中文教学大纲与标准的研制成果，是结合汉语语法本体研究成果与汉语教学实际研制而成的。大纲分为12大类语法项目，共有572个语法点，体现出细化的分级取向，为国际中文教学、汉语水平考试提供了非常具体而明确的参考内容。以汉字为例，关注汉字表的发展（梁彦民，2022），以理解、应用汉字表，指导汉字教学；考察初等汉字赋值及构词能力，以评估等级汉字和手写汉字（邢军，2022）等。以词汇为例，通过"对接与调适"开展词汇教学，解读《等级标准》词表的内涵，提出弹性使用《等级标准》词表的具体调适方案（王军，2022），在已有儿化词（娄秀荣，2022）、同素逆序词研究（俞雷，2022）的基础上，不断拓宽不同类型词语的研究，丰富词汇教学方法与技巧。如上，对《等级标准》"四维基准"的学习有助于教师把握语言要素的基本内容和量化指标，从而开展针对性教学。

3.2 学技能：听、说、读、写和译

在教学中，基于《等级标准》，教师需要完成听力、口语、阅读、写作和翻译技能的教学任务，而学习者需要实现听说读写译技能的全面提升。《等级标准》对学习者的语言技能进行了具体的分级描述。以阅读为例，明确了阅读字数和阅读时间。其"三等九级"式描述目标包括"认读"→"识读"→"读懂"→"略读"→"跳读"→"查读"，即"认读"音

节、汉字、词汇，"识读"常见标识，"读懂"语言材料，"理解"文化内容，"深刻理解"文章思想和社会文化内涵。其中，渐进式学习目标与递进式阅读技能的设计更加符合二语习得的规律，这为后续国际中文分级阅读教材提供了可供实践的重要参考，也为创新教学提供了新思路。从写作来看，武晓平（2022）认为，可以从模因论视角探索中等水平的写作教学问题，通过构建以认知模因和语言模因为核心任务，采用融入中外文化差异点（"同化"）、围绕写作教学环节（"记忆"）、依托应用文体训练（"表达"）、鼓励学生分享中文作品（"传播"）等教学策略，提升学生的中文写作能力。关于"译"的融入性教学探索（钱明琪，2022）也已经开始，这为在未来进一步丰富语言技能的内容和形式打下了基础。

3.3 学文化：了解、理解和双解

这里是指基于《等级标准》的文化定位，肩负文化使命[①]的国际中文教师需要完成中国语言文化的教学任务，帮助学习者在文化理解力方面实现从初步认识到深刻理解再到交流讲解的递进式提升。与以往的各类标准不同，《等级标准》文化特色明显。王学松（2022）指出了其三大文化特色，即汉语作为中华文化载体本身的独特性，具有中华文化特色的系统性思维方式，注意发挥汉字超时代、超地域的特点。建议在其指导下，借助《国际中文教育用中国文化和国情教学参考框架》，放下对文化大纲和"用中文教文化"的两大执念，探索出一条新形势下的文化教学实施路径。从阅读描述来看，《等级标准》里的中文阅读理解能力侧重于文化理解，其对理解程度的描述以副词来做程度上的模糊性规约。比如，针对文化内容，要求学生从中等阶段的"基本了解"文化因素到"较好理解""基本理解"文化内容，再到高等阶段的"准确理解""深刻理解"文章思想和社会文化内涵，理解能力逐级提高。基于此的"他者"叙事——理解后的跨文化讲解和分享，将有助于提高中国语言文化的国际认知度。其中，渐进式学习目标与递进式阅读技能的设计不仅符合二语习得的规律，也符合二语文化习得的规律。最终，由理解提升到讲解的层次，实现跨文化的对话、沟通与交流，实现语言技能的双项综合提升。

---

① 宋春香（2018b）在《"一带一路"与对外汉语教师的文化使命》一文中提出：随着"一带一路"的逐步推进，对外汉语教师必将担负起推广中华优秀传统文化的时代使命。在教学实践中，教师应掌握目的国的语言，增强中外文化沟通的能力，践行异质文化沟通的使命；应创新课堂教学理念，增强中国文化传播的能力，践行本国文化传播的使命；应秉持平等对话理念，增强比较文化研究的能力，践行比较文化研究的使命。

四、教材维度：《等级标准》能够融入各类国际中文教材和考试用书，需结合教材资源建设为教材编写所"用"

如何在新时代、新的教育观念和教育技术下推进教材编写和研究，应该是国际中文教育学科发展和建设的重大课题，也是推进国际中文教育事业发展的根本性课题（赵美玲，2022）。这里的为教材所"用"是指参考《等级标准》并用其中的中文语言要素和文化知识来编写新时代国际中文教材，解决《等级标准》的教学实践问题，尤其是在区域国别、考教融合、行业对接等方面推出最新的国际中文教材，从而运用教材这一载体积极推广和应用《等级标准》，实现共生共促的双赢目标。

4.1 参考《等级标准》，编写区域国别的本土类教材

在区域国别方面，现有研究从国内国外两个方面关注标准建设情况，既关注国外汉语教学大纲所参照的《国际汉语教学通用课程大纲》和汉语考试大纲情况（张丽，2021），也发表了世界主要发达国家中文教学标准研究报告（王祖嫘等，2021），以及基于数据库的海外中文教育标准体系建设情况（梁宇等，2022）。这些比较、调研和数据分析为国别化教材编写提供了借鉴，有助于科学参考《等级标准》，实现国别语言政策和实践教学的多元融合。今后应在国民教育体系中融入《等级标准》的"四维基准"，针对中小学设计与初中级中文水平对接的兴趣类教材、选修类教材；针对成人设计水平逐步提升的速成类、专业类、应用类教材。编写中，可以走中外合编的路子，中外互鉴，活学活用，因材施教，全面满足学习者的需求，实现中文教材的本土化、在地化、国别化。

4.2 对接《等级标准》，编写考教融合的考试类教材

首先，处理好 HSK 与《等级标准》的关系。针对考试的国际中文教材编写工作需要教师具有较强的教学与考试测评素养，在考试教材编写中能够以 HSK 为基石，以《等级标准》为参照（王姝娇、彭越，2022），有效评估和满足学习者的学习需求。其次，搭建中外联合编写团队，对接《等级标准》，编写考教融合的教材。其三，综合利用多模态资源，编写立体化考试教材。基于线上教学与线下教学相结合的混合式教学的实际情况，借助资源实施多模态教学是现有国际中文教学的优化模式。目前调查显示，海外中文学习者普遍使用的是各种网络学习软件，而这些软件在资源内容上存在局限性，缺乏科学性、系统性；未能贯彻落实中文规范的各项标准，规范性得不到保证；更谈不上分"三等九级"、限定释文示例用词

的等级与《等级标准》配套，无法体现针对性和应用性原则（李行健，2021）。理想的配套教学资源分级与共享尚需投入更大的人力和物力来建设、来维护。在《等级标准》的国际对接过程中，我们应注重策略多元化和配套教学资源开发的市场化（王祖嫘等，2021）。总之，在教学评估与测试中的多元对话将有助于实现中文教学标准与中文考试标准的衔接，推进中文课程与国别认证考试接轨（王祖嫘等，2021），实现《等级标准》与本土中文学习考试的认证对接。从教考结合的角度看，基于《等级标准》所教授的中文知识应该能够满足各种类型的中文考试需求。在原有六级分级的 HSK 考试体系基础上，七级到九级的研发将丰富现有国际中文测试的内容和形式。

4.3　融合《等级标准》，编写行业对接的特色类教材

行业特色类教材包括商务、科技、旅游、法律等内容，对实用性要求较高，且应用对象比较明确，我们应力求做到"研发团队专业化""案例选取典型化""教材体例系统化""语言运用实用化""文化解读趣味化"（宋春香，2018a），充分发挥《等级标准》在教材编写中的参考作用。今后应与行业对接，与专家合作，推出一系列特色化的行业中文教材。

五、结语

《等级标准》是国际中文教育高质量发展、助力构建人类命运共同体之必需（钟英华，2021）。"三教"维度是《等级标准》不断"标准化"的生动实践，更是构建国际中文教育教学共同体的生动实践。

本文结合《等级标准》应用研究成果，在全球化视野下综合考察"三教"层面的应用研究情况，目的在于以《等级标准》为宏观参照，指出现有研究的不足，提出未来的应对策略和展望，以期在世界范围内展开对话，在业界形成"三教"的思想共识，加大中文教师的培训力度，打造国际中文教师的教育与教学合作共同体，增强主体意识，促进《等级标准》与各类国别化中文教师标准、教学标准、教材标准的协调统一发展，进一步推进《等级标准》的国别化、国际化应用，形成以《等级标准》为参照且复调共生的国际"大中文"教育格局。

参考文献

陈琪. 新加坡中小学华文课程标准与《国际中文教育中文水平等级标准》对比的意义与构想 [J]. 国际汉语教学研究，2021（1）：24-26.

陈颖，马羽安，嵇建琴，等. 远程学习者视角下的英语教师角色———项基于隐喻分析的实证研究 [J]. 中国远程教育，2015（8）：45-52.

冯忠芳. 泰国中小学本土汉语教师标准制定再探讨 [C]. 中国西安：第十一届国际汉语教学研讨会论文集，2012：543-549.

古川裕. 在《国际中文教育中文水平等级标准》新书发布会暨国际学术研讨会上的致辞 [J]. 国际汉语教学研究，2021（2）：8-9.

郭锐.《国际中文教育中文水平等级标准·语法等级大纲》的后续工作 [J]. 国际汉语教学研究，2021（1）：11-15.

胡自远. 主持人语——以标准建设与应用为核心，推动新时代国际中文教育整体性变革 [J]. 国际汉语教学研究，2022（4）：3.

金海月，应晨锦. 中文水平等级标准的语法等级大纲研制原则 [J]. 国际汉语教学研究，2021（3）：12-22.

李行健. 一部全新的立足汉语特点的国家等级标准——谈《国际中文教育中文等级水平标准》的研制与应用 [J]. 国际汉语教学研究，2021（1）：8-11.

李亚男.《国际中文教育中文水平等级标准》解读 [J]. 国际汉语教学研究，2021（1）：24-26.

李岳峰，胡建平，张晓祥，任宇飞，庹兵兵. 中文医学术语标准开发管理体系框架研究 [J]. 中国卫生信息管理杂志，2022（1）：69-73.

梁彦民. 国际中文水平等级标准汉字表的发展 [J]. 国际汉语教学研究，2022（3）：20-29.

梁宇，王祖嫘，邵亦鹏. 基于数据库的海外中文教育标准体系建设研究 [J]. 天津师范大学学报（社会科学版），2022（1）：14-20.

刘乐宁. 美国外语教学委员会外语教学标准与《国际中文教育中文水平等级标准》的互鉴与互补 [J]. 国际汉语教学研究，2021（1）：16-17.

刘利. 在《国际中文教育中文水平等级标准》新书发布会暨国际学术研讨会上的致辞 [J]. 国际汉语教学研究，2021（2）：6-7.

刘路. 二语教师课堂角色研究述评 [J]. 云南师范大学学报（对外汉语教学与研究版），2017（2）：17-25.

刘英林，李佩泽，李亚男.《国际中文教育中文水平等级标准》的中国特色和解读应用 [J]. 国际汉语教学研究，2022（2）：31-38.

娄秀荣.《国际中文教育中文水平等级标准》中的儿化词研究 [J]. 参花（中），2022（6）：134-136.

罗慧兰. 韩国《汉字能力检定考试大纲》与《国际中文教育中文水平等级标准·汉字部分》对比研究 [D]. 广州：广东外语外贸大学，2022.

罗世琴. 新时期国际中文教育本土教师培育及长效机制的建构 [J]. 民族教育研究, 2023（2）: 164-169.

马箭飞. 在《国际中文教育中文水平等级标准》新书发布会暨国际学术研讨会上的致辞 [J]. 国际汉语教学研究, 2021（2）: 4-5.

潘玉华, 吴应辉. 国际比较视野下的汉语教师标准及素质研究 [J]. 语言文字应用, 2016（2）: 142.

钱明琪. 语言技能"译"的融入性教学探索 ——基于《国际中文教育中文水平等级标准》的思考 [D]. 广州: 广东外语外贸大学, 2022.

施荣杰.《欧洲语言共同参考框架》视角下的对外汉语教学建设 [J]. 语言规划学研究, 2020（1）: 84-89.

史维国, 布占奎. 推进国际中文教育标准体系建设 [N]. 中国社会科学报, 2022-09-20（3）.

宋春香. "一带一路"法律人才培养与法律汉语教材研发的若干问题 [J]. 中国法学教育研究, 2018a（2）: 16-31.

宋春香. "一带一路"与对外汉语教师的文化使命 [J]. 教师, 2018b（32）: 31-33.

宋继华, 马箭飞, 朱志平, 王静, 彭炜明, 陈晨. 职业中文能力等级标准的构建问题 [J]. 语言文字应用, 2022（2）: 2-14.

田立新. 在《国际中文教育中文水平等级标准》新书发布会暨国际学术研讨会上的致辞 [J]. 国际汉语教学研究, 2021（2）: 3-4.

王鸿滨.《国际中文教育中文水平等级标准》中语法等级大纲的研制路径及语法分级资源库的开发 [J]. 国际汉语教学研究, 2021（3）: 23-36.

王鸿滨.《国际中文教育中文水平等级标准》"四维基准"互动研究 [J]. 天津师范大学学报（社会科学版）, 2023（3）: 1-9.

王军. 对接与调适: 基于《国际中文教育中文水平等级标准》的词汇教学策略 [J]. 国际汉语教学研究, 2022（4）: 10-19.

王姝娇, 彭越.《国际中文教育中文水平等级标准》背景下国际中文教师测评素养实证研究 [J]. 国际中文教育（中英文）, 2022（4）: 33-41.

王添淼, 刘薇, 赵杨. 欧洲《教师语言教育能力指南》及对国际中文教师标准的启示 [J]. 汉语学习, 2022（1）: 77-84.

王学松.《国际中文教育中文水平等级标准》的文化定位与文化教学实施路径 [J]. 国际汉语教学研究, 2022（4）: 4-9.

王祖嫘, 何洪霞, 李晓露, 等. 世界主要发达国家中文教学标准研究报告 [J]. 国际中文教育（中英文）, 2021（4）: 42-51.

吴勇毅. 汉语母语国的担当和责任——《国际中文教育中文水平等级标准》制定的意义 [J]. 国际汉语教学研究, 2021（1）: 18-20.

武晓平. 基于中文水平等级标准的中等写作教学探究——从模因论视角 [J]. 通化师范学院学报, 2022（11）: 112-118.

邢军.《国际中文教育水平等级标准》初等汉字考察 [C]. 第十一届汉字与汉字教育国际研讨会论文摘要集，2022-05-06.

余佳蔓，叶军，沈佳晨. 比较视域下《国际中文教育中文水平等级标准》的教学应用研究 [J]. 新疆师范大学学报（哲学社会科学版），2023（2）：102-109.

俞雷. 国际中文教育中文水平等级标准同素逆序词研究 [J]. 汉字文化，2022（5）：122-125.

袁礼. 标准是多语世界国际中文教育的共同语言 [J]. 国际汉语教学研究，2022（3）：91-96.

张洁. 中美汉语作为第二语言的教师培养标准对比研究 [J]. 云南师范大学学报（对外汉语教学与研究版），2019（5）：36-44.

张洁 . 来华留学生本科入学中文水平标准的探究 [J]. 国际汉语教学研究，2021（3）：37-45.

张丽. 西班牙中文教育与国际中文水平等级标准 [J]. 国际汉语教学研究，2021（1）：20-21.

张欣亮，童玲红. 中澳国际中文课程标准的比较研究 [J]. 教育探索，2021（9）：83-87.

张新生.《国际汉语教师标准》和汉语外语师资培训本土化 [J]. 国际汉语（第三辑），2014：47-51.

张新生.《欧洲语言共同参考框架》与国际汉语水平等级标准 [J]. 国际汉语教学研究，2021（2）：65-73.

赵美玲. "国际中文教育标准 建设与创新发展"学术论坛纪实 [J]. 汉字文化，2022（20）：199-201.

赵杨. 外语教学的核心是教师 [J]. 国际汉语教学研究，2016（2）：7-9.

赵杨. 国际中文教育中的主体间性研究——兼论国际中文教育中的"自我"与"他者" [J]. 民族教育研究，2021（5）：170-176.

赵屹青. 非洲中文师资培养标准研究——以埃塞俄比亚孔子学院为例[C]. 北京大学对外汉语教育学院. 第十二届东亚汉语教学研究生论坛暨第十五届对外汉语教学研究生学术论坛论文集 . 北京：北京大学出版社，2022.

中华人民共和国教育部，国家语言文字工作委员会. 国际中文教育中文水平等级标准（GF 0025—2021)[S]. 北京：北京语言大学出版社，2021.

钟英华. 在《国际中文教育中文水平等级标准》新书发布会暨国际学术研讨会上的致辞 [J]. 国际汉语教学研究，2021（2）：2.

《国际中文教育中文水平等级标准》高等阶段语素集束教学模型的构建 *

尹彤迪　张艳华　山东大学国际教育学院

摘　要 在汉语作为第二语言习得过程中，尤其是进入高等水平阶段，学习者已基本形成了一定的语素意识，开始试图在大脑中建立以同一语素为核心的词与词之间的关联。但由于缺乏科学的关联理据，学习者无法自主建立逻辑关联。本文将军事领域"集束弹"概念借喻到语素教学中，指在一定等级范围内，以共同语素为核心节点的若干词的关联集合。通过对《国际中文教育中文水平等级标准》高等水平新设七—九级的质性描述和量化指标进行分析，结合实例阐述了语素集束模型的实现路径，包括集束语素的选择、语素义溯源与分类、语义透明度分析、认知关联搭建等。最后基于线上教育发展趋势，提出以线上微课作为语素集束教学模型产出形式的建议，以期为一线教师教学赋能。

关键词 语素教学　词汇教学　集束模式　中文等级标准

长期以来，国际中文教育事业的发展汲取了诸多西方第二语言教学的研究成果，尤其是以"词"为单位进行的教学。从积极意义上看，这有利于发现汉语与其他语言的共性，实现汉语教学的普适性，降低入门认知成本。但另一方面，这种词汇教学方法忽略了汉语词汇内部的生成机制和理据。学习者之所以产生汉语字词难学、难认的看法，其根本原因是没有处理好字与词的关系，没有充分利用由字到词的推衍能力。众多学者对此已经开始进行反思。如李泉（2020）提出，汉字是语素文字，集形音义于一身。汉语的诸多特点都表明：汉语教学必须走自己的路子，而不能照搬其他二语教学的路子。

---

* 本文是教育部中外语言交流合作中心 2021 年国际中文教育研究课题"《国际中文教育中文水平等级标准》高等阶段语素集束教学模型构建研究"（21YH66D）的研究成果。

一、汉语语素与语素教学

1.1　汉语语素

　　语素是最小音义结合体，是构词的基本单位。汉语语素以单音节为主，与汉字基本对应。现代汉语逐渐向双音节化发展，古代的单音节词作为构词语素，根据一定的语法规则和语义相关性组成了大量双音节复合词。

　　汉语语素义兼具稳定性与灵活性。虽然有的语素是多义的，但语素一旦固定在具体词中就仅对应一个单一的语义了。而语素义的生成性与灵活性使得由语素义扩展到词义甚至更大结构的语义时，都具有心理现实性。除此以外，汉语语素在组合成词时音形稳定，书写没有变化，清晰可辨。由此可见，汉语语素在汉语教学中具有得天独厚的优势。如果能发挥语素的桥梁作用，以核心语素为中心进行词汇扩展，对学习者汉语词汇的扩充和词汇教学效率的提高都具有积极作用。

1.2　汉语语素教学

　　汉语作为第二语言的词汇教学理念大致可以分为两种：整词教学和语素教学。整词教学持汉语整词通达的观点，强调将汉语词作为一个整体进行教学（彭聃龄等，1999；陈贤纯，1999；冯丽萍，2003；郭胜春，2004；陈琳，2015；赵玮，2017）。从研究结果看，语素在词义中的通达程度与学习者的汉语水平相关，因此采取整词教学的建议基本针对初、中等阶段学习者。与整词教学理念相对的是语素教学，这一理念认为应该从语素义入手来认知词义（张朋朋，1992；王又民，1994；邢红兵，2006；朱志平，2006）。研究者（张捷鸿，1996；王周炎、卿雪华，2004；洪炜、冯聪，2017）通过实证研究发现高等水平的汉语学习者在语素通达方面具有优势。基于语素教学理念，研究者进一步提出了语素教学法的构想（吕文华，1999；肖贤彬，2002；何飞英，2010；赵金铭，2012），但研究基本以搭建理论框架为主，尚未基于某一词汇范围建立具体模型，也不足以为一线汉语教师的词汇教学提供实质性的教学资源。

　　综上可得出以下结论：首先，语素对词义通达和词汇教学具有积极作用；其次，高等阶段学习者已具备语素意识，能够学习更为抽象、精确、差别细微的高等词汇。因此，高等阶段应重视并科学利用语素进行教学。

二、《国际中文教育中文水平等级标准》框架下的高等汉语水平标准

《国际中文教育中文水平等级标准》（GF 0025—2021）（以下简称《等级标准》）由教育部、国家语言文字工作委员会发布，作为国家语言文字规范于 2021 年 7 月 1 日正式实施。作为以汉语为中心、为主导的国家级中文水平等级标准新体系，《等级标准》设置了全新的高等阶段七—九级，为汉语高级人才的培养提供了新的顶层设计和改革方向。

2.1 《等级标准》高等阶段量化指标分析

由表 1（引自《等级标准》）可知，七—九级词汇在 6 级词汇量（5456 个）的基础上新增 5636 个，呈现倍增的量级跨越，但从新增汉字与词汇的关系来看，高等阶段新增汉字 1200 个，仅占新增词汇量的 21%。由此可以形成两个推论：一是高等阶段新增汉字具有较强生成性，二是高等阶段大部分新增词是由初、中等阶段已学语素构成的。两个推论都指向利用语素进行教学的必要性和可行性。语法点方面，高等阶段语法点共 148 个，其中词类语法点 66 个，占语法点数量的 45%。可见，词汇是高等阶段提高汉语能力的突破口，利用语素进行的词汇教学将提升高等阶段的汉语学习效率与效果。

表 1　《等级标准》语言量化指标

等次	级别	音节	汉字	词汇	语法
初等	一级	269	300	500	48
	二级	199/468	300/600	772/1272	81/129
	三级	140/468	300/900	973/2245	81/210
中等	四级	116/724	300/1200	1000/3245	76/286
	五级	98/822	300/1500	1071/4316	71/357
	六级	86/908	300/1800	1140/5456	67/424
高等	七～九级	202/1110	1200/3000	5636/11092	148/572
总计		1110	3000	11092	572

注：表格中"/"前后两个数字，前面的数字表示本级新增的语言要素数量，后面的数字表示截至本级累积的语言要素数量。

2.2 《等级标准》高等阶段质性描述分析

与《等级标准》初、中等阶段的分级质性描述不同，高等阶段的质性描述是对七—九级整体进行的。对高等阶段质性描述进行分析，可以发现未来汉语高等阶段教学需要突出以下工作重点：

　　一是 HSK3.0 版七—九级"一试一卷三级"所带来的高等汉语教学目标的调整。对于学习者而言，参加高等汉语水平考试，目标不再仅仅是通过达标分数线，而是尽可能获得高分以达到更高的级别，这就要求学习者尽可能掌握更多的词汇。如何跨越高等阶段词汇学习过程中普遍遇到的"高原现象"障碍，更科学高效地记忆词汇成为新时期汉语高等教学的重中之重。

　　二是高等阶段对翻译能力，尤其是专业翻译能力要求的精进。《等级标准》的中等和高等阶段在以往听、说、读、写四项语言技能的基础上，增加了翻译技能，形成了"听、说、读、写、译"五项语言基本技能要求。其中"译"在中等阶段描述为"翻译能力"，而在高等阶段则描述为"专业翻译能力"，可见高等阶段对翻译在"信"与"达"的向度上要求更为严格。因此，培养学习者掌握词汇在不同语境中的语义精准度、不同语体语域中的语用适切度，成为未来高等阶段教学的重要任务，尤其是要让学生掌握汉语中语义抽象的词汇和差异细微的近义词辨析与选择。

　　三是注重高等阶段"中文＋专业"的教学。高等阶段的汉语教学主要面向以汉语为专业或各领域与中方密切交流合作的学习者，体现了培养高层次、国际化人才的理念，而这一理念也反映了中国未来面向全球所需国际人才的构想与要求。高等水平的中文人才在专业领域需要完成学术文献阅读、专业文章撰写、论坛交流报告等多来源、多观点、多模态的信息深加工任务，因此需要从词汇、句法、语体、修辞、逻辑论证等多方面进行能力的提升，而词汇是能力提升的基础，尤其是专业领域中，高效地学习大量专业词汇需要将这些词汇进行整合。专业词汇往往具有共同的核心语素，利用语素将专业词汇进行系连成为提高高等阶段词汇记忆加工能力的重要手段。

　　四是关于高等阶段中国文化知识教学的内嵌。进入高等阶段，学习者对中国文化的理解已经不再满足于传统文化知识和基本国情，大部分高水平学习者有长期在中国生活的经历，对中国社会情况相对熟悉。除了专门开设中国文化专题讲座与课程外，还应在语言教学中渗透更为深层的文化元素。由语言与文化、思维的关系可知，中国文化内涵与中国人的思维特征深嵌于汉语语言系统之中。汉语自古单音节词占优势，现代汉语词汇逐渐向双音节发展，现代汉语大量复合词也是由单音节语素根据一定的构词法和语义相关性组合而成的。因此在汉语语言系统中，语素保留了中国文化意蕴的原貌与理据。

　　综上所述，基于《等级标准》高等阶段量化指标的教学任务的起点是语素。应将语素作为汉语学习的逻辑起点，发挥语素的桥梁作用，把语素和词汇教学结合起来，在高等阶段重视学习者的词汇教学，尤其是引入语素的词汇教学。

三、基于《等级标准》高等阶段量化指标的语素集束教学模型构建

3.1 语素集束概念界定

语素集束教学模式中的"集束"来自军事领域的"集束弹"概念。"集束弹"指一种子母弹，母弹发射后弹体打开，子弹呈放射状散布。本研究将"集束"借喻到语素教学中，指在一定等级范围内以共同语素为节点的若干词语集合。例如，"集"作为一个语素，在《等级标准》高等阶段的词汇表中涉及"采集""集会""集结""集邮""集资""集装箱"六个词，可构成一个以"集"这一共同语素为节点，包括但不限于以上六个词的语素集束。词与词之间也存在通过认知逻辑建立的关联理据。

帮助学习者建立此类语素集束存在学理依据。郭胜春（2004）的研究证实，对于初等阶段的汉语学习者而言，汉语词汇是以整词形式存在于记忆中的。而进入中等阶段，学习者的语素意识逐步出现，开始自觉将头脑中已学过的词按照共同语素进行排列，形成了以同一语素为核心的词汇集束"雏形"。但这些包含共同语素的词还未在头脑中建立语义关联或界限，学习者对大量同语素近义词的细微语义差别难以分辨、记忆混乱。进入高等阶段，学习者语素意识逐渐增强，但需要掌握的词汇也更加抽象，语义语用的限制条件也趋于复杂。单凭学习者的自悟能力很难建立起清晰的关联，因此需要将具有共同语素的词通过纵横关联形成集束，并以集束为单位进行教学。

3.2 语素集束教学模式的实现路径

3.2.1 集束语素的选择

首先，划定选择的大范围，以《等级标准》词汇表中七—九级词汇为基础范围，允许根据实际情况和需要跨级调整。例如，七—九级词汇表中"提拔""提炼""提名""提速""提心吊胆""提议""提早"可析出"提"这一共同语素。除此之外，六级词汇中"提交"在目前线上教学常态化的语境下使用频繁，如"提交作业""提交申请"等，因此也可跨级纳入"提"的集束。

其次，优先选择《等级标准》语法等级大纲中七—九级语法点中的语素。高等阶段含有大量词类语法点，有的词类语法点本身就是单音节语素，构词能力强，应纳入集束教学。

第三，优先选择语义抽象的词的共同语素作为集束。语义抽象的词如果没有语境的支撑或相关语素的联动激活，很难准确掌握其语义语用。对于这类词，可先对语素进行溯源，从具象词的语义入手，通过认知语境等手段将其与抽象词进行关联，形成集束模式。

以上选择原则并非刚性标准，实施过程中具有一定的弹性空间。教师也应根据学习者的需求、水平等具体情况选择集束语素和集束中所包含的词汇。

3.2.2　语素义溯源与词汇分类

确定所选择的语素后，可对语素进行溯源，寻找其本义与引申义。溯源本身就包含了深层的中国文化知识意蕴。以"集"为例，古时写作"雧"，甲骨文为 ，《说文解字》中解释为："雧，群鸟在木上也。"因此"集"最初表示很多鸟聚集在一起，后表示"分散的人或物聚在一起"。溯源寻得本义后，可以对语素义项进行分类。要注意的是，分类的标准不一定以词典中的义项分类为依据，而是以易于学习者认知记忆为导向。可以按最基本的词性、义项分类，也可按照词中另一语素的难易程度分类，甚至可以合理地按照认知逻辑进行创造性的分类。只要合理并有助于学习者记忆和掌握词汇，都可作为分类的依据。例如，根据"集"的语素义"人或物聚在一起"，可以分为"人聚在一起"的"集会""集结"，"物聚在一起"的"集邮""集资""采集""集装箱"。

3.2.3　根据语义透明度分析确定教学顺序

肖贤彬（2002）提出，"语素法"最大的教学困难在于处理语素义和词义的关系问题。词义往往不是语素义的简单相加，因借代、比喻或语素义失落等原因造成的语素义与词义不一致，往往不是靠猜测所能掌握的，需要做进一步的解说。在对集束中词汇进行分类的过程中或完成分类后，都需要厘清哪些词是可以通过语素义推理出整词义的，哪些词是需要借助语境等其他手段帮助学习者掌握其语义语用的。这就需要对集束中的词进行语义透明度分析。语义透明度指整词义可以由语素义推导得出的难易程度。语素义与整词义的关系越密切，语义透明度越高，反之则语义透明度越低。语义透明度大致可以分为"透明""比较透明""比较不透明""不透明"四级。根据语义透明度分析结果，确定集束各分支及分支内的教学顺序。仍以"集"为例，"集会""集邮""集资""集装箱"属于透明等级，"采集""集结"属于比较透明等级。整体上看，语素"集"所构成的集束词语语义透明度比较高。结合上一步中的分类，教师可按照语义透明度确定集束的基本框架。

3.2.4　语境与例句设计

集束中每个词的串联与讲解，都需要构建语境并设计例句，尤其是一些语义透明度低的词语，其语义在汉语的演变过程中已消失或变异，导致学习者很难利用语素义推导出整词义。洪炜等（2017）通过实证研究发现，丰富的语境信息能够弥补语素猜词策略的不足，帮助学习者进一步核查词义。尤其是对于非透明词，语境线索能够有效提高猜词的准确性。因此，对集束中透明度低的词，不必墨守成规地分析语素，而应尽量为学习者提供具有丰富语境信息的句子，帮助学习者通过语境进行整词记忆。例如，高等词汇中"封建""出息""索性"等词均属于不透明词，其构词语素的意义与整词的语义不同，并且这些词中蕴含的文化因素使词语增添了附加意义和色彩。在这种情况下，就需要提供语境和例句，使学习者在掌握语义的基础上，理解这些词的语体、使用的语境以及词语中的文化内涵。

3.2.5　通过理据关联形成集束模型

集束的基本框架搭建完成后，就形成了以共同语素为节点、依循理据关联形成的词语的集束模型。整个集束作为词汇网络的一个片段，既可以是教学单位，也可以是学习者的记忆单位。集束的横向、纵向关联均可根据认知逻辑设计。根据以上步骤构建的"集"的集束教学模型如图 1 所示。

图 1　语素"集"集束教学模型示例

3.3　语素集束教学模式产出形式

肖贤彬（2002）提出，"语素法"和现行教材存在一些矛盾。语素尚未作为一级语法单位纳入对外汉语语法教学体系之中。语素教学法也受到线下课程体系、课堂教学容量等因素的限制，因此大多数情况下仅作为课堂教学的一个环节，并未系统化地加以运用。语素教学需要找到适合其独特性的呈现形式，既能作为独立的模式使学习者集中学习，跨越"词汇高原"障碍，又能与宏观的课程体系相适配，服务于主体教学。语素集束模式体量小，符合线上微课教学颗粒含量的要求，因此适合将每一集束单元做成一个微课视频，体量虽小，但能聚沙成塔，帮助学习者有效提高词汇水平。总而言之，以线上微课形式呈现的语素集束教学有以下几点优势。

3.3.1　顺应新时代线上教育发展的需要

后疫情时代，线上教学仍以其技术优势持续稳定开展，国际中文教育也在教学模式上寻求新思路、新范式、新突破。《等级标准》使用说明中明确提出，其主要用途包括作为"互联网+"时代国际中文教育的各种新模式、新平台构建的重要依据。语素集束教学模式以线上微课形式呈现，有利于扩大学习者范围，帮助更多国家和地区的汉语学习者提高汉语水平。

3.3.2　符合当前大众碎片化的信息获取习惯

当前快节奏的生活方式使信息传播呈现出碎片化趋势，人们更倾向于利用零散时间，随时随地进行知识片段的获取。除了通过正式的线下课程系统学习之外，学习者还可以通过非正式的线上课程学习，采取"零存整取"的策略，片段式地获取知识，与大脑中的已有知识建立起关联。语素集束教学模式以微课短视频的形式呈现，每个集束都是一条 10 分钟以内的微课视频，符合学习者碎片化的学习特点。

3.3.3　有助于学习者有针对性地突破词汇弱项

线上碎片化学习的重要特征是个性化，学习者可以根据自己的需求，选择具有针对性的学习资源。每一个以语素集束为单位的微课视频都可独立存在，学习者可以自主地查缺补漏，不断完善自己的汉语词汇体系。

3.3.4　有利于"线上+线下"混合教学新模式的开展

"互联网+"时代的教育变革提出了"线上+线下"混合教学的理念，这一理念发挥现代科技手段与传统人文观照的优势，打破时空限制，使线上教学与线下教学有机融合起来。未来国际中文教育需要整合线上与线下的教学资源，充分满足学习者的需求。在《等级标准》的引领下，课程体系、教材编写、教学设计等后续工作将逐步开展，而语素集束教学作为一种线上教学模式，是基于全球性、普适性的《等级标准》内容建立的，既能同国内高校的汉语教学保持良性呼应，又易于同海外本土化的汉语课程体系保持动态平衡。

四、结语

汉语的语言系统以语素为基本单位，语素教学是汉语教学中的基础性环节。《等级标准》所引领的新时期国际中文教育教学将语素置于重要地位，在新形势、新环境下开展语素教学势在必行。从国际中文教育未来长远发展来看，将语素作为汉语教学切入点，还原了汉语教学的本来面貌，修正了以往照搬西方二语教学理论导致的教学路向偏移的错误。语素集束教学模型为语素教学体系的构建提供了一种新思路，目前仍有许多后续工作有待开展，这需要更多一线教师以教学实践为基础、以学理为支撑，共同搭建并完善语素教学模式框架，探索符合汉语特殊规律和国际中文教育特色的教学路径。

参考文献

陈琳. 语素和整词在初级汉语二语者合成词语音识别中的作用研究 [J]. 华文教学与研究, 2015（3）: 1-5.

陈贤纯. 对外汉语中级阶段教学改革构想——词语的集中强化教学 [J]. 世界汉语教学, 1999（4）: 3-11.

冯丽萍. 中级汉语水平外国学生的中文词汇识别规律分析 [J]. 暨南大学华文学院学报, 2003（3）: 26-31.

郭胜春. 汉语语素义在留学生词义获得中的作用 [J]. 语言教学与研究, 2004（6）: 27-36.

何飞英. 语素教学法在汉语高级阶段词汇教学中的运用 [J]. 韶关学院学报, 2010（1）: 165-168.

洪炜, 冯聪. 汉语二语学习者与汉语母语者的双字合成词识别过程差异研究 [J]. 现代外语, 2010（4）: 387-394.

洪炜, 冯聪, 郑在佑. 语义透明度、语境强度及词汇复现频率对汉语二语词汇习得的影响 [J]. 现代外语, 2017（4）: 529-539.

李泉. 新时代对外汉语教学研究: 取向与问题 [J]. 语言教学与研究, 2020（1）: 1-10.

吕文华. 建立语素教学的构想 [C]. 第六届国际汉语教学讨论会论文选. 北京: 北京大学出版社, 1999.

彭聃龄, 丁国盛, 王春茂. 汉语逆序词的加工——词素在词加工中的作用 [J]. 心理学报, 1999（1）: 36-46.

王又民. 汉语常用词分析及词汇教学 [J]. 世界汉语教学, 1994（2）: 58-62.

王周炎, 卿雪华. 语素教学是对外汉语词汇教学的基础 [J]. 云南师范大学学报, 2004（5）: 39-42.

肖贤彬. 对外汉语词汇教学中"语素法"的几个问题 [J]. 汉语学习, 2002（6）: 68-73.

邢红兵. 《（汉语水平）词汇等级大纲》双音合成词语素统计分析 [J]. 世界汉语教学, 2006（3）: 63-71.

张捷鸿. 对外汉语高级阶段的词汇教学 [J]. 山东师范大学学报（社会科学版）, 1996（5）: 103-106.

张朋朋. 词本位教学法和字本位教学法的比较 [J]. 世界汉语教学, 1992（3）: 222-223.

赵金铭. 现代汉语词中字义的析出与教学 [J]. 世界汉语教学, 2012（3）: 379-389.

赵玮. "语素法"和"语境法"汉语二语词汇教学效果的对比研究 [J]. 语言教学与研究, 2017（4）: 16-25.

朱志平. 双音节复合词语素结合理据的分析及其在第二语言教学中的应用 [J]. 世界汉语教学, 2006（1）: 83-90.

中华人民共和国教育部, 国家语言文字工作委员会. 国际中文教育中文水平等级标准（GF 0025—2021）[S]. 北京: 北京语言大学出版社, 2021.

基于 OBE 的"一带一路"国际中文学习者学习行为研究 *

郭　旭　宁波大学人文与传媒学院

摘　要　本研究基于 OBE"确立目标—寻求方法—动态评估—成果检验"理论框架，聚焦国际中文学习者学习行为，确立"一带一路"高质量发展阶段背景下国际中文学习者的学习目标，探求学习者学习行为发生路径，构建学习者学习行为动态评估指标体系，检验国际中文学习者的学习效果。通过国别化学习行为分析、学习主体的动机引导、交际能力和认知能力的培养，有针对性地调节学习者学习行为，提升国际中文人才培养质量。

关键词　OBE　国际中文　学习行为　"一带一路"

一、引言

1.1　问题的提出

作为国际化人才培养的前沿阵地，国际中文教育与国家发展及全球化进程密切相关。新时期以来，中国经济持续发展，建立了世界上门类最为齐全的工业体系，并随着"一带一路"倡议的提出扬帆出海，全方位服务全球经济发展，致力于打造人类命运共同体。国际中文教育从发轫到勃兴贯穿经济与社会发展的全过程。

在国际中文教育领域，"教"和"学"是一体两面。长期以来，学界对于与"教"相关的教师、教材、教法等方面进行了深入的研究并取得了丰硕的成果，但是对于与"学"相关

* 本文是教育部中外语言交流合作中心国际中文教育研究项目"印尼本土中文教师梯队建设和人才库动态构建研究"（21YH39D）、中国高等教育学会 2022 年度高等教育科学研究规划课题"'一带一路'倡议下中国高校印尼办学机遇与推进策略研究"（22YZ0406）、宁波大学教改项目"基于 OBE 理念的国际中文教育课程内容设计及考核体系研究"（JYXMXYB2021025）的研究成果。

的学生、学习等的研究还有待发展完善。鉴于此，本研究基于"成果导向教育"（Outcoming Based Education，以下简称"OBE"）理论，对国际中文学习者的学习行为进行系统研究和科学评估，以学生未来的学习成果作为产出的起点，揭示学生学习行为的特点，研究如何通过调节学生学习行为提高学习效率，从而提升人才培养质量，解决新时期国际型中文人才供给侧与需求侧的结构性矛盾。

1.2 概念与方法

在古代汉语中，"学"和"习"是两个独立又密切关联的词语，《礼记·月令》中记载"鹰乃学习"，意为农历六月雏鹰出巢，通过观察、模仿老鹰的飞翔方式并不断练习，最终学会高翔天宇、搏击长空;《论语》中记载孔子的言行，曰"学而时习之，不亦说乎"。以上两个例子体现了观察、模仿谓之"学"，练习、温习谓之"习"的概念，揭示了学习行为与情感、思维和心理状态之间的关联性。事实上，现代认知心理学已经证明了学习包含感知、理解、巩固和应用等要素，人类学习是以语言为中介通过直接经验或间接经验，有意识、有目的地获得知识或技能的过程，这是人类超越本能以更好适应复杂环境的必要手段。学习受到环境因素的制约和影响，学习的本质属性是特定环境下有机互动的过程。

《现代汉语词典》（第7版）把"行为"定义为"受思想支配而表现出来的活动"。Thorndike很早就指出学习是人类本性和行为的改变（Thorndike，1931），Thorpe也认为学习是通过由经验产生的个体行为的适应性变化而表现出来的过程（Thorpe，1963）。总而言之，学习行为不仅是学习者学习知识和技能的外显反应，还与学习者的认知、情感、策略密切相关，并且这种行为是可以被观察、描述和记录的（Miltenberger，2011），毕竟只有被观察到的、能被量化的东西才能被视为行为，才能被认识和研究。

借鉴莫斯科大学阿斯莫洛夫教授的概念框架，国际中文学习者的学习行为从广义上讲是指学习者作为学习主体自我完善和发展语言水平的能力，也就是学会中文学习的能力；从狭义上讲是指与作为主体的学习者学习生活紧密相关的一整套学习行为方法，具体来说，是指学习者在学习的过程中能够自我习得新知识和新技能，包括整个学习的组织和建构的过程（张艳等，2019）。本研究关注的学习行为是在一定环境内发生的，以获得知识和技能为目标，可以被测量和量化的主体认知、学习兴趣、学习策略等行为。

OBE可称为成果导向教育、能力导向教育、目标导向教育或需求导向教育。OBE教育理念是一种以成果为目标导向，以学生为中心，采用逆向思维进行教学的教育理念。OBE理念自提出以来，逐渐成为被国际广泛接受的教育范式。OBE理念遵循"确立目标—寻求方法—动态评估—成果检验"的运行模式，该模式将评价纳入整体性的视野之下，并以动态实时评价贯穿课程实施的全过程（Spady，1994）。以此为基础，不同的研究者将所关注领域的研究对象纳入该模式之下，例如，Acharya以学习产出为核心重新定义、实现、评估和使用模式程序（Acharya，2003）。本研究则在此基础上再向前推进一步，在OBE的理念框架下将学习行为作为研究对象，通过确立学习行为目标、寻求学习行为研究方法、动态评估学习行为、学习行为成果检验等一系列步骤，集中研究国际中文学习者的学习行为，建立学习者学习行为动态评估系统，提高学习者的学习效率，提升人才培养质量。下文将对几个方面分别加以论述。

二、目标取径：国际中文学习者学习行为的环境驱动

Stern认为社会环境除了文化观念之外，还包括社会语言、社会文化、社会经济等因素，这些是影响二语习得的重要因素。Gardner在研究学生语言习得效果时提出了"社会教育模式"（The Social-educational Model）理论，他以社会文化环境为起点，将影响第二语言习得的各个要素排列成一条习得活动的链条，链条上的主要环节包括社会环境、学习者的个体差异、习得环境，最后是习得效果（Gardner，1985）。此外，第二语言习得可获得性程度、目的语国家和地区的语言政策等，都是影响外语学习结果的外在环境因素（Stern，1983）。他把客观的政治经济环境与观念上的社会文化环境区分开，完善了影响二语学习者习得效果的因素系统。

Finch（2001）直接把影响语言学习效果的外部环境做了层级划分，并定义为宏观环境，其中最小一级是班级教室环境，然后是学校、社区、地域，再扩大到国家的政治、经济和文化环境，形成一个层层向外的涟漪状结构。如果把政治经济等外部客观环境和关于文化观念的社会环境作为一个大生态系统来看的话，那么置身其间的国际中文学习者受到此生态系统的制约，在与环境不断互动的过程中逐渐形成对该系统的主体认知，这三者共同构成了国际中文学习者学习行为的决定性因素，注重学生内在学习力与环境的交互作用（金鑫等，2021）。

由此可见，国际中文学习者的学习行为特征主要受三大因素的影响：主体认知、社会环境、文化观念。这三方面基本上概括了影响学习者学习行为和习得效果的主要因素，这些因素带有显著的国别化、地域化、族群化等特征。随着"一带一路"倡议的不断推进，国际中文学习者日益增多，在地化教学和线上教学将成为人才培养的主要途径。在传统的教学场域发生改变或缺少目的语环境的情况下，良好的学习效果变得至关重要，因此必须对不同国家、地区和族群学习者的学习行为特征进行深入分析。

2.1　主体认知

Dörnyei（2005）系统总结和论述了影响学习者二语习得的个体因素，并对这些因素进行了细致的划分和图解，包括学习者的性格气质、学习动机、语言学能、学习风格、学习策略、交际意愿、焦虑情绪、学习过程中的创造力、学习信念的坚定程度等。需要特别提出的是，这些渗透了学习者作为二语学习主体的个人特点，已经拥有的知识经验、学习习惯、学习策略方法等个体性因素，都受上述环境因素的影响，显示出强烈的国别化、地域化和族群化特征。

正如诸多研究者所指出的，在性格气质方面，从整体上而言，欧美学生偏于外向，而日本、韩国等亚洲学生则以内向居多，不同的精神气质决定了他们所采取的学习策略也各不相同。欧美国家的学生偏好于听说，亚洲学生因为受到汉字文化圈的影响而更擅长读写。他们处理焦虑和压力的方法也因国家和地域的不同而各异。在国际中文学习动机方面，学者们进行了一些概括性研究：日本本土学生大多以"对中国、对中文有兴趣"为动力，选择对"就业有利"的非常少（保坂律子，1998）；俄罗斯本土学生则倾向于"为找一份好工作"（石传良等，2006）；美国本土学生主要对涉及日常生活的社会问题比较关注，对东西方文化差异也较感兴趣（杨丽姣，2006）；等等。

随着"一带一路"倡议的高质量开展，关于学习者国别化特征的研究也逐渐深入：王添淼（2013）在详细的语料收集和统计之后，仔细区分了欧美学生、日本学生和韩国学生在声、韵、调方面不同的偏误特点，提出了更具针对性的国别化教学策略；丁安琪（2014）分析了不同国家留学生来华前后中文学习动机强度的变化；胡晓清（2018）根据各国国际中文学习者不同的发音特点和学习风格，主张将先前没有区分学习者特征的平面化语料库建设延伸为立体形态的国别化中介语动态语料库。

2.2　社会环境

这里所谓的社会环境包含三个层面的内容。首先是社会环境，包括政治制度、经济建设、物质条件等因素。不同国家的政治体制、经济发展状况、基础设施建设情况、与中国的政治经济文化交往情况都各不相同，宏观社会环境的不同决定了国际中文学习者学习动机的基本内容。以"一带一路"共建国家为例，这些国家的国际中文学习者以大环境为驱动力，自觉地通过语言学习加入"一带一路"的建设行列中来。其次是学习环境，主要指以课堂教学为代表的正式环境学习及以深入社会和自然为特点的非正式环境学习。学习环境对语言输入、意义协商式的交互、推动型输出、对语言形式的注意等方面均具有重要影响（戴运财、王同顺，2012）。最后是语言环境，指学习者在不同环境下语言的使用范围和使用频度，体现在母语与目的语的竞争和选择上，也就是所谓的语言距离。例如：处于汉字文化圈的韩国学习者，由于使用中文的机会较多，因而对中文的认同度较高；而处于非汉字文化圈的美国和印尼学习者，因使用中文的机会较少，对中文的认同度则略低。

2.3　文化观念

文化观念是二语学习者及其所在群体在历史上形成的对事物所共同持有的态度，包括文化认同、族群认同和价值观认同等。Kim 曾提出价值观测量的六个要素：社会规范的服从、取得成就获得家族认可和接纳、自我情感控制、集体主义，以及体现东方特点的谦虚和孝道（Kim et al.，1999）。通过这些测量要素发现，隶属西方文明的美国对价值观认同度不高，而隶属汉字文化圈的亚洲国家，由于对体现了儒家思想的社会结构的天然亲近性，从而对这些价值观测量项目有着高度的认同。在文化和族群认同方面，让人感到意外的是美国虽然接触中国文化较少，却对东方文化的神秘性有着浓厚的兴趣，认同度较高。究其原因，可能是多民族、多文化背景的美国人更容易理解不同地域的文化，他们对文化的态度呈现出开放包容的特点。而一水之隔的韩国和日本，因其民族情绪较为强烈，对自身历史的强烈认同导致了他们对其他民族文化存在不同程度的排斥心理（魏岩军等，2015）。这些不同基本上都与国别相关，因此在国际中文教学过程中，要充分考虑学习者文化观念的国别化问题。

值得注意的是，国际中文学习者的学习行为特征并非孤立地表现在以上三要素的某一方面，而是在各方面均有不同程度的体现，并且相互联系、相互作用，通常是学习者在某一方面受了影响，会在其他方面表现出来。以海外中文学习者年龄分布问题为例，李宇明（2018）通过梳理美国、法国及东南亚国家中文学习者的特点发现，学习者年龄逐渐变低。进一步研究低龄化形成的原因发现，中国改革开放初期因为国力尚不发达，中文学习的动力主要为华侨华人的传承诉求，其他国家学习中文的愿望也不强，一些国家由于政治原因甚至出现了断层。但随着中国国力的增强，尤其是"一带一路"倡议的提出，共建国家的学习者开始从事与中文相关的职业，而断层之后的华侨华人觉得有必要传承中华民族文化，便从孩子抓起，出现了低龄化现象。成人和孩子学习中文的动机不尽相同，这也导致了他们的学习策略截然不同。这是不同国家和地区的社会环境在学习者身上带来的动机改变，动机的改变影响着策略的改变，策略的改变又带来了学习效果的不同。

三、动态评估：国际中文学习者学习行为指标系统构建

3.1 学习环境复杂动态模式构建

上文已经明确了国际中文学习者学习行为的内涵，现在还必须明确学习行为内涵背后所包含的影响性因素有哪些，或者说，影响学习者学习行为的因素有哪些。只有对这些因素加以研究，才能有针对性地构建起影响国际中文学习者学习行为的指标体系，从而提升学习者的学习效率。关于这方面的系统研究，Finch（2001）在研究教学活动时发现教室本身就是一个复杂动态系统，他先从微观的教师、学生和班级出发，然后从宏观的学校性质、社区属性、地域特征进一步推衍，最后扩大到国家的政治、经济和文化层面的影响，并以之为中心构建起了学习者学习的复杂动态关系模型，如图1所示。

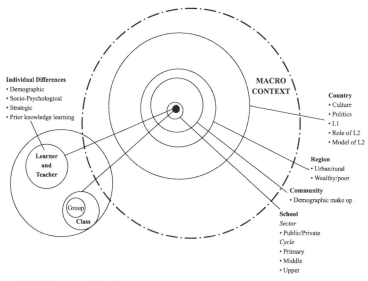

图1　二语学习环境复杂动态模式

由图1可知，如果从微观角度对学习者进行分析，就要考虑到个体因人口特征、社会心理、学习策略、优先学习目标等造成的差异，这些个体性差异恰恰包含了影响学习者学习行为的因素。对此，Dörnyei（2005）在古希腊哲学家柏拉图的启发下，以人类的认知特征为影响学习者学习行为的基础，将组成人心智的认知、情感和动机三个维度分别作为三个子系统，构建了学习者的复杂动态关系模型，据此对学习者因素进行了系统的切分与分析。另外，Gardner（1985）研究发现，对于二语学习者来说，其语言学能及学习动机对于学习结果最有预测力。Ellis（2008）认为在学习者二语学习过程中，其个体因素的差异性需要得到充

分的描述和分析，否则二语习得研究有欠完整。因此，在关乎语言理解的输入与关乎语言加工的输出之间，学习者的个体因素影响显著（Dörnyei，2005；Robinson，2007）。

戴运财、王同顺（2012）在研究二语学习中环境、学习者和语言的互动关系时，关于学习者因素的部分借鉴了 Dörnyei 和 Ellis 的研究成果，他们将影响学习者学习行为的因素切分为三大方面：(1) 个体认知差异，包含智力、学能和工作记忆等；(2) 个体情感差异，包含动机、学习风格和性格等；(3) 学习策略。他们设计的二语习得的动态模式图以二语习得作为最终目标，体现了环境因素和语言因素对学习者本身的影响，其重点是以中介语发展为过渡阶段的二语习得动态模式。

3.2　学习行为动态评估体系构建

Dörnyei（2005）指出，在二语学习的所有变量中，个体因素与最终学习效果的相关程度最高，这也是影响学习者学习行为差异的重要因素，必须进行系统的研究。Freeman & Cameron（2008）将这些影响二语学习的因素总结为认知差异、情感差异和学习策略 3 个一级指标，以此为基础再继续切分：认知差异可以切分为学习者智力、语言学能和工作记忆 3 个二级指标；情感差异可以切分为学习动机、学习态度、学习风格、性格特点、焦虑感和交际意愿 6 个二级指标；学习策略可以切分为元认知策略、认知策略和情感策略 3 个二级指标。这些指标共同构成了国际中文学习者学习行为动态评估指标系统。

3.2.1　认知差异

国际中文学习者的认知差异包含语言学能、工作记忆和学习智力三方面的内容。

（1）语言学能。Carroll（1981）认为语言学能是所谓一般智力（general intelligence）中负责语言学习的功能部分，这些相对独立的能力包括语音编码、对语法的敏感度、语言归纳等。需要注意的是，语言学能作为一种能力并不是二语习得的先决条件，但是它可以帮助提高学习者的中文学习速度，同时降低学习难度。

（2）工作记忆。根据自然科学的研究结果，大脑中负责工作记忆功能的结构叫海马体，位于额头后面大脑皮质区域，又叫大脑的前额叶，信息不但在这里储存，还在这里被加工处理。信息加工过程主要通过前额叶里某些神经元延迟或持续放电来完成（鲁白，2017）。Dörnyei（2005）认为工作记忆是由语音环（phonological loop）、视觉空间模板（visuo-spatial sketchpad）、中央执行系统（central executive）和情节缓冲器（episodic buffer）四个部分构成的，对语言理解和语言输出进行存储及加工。测试表明，工作记忆容量对阅读等语言学习环节有显著影响（倪锦诚，2017）。

（3）学习智力。大脑的智力结构是一个复杂的组合体，Gardner（2006）将其归纳为八又二分之一种智力，包括语言智力、逻辑智力、交往智力等。其实，语言智力并非独立存在，而是作为多元智力的一部分在工作，实验表明，其与语言学习效果呈正相关（马珂，2012）。

3.2.2 情感差异

国际中文学习者的情感差异由学习动机、学习态度、学习风格、性格特点、焦虑感和交际意愿六个因素组成。

学习动机是影响学习者学习效果的最重要的因素，它直接决定着学习者后续的学习行为特征以及学习策略的选择。学习动机可以分为外在动机和内在动机，外在动机又可以分为外在调节型动机、摄入调节型动机和认同调节型动机，内在动机又可以分为知识动机、成就动机和刺激动机（Lepper et al., 2005），并且这些动机的强度是随着环境或者个体认知的改变而改变的（丁安琪，2014）。

学习态度可以称为学习行为投入的状态，学习者以"动态、目标、弹性、建构和持续"的行为与学术环境进行交互（Skinner & Pitzer, 2014）。学习行为投入是指学习者的任务投入时间、学习任务持久性、努力性与参与性，这是学习投入的基本构成维度和情感认知投入的载体，对其反馈与干预会有效提升学习效果（武法提、张琪，2018）。

学习风格是指学习者在学习过程中处理信息的方式。对于学习者而言，个体的学习风格差异性较为明显。Manolis、Fletcher 等研究者针对不同学习者的学习风格设计了不同的教学方法，从而使学习者的学习技巧和学习策略得到了有效的提升（Vasilevastojanovska et al., 2015）。

性格特点、焦虑感和交际意愿三个因素是学习者的个体特征，心理特征显示，外向型性格的学习者有较强的交际愿望并付诸行动，而内向型性格的学习者虽然也有不同程度的交际愿望，但是相对而言比较被动，学习新知识的焦虑感也因主体的不同呈现出较强的差异性，并且受到环境影响。

3.2.3 学习策略

学习者的语言学习策略包括元认知策略、认知策略、社交或情感策略三方面。这是 O'Malky 和 Chamot 在认知理论的基础上通过对信息加工的研究提出来的。元认知策略用于评价、管理、监控认知策略的使用；认知策略适用于语言学习者学习的各个环节；社交或情感策略能为学习者提供更多接触语言的机会，提高语言使用的频率（O' Malley & Chamot, 1990）。上述三种学习策略可以继续切分成三级指标，以便更精准地刻画出学习者的个体特点。

根据上述专家学者的研究成果，国际中文学习者学习行为内涵及影响因素之间并非各自独立存在，它们之间其实是相互作用、相互影响的复杂动态关系，并且受到中观的学习环境和宏观的国际环境（如"一带一路"倡议）等因素的制约。通过对学习者认知、情感、策略等因素以及其二级因素之间的相互关系的重新调整，学习者系统内部各要素更清楚地显现出来，国际中文学习者学习行为动态评估系统可以用图 2 表示。

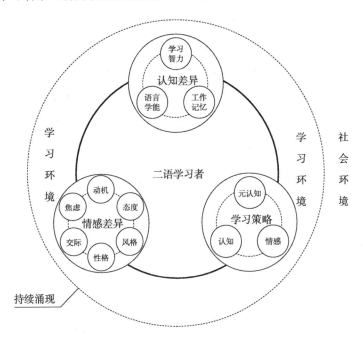

图 2　学习行为要素复杂动态系统模式

由图 2 我们可以看出，新时期国际中文学习者学习行为要素及各要素之间的复杂动态关系是以学习者为中心，通过向内和向外两个方向的构建来完成的。向外主要是学习者学习行为系统要素与学习环境和社会环境之间相互作用，向内主要是通过学习者的差异性发挥作用，包括学习者个体认知差异（涵盖学习者的智力水平、语言学能、工作记忆三个方面）、情感差异（包括语言学习动机、语言学习态度、语言学习风格，以及学习过程中表现出来的性格特点、学习焦虑感、与周围人们的交际意愿等几个方面）、学习策略（包括对学习行为本身认知水平的元认知策略、学习认知策略和中文学习过程中所使用的情感策略等方面）。围绕这些相互影响、相互作用的因素，便可构建起国际中文学习者的学习行为动态评估指标系统。

四、效果检验：国际中文学习者学习效果检验与建议

我们对国际中文学习者的学习行为特征进行分析，动态呈现出影响学习者学习效果的诸因素相互作用的关系，以此为基础构建出学习者学习行为评估系统指标，最终目的是提高

中文学习者的学习能力和学习效果，探寻复杂社会背景下国际中文学习者学习能力的发展路径，检测学习者的学习效果并给出相关建议。具体可以从以下几个方面着手。

4.1 国别化学习行为分析

国际中文学习者的国别化学习行为分析是建立在详尽调查基础之上的。目前共建"一带一路"已进入高质量发展阶段，"一带一路"国际中文教育共同体建设正处于发轫期。中文作为最有前途、最有潜力的语言得到了国际社会的广泛关注，孔子学院建设等国家层面的建设研究取得了实质性的丰厚成果，但是国际中文在"一带一路"共建国家的发展并不均衡，比如中文在泰国已经发展得较为完善，但是在某些国家尚未建立起专业的语言课程，存在着缺乏非国际通用语专业布点设计、培养模式科学性不强、人才远远不足等问题（文秋芳，2021）。针对这种状况，需要对共建国家的国际中文教育情况进行广泛而深入的系统性调查。首先从宏观层面调查共建国家的政治、经济、外交等状况对国际中文教育的影响；其次是分析共建国家的语言政策、国际中文专业的分布和发展状况；最后是对共建国家的学习者的学习行为进行全方位的调查，包括学习动机、个体认知和学习策略等等，这一点是最重要也是最缺乏的。学者们已经进行了深入的探讨，并且编制了科学的量表，需要根据实际情况对这些量表进行完善和整合，通过深入的调查绘制出"一带一路"共建国家国际中文学习者学习行为特征的全息图。

在"一带一路"共建国家翔实的调查数据的基础上，可以进行学习者学习行为分析，按照 May（2011）的描述性分析，以及 Goldstein & Katz（2005）的五阶段学习分析法（即数据抽取、技术性能分析、假设决策支持、预测建模和自动反应机制建立等），我们可以对中文学习者进行预示性学习行为分析：在"一带一路"倡议下，学习者将会有怎样的学习行为？这样的趋势会怎样持续？后续可能的发展情况如何？……然后根据对这些问题的分析结果采取有针对性的教学策略。

4.2 学习主体的动机引导

明确以"一带一路"共建国家为代表的国际中文学习者的学习行为之后，就可以清晰地描绘出学生为什么学习中文：或许是本能的驱使，如在中文和中华文化国际传播的背景下对东方文化的兴趣；或许是挑战自己的认知能力；更有可能是一种理性的选择，就是经济学上所谓的"机会成本"问题。学习者学习中文的代价是失去了在自己可支配的资源、精力和时间条件下成就其他事情的机会。按照此理论，学习国际中文付出的代价需要获得高附加值的回报，才能让学习者有选择中文的动力。

同理，在作为动机引导的顶层设计方面，国家可以制定相关语言政策，把中文纳入"一带一路"共建国家的国民教育体系当中，从国家层面为国际中文的预期收益提供具有公信力的保障（李宇明、施春宏，2017）。从根本动机上来说，无论是基于个体职业发展的需要，还是基于国家战略的考量，国际中文教育是建立在"一带一路"共建各国自身需要的基础之上的，国际中文教育不仅要满足国家和个人发展的内在需要，还要在"一带一路"倡议下通过需求激发选择中文、学习中文和使用中文的动机。

4.3　以交际能力为目标的人才培养

"一带一路"倡议下的国际中文教育实际上是培养促进民心相通的交际人才，交际能力是"人与人之间针对不同交际对象和交际场景，通过调动全部感官及所有表现手段进行的即时、动态、全方位、立体化、多层面的信息交流"（于海阔，2013），这种交流的主要载体是中文，因此可以说，交际能力是中文学习者综合能力的重要体现。

学习者语言交际能力的发展必须立足于"一带一路"建设需要的真实语境，国际中文教育的内容从语料的选择到场景的设立都有实际的指向，在此语境之中要培养学生在强烈学习兴趣之下的主动探索能力。归根结底，学生是中文学习的主体，科学引导之下的主动学习永远好于被动灌输，课堂内外的互动一直是交际能力培养的主要手段，而课程内容的呈现需要通过交际场景再现（即广义上的表演）来完成，从而发展学生中文学习中跨模块化的认知模式（郑通涛、郭旭，2012）。

4.4　以认知能力为基础的国际中文教学

国际中文教育是基于学生认知本位的语言教学，学习者是认知的主体，由于文化背景、生活阅历、知识构成等因素的不同，不同国家和地区的学生具有不同的认知负荷，其认知模式也存在差异。基于学生普遍认知特点的国际中文教学，从认知的角度而言，主要集中在降低中文知识的认知难度、提升中文知识的情感量度、加强中文知识的联系强度和强化中文知识的激活频度等四个方面。

基于认知负荷理论的"一带一路"国际中文人才培养，其教学策略的宗旨主要集中在如何降低内在和外在的认知负荷并增加有效的认知负荷三个方面，基于上述理论发展出的教学策略包括：（1）学习内容内在认知较高时采用部分任务—预演法、分割法；（2）采用去除法/降低分散注意力法、样例法、排列—标记法/剔除冗余法，改善学生中文学习内容的外在认知；（3）使用中文学习内容变异法、嵌入支架式法，以增加有效认知负荷（曾小燕、郑通涛，2014）。

五、结语

  本研究探讨国际中文学习者学习行为的最终目的是根据学生特点更加有效地培养人才。"一带一路"共建国家的中文学习者因为相似的政治经济文化背景和历史传统，形成了具有相似文化观念和认知模式的群体性特点，这些文化观念和认知模式又通过群体传播不断得到强化和维持，而这个群体基本上是以国家、地区和族群为单位呈现出来的。因此，从国别化的角度考量共建国家中文学习者的学习行为具有较好的覆盖性和较强的针对性。从基础层面的针对国际中文学习者的国别化、地域化调查，到中间层面的教学策略选择、培养计划制订，再到顶层的国际中文教育共同体建设规划和实施，学习者国别化的学习行为都将是出发点和归宿点。它关乎更具针对性和有效性的"一带一路"国际中文人才培养和人类命运共同体建设大计，必须给予足够的重视。

参考文献

保坂律子.日本大学生汉语学习情况调查 [J].世界汉语教学，1998（2）：107-111.

戴运财，王同顺.基于动态系统理论的二语习得模式研究——环境、学习者与语言的互动 [J].山东外语教学，2012（5）：36-42.

丁安琪.来华留学生汉语学习动机强度变化分析 [J]，语言教学与研究，2014（5）：18-25.

胡晓清.国别化汉语中介语动态语料库建设理念、实践与前瞻 [J].山东师范大学学报（人文社会科学版），2018（5）：134-156.

金鑫，田凌辉，程诗婷，廖文武.研究型大学提升来华留学研究生培养质量的路径探究——基于成果导向教育视角（OBE）的实证分析 [J].研究生与学位教育，2021（2）：72-79.

李宇明.海外汉语学习者低龄化的思考 [J].世界汉语教学，2018（3）：291-301.

李宇明，施春宏.汉语国际教育"当地化"的若干思考 [J].中国语文，2017（2）：245-256.

鲁白.大脑前额叶与工作记忆 [J].科学，2017（2）：46-47.

马珂.多元智力理论与英语学习策略使用倾向性的相关性实证研究 [J].外语教学，2012（5）：73-76.

倪锦诚.工作记忆容量对二语阅读能力的影响研究 [J].解放军外国语学院学报，2017（3）：79-85.

石传良，果戈里娜，张文福.俄罗斯学生汉语学习现状的调查分析 [J].世界汉语教学，2006（2）：138-142.

王添淼.不同国别汉语学习者汉语拼音使用情况及其教学策略 [J].语言文字应用，2013（4）：27-29.

魏岩军，王建勤，朱雯静.不同文化背景汉语学习者跨文化认同研究 [J].华文教学与研究 2015（4）：38-47.

文秋芳."一带一路"语言人才培养 [J].语言战略研究，2021（2）：26-32.

武法提，张琪.学习行为投入：定义、分析框架与理论模型 [J].中国电化教育，2018（1）：35-41.

杨丽姣.面向美国中学生汉语学习的问卷调查分析与思考 [J].语言文字应用，2006（S2）：82-86.

于海阔 . 人类表演论视角下的对外汉语交际能力研究 [D]. 厦门：厦门大学，2013.

曾小燕，郑通涛 . 认知负荷理论：对外汉语词汇教学的新视角 [J]. 云南师范大学学报（对外汉语教学与研究版），2014（5）：13-24.

张艳，周武雷，潘苏东 . 通用学习行为——俄罗斯核心素养框架研究 [J]. 中国矿业大学学报（社会科学版），2019（4）：105-118.

郑通涛，郭旭 . "一带一路"倡议下国际汉语人才培养模式研究 [J]. 厦门大学学报（哲学社会科学版），2020（1）：69-81.

中国社会科学院语言研究所词典编辑室 . 现代汉语词典（第 7 版）[M]. 北京：商务印书馆，2016.

ACHARYA C. Outcoming Based Education (OBE): A New Paradigm for Learning [J]. *Center for Development of Teaching and Learning*, 2003 (7.3): 7-9.

BARE D M, WOLF M M, RISLEY T R. Some current dimensions of applied behavior analysis [J]. *Journal of Applied behavior Analysis*, 1968 (1): 91-97.

CARROLL J. Twenty-five years of research on foreign language aptitude [G]. In: ILLer K (ed.). 1981: 83-118.

DÖRNYEI Z. *The Psychology of the Language Learners: Individual Differences in Second Language Acquisition* [M]. Mahwah: Lawrence Erlbaum, 2005.

ELLIS R. *The Study of Second Language Acquisition (2nd edition)* [M]. Oxford: Oxford University Press, 2008.

FINCH A E. Complexity in the language classroom [J]. *Secondary Education Research*, 2001 (47): 105-40.

FREEMAN D L. Research Methodology on Language Development from a Complex Systems Perspective [J]. *The Modern Language Journal*, 2008 (92): 200-211.

FREEMAN O L, CAMERON L. *Complex Systems and Applied Linguistics* [M]. Oxford: Oxford University Press. 2008：115-161.

GARDNER H. *Multiple Intelligences: New Horizons* [M]. New York: Basic Books, 2006.

GARDNER R. *Social Psychology and Second Language Learning: The Role of Attitude and Motivation* [M]. London: Edward Arnold, 1985.

GOLDSTEIN P, KATZ R. Academic analytics: The uses of management information and technology in higher education. EDUCAUSE Center for Applied Research [EB/OL].https://library.educause.edu/resources/2005/12/academic-analytics-the-uses-of-management-information-and-technology-in-higher-education-roadmap.

KIM B S K, ATKINSON D R, YANG P H. The Asian values scale: Development, factor analysis, validation, and reliability [J]. *Journal of Counseling Psychology*, 1999 (46.3): 342-352.

LEPPER M, CORPUS J H, IYENGAR S S. Intrinsic and extrinsic motivational orientations in the classroom: Age differences and academic correlates[J]. *Journal of Educational Psychology*, 2005 (97.2): 184-196.

MAY T. *Social research: Issues, methods and process* [M]. Berks: McGraw-Hill, 2011.

MILTENBERGER R G. *Behavior Modification: Principles and Procedures* [M]. California: Wadsworth

Publishing, 2011.

O'MALLEY J M, CHAMOT A U. *Learning Strategies in Second Language Acquisition* [M]. Cambridge: Cambridge University Press, 1990.

ROBINSON P. Aptitudes, abilities, contexts, and practice [G]. In: DEKEYSER R M. *Practice in a Second Language: Perspectives from Applied Linguistics and Cognitive Psychology*. Cambridge: Cambridge University Press, 2007: 256-286.

SKINNER E, PITZER J. Developmental dynamics of student engagement, coping, and everyday resilience [G]. In: CHRISTENSON S, et al. *Handbook of research on student engagement*. NY: Springer, 2014: 21-44.

SPADY W G. *Outcoming Based Education: Critical Issues and Answers* [M]. Arlington, VA: American Association of School Administrators, 1994.

STERN H. *Fundamental Concepts of Language Teaching* [M]. Oxford: Oxford University Press, 1983.

THORNDIKE E L. *Human Learning* [M]. New York: Century, 1931.

THORPE W H. *Learning and instinct in animals* [M]. London: Methuen, 1963.

VASILEVASTOJANOVSKA T, MALINOVSKI T, VASILEVA M, et al. Impact of satisfaction, personality and learning style on educational outcomes in a blended leaning environment [J]. *Learning and individual differences*, 2015 (38.1): 127-135.

以"溯源"为理念的"云思维"模式汉字教材编写探索 *

张孟晋　韩瑞芳　东北师范大学国际汉学院

摘　要　受汉字属性认知局限、教师汉字素养不足、教材编写理念落后等因素影响,国际中文教育汉字教材编写存在诸多问题。提升国际中文汉字教材的质量,需要关注以下内容:(1)汉文化与汉字本源意义之间的联系;(2)避免常见字形与字义的释讲误区;(3)统计并甄选出适于教学的汉字族群;(4)设计具有交际功能的汉字教学方法。只有基于这四方面内容,才能构建起切实可用的国际中文汉字教材编写模式。

关键词　国际中文　汉字教材　溯源　云思维

一、中华文化在汉语教材编写及传播中的重要作用

国际中文教材的设计与编写需要考虑汉语与教材使用者所处文化圈层的匹配度与适应度。换言之,教材凸显的文化特征需要与使用地区相契合,"一药治百病"的教材编写和选用思路只会在实际课堂教学中适得其反。作为汉语教材的一个分支,多数汉字教材将练书写、练部件、练笔顺作为主要内容,鲜有汉字教材关注使用者的文化圈层。

笔者作为孔院教师在阿拉斯加任教时,接触到当地一个特殊的族群——Hmong 族,他们的平均身高大概在 1.5～1.65 米之间,黄皮肤,长相与亚洲人无异,家族聚居,族(村)长制,过春节,重大节日时女孩子周身佩戴银器。笔者上课时所讲之汉字文化多与 Hmong 族生活相合,这一情况令笔者既震惊又兴奋,这说明 Hmong 族的文化与中华文化、汉字文化圈具有一定的渊源。

由此可见,汉字的本源意义与中华文化影响下的族裔之间存在着千丝万缕的联系,这种联系融于血脉之中,也最容易从思想深处挖掘出来。基于此,本文认为,进行专项的汉字教

---

* 本文是教育部中外语言交流合作中心 2021 年度项目"'云思维'视域下'溯源型'汉字教学模式研究"(20YH10C)的研究成果。

49

材编写，应该让汉字的本源含义在其中发挥作用，以求更易被受中华文化影响及真心喜爱中文的各国学生所接受。

二、教材中常见的汉字释讲误区

现代汉字教材常将形声字作为讲练的主要字体。一来形声字数量众多，据统计，形声字占汉字总量的近八成；二来形声字又是一种较易辨识的字体，通常只由形符和声符两部分组成，教材多倾向于仿照字典"义符归类"的方式来设计讲授和操练汉字。但这往往会产生两个问题：（1）不通字理的教师在讲授汉字字形时往往会随意发挥，肆意拆解乱释，这必然导致学生对汉字的理解产生偏差，也给日后其他教师的教学制造了麻烦；（2）若仅以形声字的义符作为分类依据，则很多独体字无法进入学生的学习和操练当中，虽然独体字的数量比形声字要少很多，但有很多无法拆解出部件的独体字，诸如"了、个、小、少、而、且、更、我、两、南、西"等便无法被收录于教材中，而这些独体字往往又是日常生活中大量使用的，形成了一种"为教而教"的教材编写误区。

请看某教材解读汉字的例子：

（1）时：日是太阳，寸表示尺度，日和寸合在一起表示时间或钟点。

（2）最：最困难的事情是取下日头。

（3）体：身体是人的根本。

（4）现：有人见到国王，国王就出现了。

（5）说：讠旁表示说话，右边是一台电视机，上有天线，下有支架。

（6）话：讠旁表示说话，舌头是说话的工具。

（7）读：有东西要卖，得大声读出价钱。

"时"，金文作"🔆"，从日寺声，后隶定作"時"，亦即后来的繁体；"最"篆文形作"🔲"，从冃取声；"体"，始见于战国金文，作"🔲"，从身豊声，后篆文变为"🔲"，从骨豊声，即后来的繁体字形；"现"，从玉见声；"说"，从言兑声；"话"，从言昏声，后"昏"讹为"舌"形，作今日之体；"读"，从言卖声。以上字例多数仅为简单的形义结合，形符与声符之搭配并无该教材所列的穿凿之义。

教材中常常简单地介绍形声字中的形符与声符，如"江"，多数教材仅区分"氵"为义符，"工"为声符，但并未深入解释。有些留学生便对以"工"（[gōng]）做"江"（[jiāng]）的声符颇为不解，甚至对形声字的构成原理产生了怀疑。"工"做声符确实有诸如"功""攻"之类的发音相同者存在，但同时也还有做其他发音者，请看：

$$
（8）工（gōng）\begin{cases} 红（hóng）\\ 缸（gāng）\\ 扛（káng）\\ 项（xiàng）\\ 江（jiāng）\end{cases}
$$

其实，教材对形声字的阐述并没有不妥之处，只是汉字的发展历史太长，演变纷繁复杂，并不能简单地全部解释给学生。由上古至中古再到今天，汉语元音、辅音的发音已经发生了多次分化合并，有些声符发展到今天已无法识别，因此发音便不相合了。

仍以"工"做声符为例，例（8）中所有字例韵母的变化多集中于元音，元音的改变多是受时间、地域、方言等因素影响，因其变化复杂，且对本文影响不大，故暂不关注。本文仅关注声母的变化，而声母的变化则可以概括为 j、q、x 的发展。简而言之，当今普通话中的 j、q、x 有两个来源[①]：中古时期，齐齿呼、撮口呼前之 g、k、h 变为了后来的 j、q、x（团音），而其余未变；到了清代，北京话中齐齿呼、撮口呼前之 z、c、s 变为了 j、q、x（尖音），而部分地区未变，是以便形成了 g、k、h 与 j、q、x，z、c、s 与 j、q、x 之间古今对立的形声字本字与声符的匹配模式。"工"（g）与"江"（j），"工"（g）与"项"（x）的声符与形声字之间的声母差异便是典型的中古音遗留的证据[②]。另外，今天仍可见尖团音对立的证据，如京剧中"酒"读作 ziǔ；而"咀"也仍然存有两个发音，即 zuǐ（同"嘴"）、jǔ（咀嚼）。如果教材编写者通晓音韵，则可以将"工"做声符的情况在书中以课后阅读的形式列于文后，这对学生学习和教师授课都会有促进作用。

三、汉字教材的编写理念及结构设计

3.1 "云思维"模式及其对教材编写的指导作用

所谓"云思维"，简言之，是与"线性思维"相对而言的一种思维模式，表现出由点成线、由线成面、由面成体的特点。思维节点间形成网络状连接结构，其发展方向并不固定，呈"蔓延"态势，初始为二维，逐步向三维发展。相较于"线性思维"，"云思维"具有更加

---

① 本文所论与尖团音之团音有关。中古时期，声母中之尖团音开始分化，即尖音之精、清、从、心、邪五声与团音之见、溪、群、晓、匣五声分流。简言之，中古的 g、k、h 与清代的 z、c、s 在与 i、ü 或 i、ü 起头的韵母相拼时，各分裂出一类声母发音为 j、q、x 的类别，形成舌尖与舌面后对立的发音体系。

② 本文仅取部分变化情况，以北方方言变化特征为主，并不包括其他地区方言变化，且本文以极简的方式阐释变化，仅为证明"工"声之变，实际变化要复杂得多，本文对此不再详述。

复杂的关联结构，但却是一种能将微观所涉全部纳入考量范畴，重视进程中之变量，于整体之上对事物进行把握与分析，并最终在宏观层面上找到最优选择的逻辑类型。

上古早期汉字多通过汉字构形、所记含义、所标发音等多条通路努力"开枝散叶"，再以本字、孳乳字间关联并构的"云团"状布局，创建起众多以本字字形、字音、字义为衍生基础的庞大汉字群落。若以如此"云思维"模式的字间关系和汉字群落为教材编写切入点，教学理念将更加贴近汉字创制的本初模式，对避免教学偏颇、传播汉字文化、以古义示今用有着积极的作用。

3.2 汉字教材的编写理念

至此，我们可以对汉字教材的编写理念进行简单梳理。

（1）中华文化在汉字的构形和构义上均有体现，东南亚部分国家今天仍然保留着中华文化的一些习俗，而这些习俗的具体形式作为文化展现方式往往也同样蕴含在汉字的本源意义当中，汉字教材便可以首先利用中华文化中特有的"云思维"模式将二者结合起来。

虽然我们认为汉字教材需要与古文字、中国古代文化结合起来进行设计和编写，但这并不意味着所有的汉字都适合追溯到上古文字进行讲解，因为很多汉字在从甲骨文至金文，再到隶书、楷书的演变过程中已经发生了很多字形上的变化，有的增加了部件，有的更改了结构，还有些承袭了魏晋南北朝时期民间所使用的俗字，正如《正名要录》中第一部分的题名所云："正行者虽是正体，稍惊俗。"符合汉字结构规律的字虽然是本尊"正体"，但随着时间的推移，人们已经适应并接受了民间俗体的写法，将晚出俗体作为正体学习并传承，而忘记了原本的正体，所以当人们再看到所谓的"正体"时，反而觉得震惊、奇怪了。

韩瑞芳、张孟晋（2014）认为："汉字进入隶楷阶段以后，已经变成了一个个由点画构成的符号。"例如"来"，甲骨文作"𣎆"[1]，可以看见明显的植物的根、茎、叶，繁体隶定作"來"，是麦子之"麦"的本字；"麦"，甲骨文作"𡕢"[2]，从来从夊，"夊"甲骨文作"𠂤"[3]，为"𣥂"（止 [趾]）字倒写，表示与行走相关，为"来去"之"来"的本字。"来""麦"二字在后来的使用中渐被互换讹用，变成了今天的用法。但若根据甲骨文为留学生讲解此二字，仍然解释为"来子"和"麦去"，这必将影响学生对汉字的学习。

教材编写者必须对汉字由古至今的发展历程有一个清晰的认识，由此所提炼出的讲授文字直接关系到学生学习时的兴趣及教师讲授时的延展性，这一点非常重要。

---

① 《甲骨文合集》223 号。
② 《甲骨文合集》9621 号。
③ 董作宾主编《小屯第二本：殷虚文字：乙编》，台湾"中央研究院"历史语言研究所，1953。

（2）继承传统汉字教材的编写理念，仍然坚持以义符归类、字形系联为教学和操练的分类原则，但同时也要从原来陈旧而低效的操练模式中突破出来，减少机械性操练，增强汉字的结构模块化教学，以求使学生像中国人一样理解并记忆汉字。

汉字中除了义符和声符可以进行模块化教学外，还有一种大于笔画但小于义符或声符的结构，我们统称为"部件"。暨南大学王汉卫老师曾对汉字的部件做过具体统计，他发现了一个有趣的现象，即汉字中二笔、三笔、四笔、五笔的常用部件数均为 60 个，六笔及以上的仅有 20 个。教师和学生若能将汉字按常用部件做模块化处理，那么汉字的学习与记忆一定会比一笔一画地去记忆轻松很多。

汉字作为一个需要长期独立"修炼"的专门项目，除汉字模块化教学外，汉字模块化操练也应该是汉字教材的关注重点。传统教材中虽有针对汉字的模块化训练，但多数不过是机械地为义符和声符做搭配、摹写，学生的兴趣和挑战感较低，极易产生精神疲倦。应该鼓励学生形成自主学习的习惯，而汉语字典就是一个很好的学习工具。在反复使用字典的过程中，学生可以不断操练汉字的义符、声符、汉字构造、笔画数、笔顺等所有与汉字书写相关的内容，字典可谓汉字操练的绝佳选择。

（3）摒弃以往汉字教材"单打独斗"的编写理念，与由教育部、国家语委在 2021 年 3 月发布的《国际中文教育中文水平等级标准》（GF 0025—2021）（以下简称为《等级标准》）及市面上多本主要汉语教材进行搭配组合，真正实现对汉语教学中高频汉字的合理教学和操练，设计符合记忆规律的螺旋式汉字教学结构。避免以往教材中字例无序出现、字例使用与书写难易度随意组合、与综合教材无法衔接、独体字在完全按义符分类的教材中无法兼顾等问题。

2021 年 7 月，《等级标准》正式开始实施。作为国际中文教育推广的重要举措，该标准首次将第二语言学习者依据汉语水平（包括使用汉字的能力和水平）划分为"三等九级"，用以指导国际中文教育中相关内容的教学、考试、学习与评估。《等级标准》共收录 3000 个汉字，按"三等九级"对汉字详细归类，并依据"认写分流，多认少写"的教学模式，将字表分为"认读"和"手写"两部分，以分类应对汉字教学中输入输出不同步的问题。其中所选字例基本来自日常会话的真实任务，能够较好地与话题任务匹配，实现交际性与汉字教学的完美结合，并最终达到提升言语交际能力的目标。《等级标准》也为汉字教材编写、课程设计、规范字例选择与练习安排、供认写分流的用字细化等提供了依据。

（4）传统汉字教学受汉字发展历程复杂、笔画部件结构特征明显、教学需求度低以及教师汉字素养不足等因素影响，具有以下四点特征：第一，过于强调汉字本体知识。有些教师为保证汉字教学的正统性而在汉字课程中过度进行本体化讲解。第二，单调乏味的操练模式。在以汉字笔画和部件为主导、教学理论尚未有较大突破的情况下，汉字教学逐步形成了局限于书写操练、笔顺训练、形声部件拼合的模式化操作，教学方法单一，内容枯燥乏味，重复度高，缺少活力。第三，在中文教学中处于从属地位。字与词素表现形式一致的特征致使学界长期保持"字—词—句—文"的层级化观念，加上汉字的形、音、义关系复杂而细碎，对"词、句、文"的干涉作用过小，因此汉字在国际中文教学中一直被边缘化，沦落为汉语教学的从属课程，地位远不及另外三项语言要素。第四，教学内容设计缺少逻辑联系。汉字教学或仅关注微观——就字论字，或强调功能——为记词而练字，鲜有对汉字的构件、功能、趣味性做多维度把握的全面设计，汉字教学缺乏逻辑联系，功能训练缺少系统性。

为了打破"任务型教学"理论仅与交际性较强的语言要素结合这一困局，努力将"任务型教学"理论及其所体现的强交际功能应用于国际中文汉字教材编写当中，开辟汉字教材编写研究的全新方向，强化汉字教学及汉字教材在国际中文教学中的重要地位与作用，我们应建立起"溯源""云思维""任务型"相结合的全新汉字教学三角体系。

3.3　汉字教材的结构设计

若按照每学期 20 周的教学时间计算，汉字课程应该保证在 4 课时 / 周（1 次课 / 周），即 20 次课 / 学期才能让学生达到理解和记忆汉字的目的。再考虑到期中、期末考试对课程的占用，本文认为教材的教学内容可做如下设置：

汉字简介（1）+ 笔画 19 种（2）+ 部件教学（2）+ 字例教学[①]（15）= 汉字课（20）

括号中的数字为课程次数，括号前为教材的具体授课安排。其中笔画 19 种的教学以教师带领学生做笔端和非笔端的恰当操练为主，但笔画的学习仅要求熟悉和了解，不宜过度教学。部件教学主要以部件种类和部件所处位置为介绍内容，目的是为后面的具体字例教学铺垫理解框架。本文所探索的教材及其所呈现出的教学理念，表面上是依托汉字的笔画、部件、结构，但实际上将逐步形成以字带词、以词带句、以句带交际的训练模式，最终交际训练才是汉字教材与教学的核心内容。教材所选汉字、所衔接的文化点以及实用性操练几乎要呈现在每一个环节当中，让学生在交际活动中自然而然地完成汉字书写，"在做中学，在学中练"，并最终达到"学以致用"的目的。

因此，每一个汉字组类的设计都应该考虑到以上各条标准，字例的选用要根据《等级标准》的等级和认写分流的要求，"任务型"交际场景与汉字训练的关联程度，以及最后验收环节能否验证交际活动在学生心中所产生的用字意识等问题都非常关键。

---

① 汉字教学基本按照以图片引字构、以字构引字义、以字义引字用、以字用引交际的步骤设计安排。

　　另外，本文所探索的汉字教材与教学虽然是以交际达到训练汉字的目的，但并不代表放弃了对汉字书写的要求和训练。我们将在教材的每课后设置各类练习题，其中包括对笔画、字形、部件、结构、构词、构句等多个维度的训练，旨在提高汉字在语言要素教学中的地位，让学生理解汉字教学的目的与实际功能，真正做到"在做中学"。

四、余论

　　国际中文教育的最终目的是要让学生能够流利地使用汉语，而汉字教学只是汉语教学中的一部分，并且是为汉语教学服务的，绝对不是国际中文教学的最终目标。因此，汉字教学应该"云思维"化地融入汉语教学之中，与其"互相扶持"，齐头并进，二者绝非相对独立，甚至有竞争关系的两门课程，更不能把它们对立起来。

　　再者，一些专家将汉字学理论、古文字知识视作洪水猛兽，认为将其引入国际中文教学是不智的做法，对学生的汉语学习弊大于利。事实证明，大可不必对这种做法如此恐惧。当然，"溯源型"的汉字教学最终目的并不是让学生深入地研究汉字的发展历程，我们也绝不该让国际中文教育中的汉字教学偏离到汉字的本体研究上去，但通过"溯源"却能激发学生学习汉语与汉字的兴趣。在具体的教学方法上，也同样可以对中华文化进行"溯源"，只要能让学生产生学习动力的方法就是好方法。

参考文献

郭沫若.甲骨文合集 [G].北京：中国社会科学院历史研究所，1978—1982.

韩瑞芳，张孟晋.新时代下的汉语国际教育战略解读 [J].湖北民族学院学报（哲学社会科学版），2014（3）：136-141.

中华人民共和国教育部，国家语言文字工作委员会.国际中文教育中文水平等级标准（GF 0025—2021）
　　[S].北京：北京语言大学出版社，2021.

师资能力建设研究

国际中文教师的信息素养研究 *

尹小荣　新疆师范大学外国语学院
　　　　南京大学中国语言战略研究中心
郑佳乐　新疆师范大学国际文化交流学院

摘　要　近年来，国际中文教育大部分采用线上教学，提升教师的信息素养迫在眉睫。本文以信息意识、信息知识、信息能力和信息伦理四个二级指标建构了信息素养的评估框架。结果显示，教师的信息伦理水平最高，信息知识水平最低。教师的信息素养会受到出国赴任经历、职后培训经历和工作单位信息化水平的影响。研究建议如下：提高教师的信息知识和信息能力水平；认识到国外工作经验和职后培训的重要性；提高工作单位的信息化建设水平。

关键词　国际中文教师　信息素养　评估　影响因素

一、引言

随着新时代教师队伍建设改革的全面深化，教师除了应具备教学知识、教育教学能力之外，不断提高自身整体的综合素养显得愈发重要。当今社会，信息技术高速发展，知识获取更加便捷，教学资源得以共享。南国农（2013）、王光明等（2019）、王华女（2019）均认为未来教师的核心素养应包括信息素养。可见，信息素养已成为数字时代教师必不可少的素养之一。信息素养由美国信息产业协会主席保罗·泽科斯基于1974年首次提出，国内学者则于20世纪80年代末开始研究。郭黎康（1998）、杨素芬（2000）认为信息素养包括信息意识和信息能力两层内涵；钟志贤（2013）、明桦等（2019）在以上两要素的基础上，增加了信息伦理；目前国内学界普遍认为信息素养是信息意识、信息知识、信息能力和信息伦理等多个方面的总和。

----

* 本文是教育部中外语言交流合作中心2021年度项目"国际中文教师的信息素养研究"（21YH24C）、2022年度项目"国际中文教师的文化能力研究"（22YH41ZW）的研究成果。

21 世纪，国际中文教育事业面临新的问题，国际中文教师的素质与能力、语言教育技术，特别是网上教学等研究领域需要开拓（刘珣，2021）。《国际中文教师专业能力标准》（T/ISCLT 001—2022）将教育技术作为评价国际中文教师专业技能的重要指标，对国际中文教师应具备的教育技术能力做出了细致的规定。然而，有关国际中文教师的研究虽在教师素质、教师专业发展、教师培养和教师评价等方面涌现了大量成果，但多数研究没有体现信息时代的特点。即使偶尔提及信息素养问题，也没有进行深入的专题研究。后疫情时代，国际中文教师需要提高自身的信息素养来推动国际中文教育改革，国际中文教育的培养体系也需要不断完善，以满足国际中文教育新的发展需求。

综上，国内学者对国际中文教师信息素养的调查研究还不够。国际中文教师作为国际中文教育的主体之一，其信息素养关系着国际中文教育能否适应教育环境的新变化。国际中文教师的信息素养现状如何？信息素养的影响因素有哪些？如何提高国际中文教师的信息素养？这些都是本文希望解决的问题。

二、文献综述

信息素养是个体拥有的、对信息敏感的各种能力素质与修养的综合概念，包括信息意识、信息知识、信息能力和信息伦理四个维度，具备信息素养的个体能够在掌握信息知识的基础上以伦理道德规范为指导去获取、加工、利用、传递信息。教育生态学理论、教师专业发展阶段理论和教育信息化理论分别从不同的角度说明了国际中文教师具备信息素养的必要性。

教育生态学是研究教育生态系统与各种生态环境及其构成要素之间关系的科学，它尤其侧重于考察各种教育生态环境及其构成要素对教育生态系统和作为教育生态主体的人的影响（范国睿，2000）。教育生态系统中的各个单元和因子之间互相联系、互相作用和影响，彼此间具有互相调节和制约的作用，从而产生整体效应（吴鼎福、诸文蔚，2000）。当代随着信息技术的更新，在"互联网＋教育"的大趋势下，信息技术已然成为深刻影响整个国际中文教育生态系统的重要因子。信息知识既是国际中文教育知识体系的重要组成部分，也是促进其他知识体系发展的因子。为了培养教育生态系统主体之一的教师，教育规划、教育目标、教育内容和课程设置中都应涉及对其信息能力的培养和提升，以求在未来的工作中，他们能够充分运用发展性教育理念，不断更新教育信息知识，提升信息技术与课程教学的融合能力，以此来应对生态系统的各种挑战，维护教育生态的平衡。

教师专业发展是一个持续的动态过程，是教师职业成长从不成熟逐渐走向成熟的过程，也是教师不断发现问题、分析问题和解决问题的过程。在此过程中，处于不同发展阶段的教师有着不同的需求，存在不一样的思想、心理和行为问题，这些需求和问题往往呈现出阶段性的特征（孙宽宁、路书红，2018）。受研究视角影响，不同学者对教师专业发展阶段的划分不同。国际中文教师的专业发展可分为职前、职初和职后三个阶段（王恩旭，2014）。职初阶段的国际中文教师需要完成角色和环境的转变，资源共享和教师互助是顺利转变的有效途径，在这一转变过程中，应着重培养国际中文教师的信息素养。国际中文教师只有具备信息素养，才能发挥信息技术的重要作用。数据时代，为打破固化的教学模式，国际中文教师应具备将信息技术与国际中文教育相结合的能力。因为只有具备信息素养，国际中文教师才能提升专业素质。职前阶段，学校或相关培训单位应格外注重培养国际中文教师的信息意识和信息知识，为职初和职后阶段发挥信息能力的作用提供先导与基础。同时，每个阶段都应该强调信息伦理的重要性，以保证信息技术融入国际中文教育的正确方向。

教育信息化是指在教育过程中比较全面地运用以计算机多媒体和网络通信为基础的现代化信息技术，促进教育的全面改革，以适应信息化社会对教育发展的新要求（祝智庭，1999）。教师是教育信息化的重要对象，建设一支数量充足、质量合格的具有较高信息素养的师资队伍是关键（余武，2004）。国际中文教师应主动顺应教育信息化发展潮流，通过各种渠道补充信息知识，培养信息能力，以信息知识为基础，充分发挥信息能力的核心作用。这既可以推动国际中文教育事业改革，也可以促进我国的教育信息化发展。

三、研究方法

3.1 研究方法

本研究主要采用问卷调查法。问卷编制主要参考《信息素养论》（王吉庆，1999）、《对外汉语教育技术概论》（郑艳群，2012）、《国际汉语教师标准》（孔子学院总部、国家汉办，2015）以及部分高校的汉语国际教育硕士培养方案等资料。问卷以调查对象的个人基本信息（性别、年龄、专业、学历、工作地点等）和工作单位的信息化建设情况作为影响国际中文教师信息素养的自变量。问卷将国际中文教师的信息素养分为信息意识、信息知识、信息能力和信息伦理四个方面。

3.2 调查工具

问卷由个人的基本信息、工作环境的信息化建设情况和国际中文教师的信息素养量表3个部分组成，共66题。国际中文教师的信息素养量表共包含43个题目，采用李克特五级量表的形式，1 为绝不赞同，5 为非常赞同，从 1 到 5 表示赞同程度递增。

本次调查借助微信问卷星小程序，主要在国际中文教师问卷互助群发放，辅之以滚雪球的方式，在全国的东、中、西部各抽取若干国际中文教师作为调查对象。问卷发放时间为 2022 年 12 月 9 日至 15 日，共回收 121 份问卷，其中，有效问卷 109 份，无效问卷 12 份，问卷有效率为 90.1%。数据采用 SPSS27.0 软件进行描述统计，并进行了 T 检验和单因素方差分析等。

3.3　样本信息

本研究的调查对象特指在国内从事国际中文教育的中文教师。109 份有效问卷中，男性 20 人，占总人数的 18.3%，女性 89 人，占总人数的 81.7%；本科 8 人，占 7.3%，硕士 80 人，占 73.4%，博士 21 人，占 19.3%；36 人有出国赴任经历，占 33.0%，73 人无出国赴任经历，占 67.0%；参与教师互助培训形式的 80 人，占 73.4%，职后自学培训的 84 人，占 77.1%，参与学校或县 / 市区组织的培训的 87 人，占 79.8%。

四、研究结果

4.1　信息素养概貌

经过描述统计发现，国际中文教师的信息素养总体较好（均值为 4.18）。其中，信息意识水平最高（M=4.25），信息能力水平次之（M=4.22），信息伦理水平再次（M=4.16），信息知识水平最低（M=4.08）。下文就分别阐释中文教师的信息素养在这四个方面的具体表现。

4.1.1　国际中文教师的信息意识

由表 1 可知，就信息意识而言，国际中文教师意识到信息技术推动了中文教育的顺利开展（Q1）并推动了文化传播和对外交流（Q3），以及应将信息技术应用到中文教学（Q7）。Q1、Q7 和 Q3 的均值最高，均大于 4.30，表明国际中文教师已意识到信息技术对国际中文教育事业和个人发展的重要影响，利用信息技术传播中华文化已经受到国际中文教师的重视，国际中文教师的信息化教学的自觉意识已经觉醒。

表 1　国际中文教师信息意识统计

信息意识指标	绝不赞同	不赞同	不确定	赞同	非常赞同	均值	标准差
Q1　信息技术是推动力	0	1（0.9%）	6（5.5%）	36（33.0%）	66（60.6%）	4.53	0.646
Q7　信息技术应用于教学	0	2（1.8%）	8（7.3%）	40（36.7%）	59（54.1%）	4.43	0.712

信息意识指标	绝不赞同	不赞同	不确定	赞同	非常赞同	均值	标准差
Q3 提升传播交流质量	0	1（0.9%）	11（10.1%）	45（41.3%）	52（47.7%）	4.36	0.701
Q9 培养学生学习的方式	0	2（1.8%）	8（7.3%）	56（51.4%）	43（39.4%）	4.28	0.682
Q10 培养学习态度能力	0	3（2.8%）	7（6.4%）	55（50.5%）	44（40.4%）	4.28	0.708
Q6 优质资源逐步丰富	0	4（3.7%）	12（11%）	46（42.2%）	47（43.1%）	4.25	0.795
Q8 培养能力遵守道德	0	3（2.8%）	15（13.8%）	44（40.4%）	47（43.1%）	4.24	0.792
Q2 能满足个性化学习	0	3（2.8%）	16（14.7%）	49（45.0%）	41（37.6%）	4.17	0.78
Q11 教学资源的创新性	0	4（3.7%）	10（9.2%）	59（54.1%）	36（33.0%）	4.17	0.739
Q4 平台和制度建设	0	6（5.5%）	17（15.6%）	51（46.8%）	35(32.1%）	4.06	0.837
Q5 平台体系正在建成	0	4（3.7%）	20（18.3%）	54（49.5%）	31（28.4%）	4.03	0.787

注：括号内的数据表示选择该等级的教师在所有被调查教师中所占的比例。

但是，国际中文教师对国际中文教育综合数据一体化管理平台建设和在线教育制度建设的关注不够（Q4），对以"中文联盟"为基础的国际中文教育在线平台体系的关注也不足（Q5），这两项的均值排在最后两位，说明教师普遍没有关注国际中文在线教育顶层设计和中文教育在线平台体系建设方面的前沿信息。

教师意识到，利用信息技术可以培养学生的自主学习、探究性学习等学习方式（Q9），也可以培养学生终身学习的态度和能力（Q10），这两项的均值说明，在教师的意识中，培养学生新型的学习方式和终身学习的态度和能力处于同等重要的地位。同时，教师意识到国际中文在线课程优质资源正逐步丰富（Q6），该项均值与信息意识的总均值恰好持平，其余题项的均值均小于信息意识的总体均值，表明国际中文教师虽意识到国际中文教育正在改变，但未将意识付诸实践，对相关的信息动态关注不够，主动性不强。这不利于国际中文教师发现国际中文教育领域的前沿动态以及时调整自己的教学模式与教学内容，也不利于国际中文教师做长期的职业规划。

信息意识的调查结果表明，国际中文教师对信息技术作用的意识最强，对信息技术与中文教学深度融合的意识次之，资源方面的创新意识较差，对前沿技术应用于中文教育的最新进展的意识最差。也就是说，国际中文教师深刻地认识到了信息技术在事业发展中的作用，但信息技术与教育深度融合的方法和内容仍需细化，对信息资源的创新性建设意识有待继续提升，仍需进一步了解事业发展的前沿技术。

4.1.2 国际中文教师的信息能力

国际中文教师的信息能力可通过专业发展的能力（T1、T2）、选择合适的信息化教学手段的能力（T3）、运用信息化教学资源的能力（T4、T5）、开展信息技术支持的中文教学与管理的能力（T6～T14）和进行学习评估与反馈的能力（T15～T17）5 个部分体现。统计结果见表 2。国际中文教师运用信息化教学资源的能力、开展信息技术支持的中文教学与管理的能力高于平均水平。信息资源的利用能力和信息技术教学应用能力的内部发展不平衡。

表 2　国际中文教师信息能力统计

信息能力指标	绝不赞同	不赞同	不确定	赞同	非常赞同	均值	标准差
T9　用平台功能授课	0	3（2.8%）	5（4.6%）	42（38.5%）	59（54.1%）	4.44	0.713
T10 用平台与学生互动	0	2（1.8%）	6（5.5%）	43（39.4%）	58（53.2%）	4.44	0.686
T4　设计制作教学资源	0	2（1.8%）	10（9.2%）	37（33.9%）	60（55%）	4.42	0.737
T5　检索选择教学资源	0	3（2.8%）	10（9.2%）	37（33.9%）	59（54.1%）	4.39	0.77
T7　课前检查授课设备	0	3（2.8%）	9（8.3%）	44（40.4%）	53（48.6%）	4.35	0.75
T14 课后在线辅导答疑	0	5（4.6%）	8（7.3%）	50（45.9%）	46（42.2%）	4.26	0.787
T6　平台发布预习资料	0	2（1.8%）	14（12.8%）	49（45%）	44（40.4%）	4.24	0.744
T2　参加线上培训活动	0	2（1.8%）	16（14.7%）	46（42.2%）	45（41.3%）	4.23	0.765
T13 选择合适的教学手段	0	4（3.7%）	12（11.0%）	48（44%）	45（41.3%）	4.23	0.789
T12 保存直播回放	1（0.9%）	6（5.5%）	12（11.0%）	44（40.4%）	46（42.2%）	4.17	0.901
T3　发布作业及起止时间	0	3（2.8%）	10（9.2%）	64（58.7%）	32（29.4%）	4.15	0.692
T17 手机与平台消息同步	1（0.9%）	5（4.6%）	17（15.6%）	40（36.7%）	46（42.2%）	4.15	0.911
T16 线上针对性分析反馈	0	4（3.7%）	13（11.9%）	56（51.4%）	36（33.0%）	4.14	0.763
T15 用平台多元评估学生	0	5（4.6%）	11（10.1%）	59（54.1%）	34（31.2%）	4.12	0.766
T1　用平台软件收集意见	1（0.9%）	5（4.6%）	20（18.3%）	44（40.4%）	39（35.8%）	4.06	0.901
T8　课前发布签到打卡	1（0.9%）	8（7.3%）	18（16.5%）	41（37.6%）	41（37.6%）	4.04	0.962
T11 课上发布多样学习活动	1（0.9%）	8（7.3%）	21（19.3%）	46（42.2%）	33（30.3%）	3.94	0.936

注：括号内的数据表示选择该等级的教师在所有被调查教师中所占的比例。

　　由表 2 可知，大部分国际中文教师已具备信息系统的基本操作能力。教师能利用平台直播/录播功能进行授课（T9），也能通过连麦或文字等方式与学生互动（T10），这两者均值最高，为教师与学生进行信息化互动奠定了基础。在运用信息化教学资源方面，教师能设计、制作课件等教学资源（T4），也能检索、选择网络教学资源（T5），这两项的均值远高于信息能力的总均值，说明在教学中使用信息化教学资源已是教师普遍具备的信息能力，教师不仅能够自己制作课件，还可以根据教学需要在海量的网络资源中寻找合适的资源为教学服务。教师通过参加线上专业培训、专题讲座等方式，来促进自身专业持续发展的能力（T2）的均值，高于教师利用问卷星、微信等软件收集学生/同行意见的能力（T1）的均值，表明教师利用信息技术提高自身专业素质的能力要强于进行教学反思的能力。教师根据教学需要选择合适的信息化教学手段的能力还略显不足（T3），其均值低于总均值4.22，侧面说明教师可使用的信息化教学手段存在局限。学习评估与反馈能力3个题项的均值均低于教师信息能力的平均值，因为这对教师利用相关软件进行可视化分析的能力要求更高，可见教师在这两方面的能力相对较差。

根据表2的信息能力各项均值，国际中文教师信息化教学资源使用能力最强，开展信息技术支持的中文教学与管理的能力次之，专业发展的能力与选择合适的信息化教学手段的能力再次，进行学习评估与反馈的能力最差。教育技术是国际中文教师的专业能力之一，贯穿教育环节的始终。课前计划、课中管理和课后评价都需要教师充分利用信息技术，但教师现有的信息能力仅能满足一般生活所需，与教育事业联系较少。目前国际中文教师能熟练使用教学平台和硬件设施，其信息能力基本能满足教学需求，但课堂管理、评估与反馈的能力仍需提高，且他们普遍未将信息技术作为职业发展的重要手段。

4.1.3 国际中文教师的信息伦理

信息伦理方面的调查结果如表3所示。国际中文教师基本都能遵守任教国家/地区的教育信息政策和法规（S1），也注意保护学生信息（S4），这两项的均值大于4.40，其余4项均低于均值。可见，国际中文教师遵守职业道德的伦理水平最高，重视信息安全的伦理水平次之，保护知识产权的伦理水平最差。S1和S4的均值位居前二，表明国际中文教师具有高度的社会责任感，认识到国际中文教师职业身份的特殊性，能自觉遵守相关道德行为规范，也高度重视学生的隐私问题。教师的信息安全素养有待进一步提高，他们在预防计算机病毒（S5）和备份数据（S6）方面的均值最低。教师在使用他人的作品时，能说明作品名称和作者姓名（S3）的均值相对不高，说明国际中文教师在自主伦理方面表现欠佳，其劳动成果的科学性和纯洁性有待考量，在信息活动中的客观性也相对不足，没有充分彰显法律法规对信息活动的保障作用。

表3　国际中文教师信息伦理统计

信息伦理指标	绝不赞同	不赞同	不确定	赞同	非常赞同	均值	标准差
S1 遵守国家/地区政策法规	0	1（0.9%）	9（8.3%）	35（32.1%）	64（58.7%）	4.49	0.689
S4 保护学生信息	0	3（2.8%）	7（6.4%）	37（33.9%）	62（56.9%）	4.45	0.739
S2 多样化在线分配手段	0	4（3.7%）	15（13.8%）	58（53.2%）	32（29.4%）	4.08	0.759

信息伦理指标	绝不赞同	不赞同	不确定	赞同	非常赞同	均值	标准差
S3 遵守科研伦理	0	8（7.3%）	17（15.6%）	43（39.4%）	41（37.6%）	4.07	0.91
S6 备份数据	0	6（5.5%）	18（16.5%）	47（43.1%）	38（34.9%）	4.07	0.857
S5 预防计算机病毒	2（1.8%）	9（8.3%）	24（22.0%）	49（45.0%）	25（22.9%）	3.79	0.953

注：括号内的数据表示选择该等级的教师在所有被调查教师中所占的比例。

以上对信息伦理的调查结果表明，国际中文教师对职业道德的理解程度和信息安全伦理水平有待提高，教师需要不断提升知识产权意识，在信息化教学过程中贯彻教学公平的理念。

4.1.4　国际中文教师的信息知识

信息知识调查结果详见表4。

表4　国际中文教师信息知识统计

信息知识指标	绝不赞同	不赞同	不确定	赞同	非常赞同	均值	标准差
W7 学生是课堂的主导者	0	2（1.8%）	9（8.3%）	48（44.0%）	50（45.9%）	4.34	0.71
W6 知道信息化教学资源	0	3（2.8%）	9（8.3%）	49（45.0%）	48（44.0%）	4.3	0.739
W5 知道传统教学在变革	0	3（2.8%）	9（8.3%）	50（45.9%）	47（43.1%）	4.29	0.737
W8 会使用电子教学设施	0	4（3.7%）	13（11.9%）	49（45.0%）	43（39.4%）	4.2	0.791
W3 了解信息化教育变革	0	3（2.8%）	21（19.3%）	47（43.1%）	38（34.9%）	4.1	0.804
W1 知道信息技术发展阶段	4（3.7%）	5（4.6%）	20（18.3%）	35（32.1%）	45（41.3%）	4.03	1.058
W4 知道中文教育形态多样	0	11（10.1%）	17（15.6%）	39（35.8%）	42（38.5%）	4.03	0.976
W9 了解教育政策与法律	0	6（5.5%）	28（25.7%）	48（44.0%）	27（24.8%）	3.88	0.847
W2 了解信息技术发展阶段	1（0.9%）	16（14.7%）	37（33.9%）	34（31.2%）	21（19.3%）	3.53	0.996

注：括号内的数据表示选择该等级的教师在所有被调查教师中所占的比例。

整体上看，国际中文教师的信息知识素养水平在四个信息素养要素中最低。首先，教师知道目前学生与教师的身份正在发生转变，即学生将变成学习的主动者、主导者与被服务者，教师将变成学生学习的引导者与服务者（W7），并且知道利用信息技术支持下的中文教育教学资源，如数字教材、多媒体素材等（W6），也了解传统的教学理论与教学模式正在发生变革（W5），这三项的均值位居前三，均大于4.20；其次，教师对教育信息相关政策与法律的了解（W9）不全面，其均值小于4；最后，教师对信息技术各阶段发展特征的了解（W2）均值最低。国际中文教师对信息技术对中文教育的具体影响的了解最充分，对常用信息化教学设施使用方法的了解次之，对与信息技术有关的政策法规问题了解较差，对信息技术发展历史与趋势的了解最差。信息系统由硬件系统、软件系统和人构成。W7、W6和W5的均值位居前三，说明国际中文教师对信息系统中常用的软硬件已有较为充分的了解，能自觉获取所需信息，满足数据时代对教师的基本要求。但W9的均值小于4，表明教师对教育信息政策与法律的了解较为匮乏，部分教师甚至表示从未了解过相关知识，总体上对信息政策与法律部分的了解不深刻。W2的均值最低，表明教师对信息技术发展阶段特征的知识储备不足，缺乏高层次的信息知识，不能从历史与发展的角度认识信息技术，也不能深刻认识信息技术的本质。此外，教师们知道，在信息技术支持下中文教育的变革涵盖使命与宗旨、内容与形式、教师与学生等诸多方面（W3），也知道中文教育未来的状态将会是"有形的学校形态"和"无形的学校形态"并存与结合（W4）。这两项均值表明，国际中文教师对信息技术对国际中文教育事业的影响持积极态度，但新的教育理念尚未完全形成。

了解信息领域专业知识是国际中文教师信息素养评价的一个重要指标。关于信息知识的调查结果显示，绝大部分国际中文教师已认识到信息技术给行业带来了前所未有的改变，但在及时更新自身知识、以积极的态度关注信息技术的发展史和相关法律等方面还略有欠缺。

4.2 影响因素

对调查对象的国外从业经历、职业培训、就职单位的信息化建设等因素进行统计分析发现，出国经历、职后培训形式和单位的信息化建设情况这三个因素对国际中文教师的信息素养具有显著影响。

4.2.1 国外从业经历

整体上看，国外从业经历对国际中文教师的信息意识和信息伦理有显著影响：信息意识的 t 值 $=2.375$，$df=107$，$p<0.019$；信息伦理的 t 值 $=2.218$，$df=107$，$p<0.031$。有无国外从业经历对国际中文教师的信息素养水平有重要影响。有国外从业经历的国际中文教师的信息素养水平显著高于无国外从业经历的国际中文教师。

4.2.2 职后培训形式

各种培训形式中，教师互助和自学是职后国际中文教师提升信息素养的主要途径，这两类途径均具有效率高、针对性强的特点。整体上看，职后培训形式对信息伦理有显著影响：信息伦理的 F 值 $=2.815$，$P=0.048$。具体来看，职后培训形式对国际中文教师的信息能力和信息伦理的部分子维度具有显著影响。信息能力的影响具体表现在创设语言交际环境、拓展汉语教学空间、帮助学生提高汉语水平和共享教学资源四个子维度上（T19 的 F 值 =3.545，P=0.021；T21 的 F 值 =4.703，P=0.006；T22 的 F 值 =3.288，P=0.028；T24 的 F 值 =5.463，P=0.002）；信息伦理具体表现在公正且科学地评价信息、尊重并保护学生隐私两个子维度上（S3 的 F 值 =4.49，P=0.007；S7 的 P 值 =3.398，P=0.024）。总之，参与职后培训的教师信息素养水平显著较高。

4.2.3　工作单位的信息化建设

整体上看，工作单位的信息化建设与国际中文教师的信息意识、信息知识、信息能力和信息伦理均有中等程度的相关关系（见表 5）：信息意识的 r 值 =0.381，P<0.001；信息知识的 r 值 =0.420，P=0.002，信息能力的 r 值 =0.470，P<0.001；信息伦理的 r 值 =0.365，P<0.001。

表 5　工作单位的信息化建设与信息素养的相关性统计

信息化建设	信息意识	信息知识	信息能力	信息伦理
D1 网络覆盖情况良好	0.476**	0.484**	0.546**	0.415**
D2 经费投入充足	0.284**	0.320**	0.418**	0.304**
D3 能满足教学需要	0.273**	0.339**	0.398**	0.272**
D4 领导重视信息素养	0.359**	0.452**	0.435**	0.366**
D5 教学氛围良好	0.514**	0.505**	0.551**	0.467**

注：** 表示在 0.01 级别（双尾）相关性显著。

由表 5 可知，信息化建设的不同方面对教师的信息素养有不同程度的影响，说明国际中文教师的信息素养容易受到外界的主客观因素的影响。

五、讨论

5.1　国际中文教师信息素养内部发展不平衡，信息能力和信息知识水平有待提高

前文提到，国际中文教师的信息能力与信息意识水平较高，信息伦理和信息知识水平较低，这与前人的研究一致（胥琼玉，2021；刘玉屏等，2021；许桐，2021）。《国际中文教师专业能力标准》（T/ISCLT 001—2022）对国际中文教师提出了应具备职业道德的要求，为国际中文教师的信息伦理发展提供了支持。为响应教育信息化号召，各校加快了信息化建设，再加上疫情的影响，国际中文教师的信息意识逐步形成。当今社会的信息技术日新月异，信息技术的快速发展也催生了大量的信息知识，国际中文教师也应该随着时代的发展而不断更

新和补充信息知识。然而，国际中文教师的信息知识水平层次较浅，多数国际中文教师的信息知识仅能满足一般教学所需，高层次的信息知识较为匮乏。新时代的国际中文教育要培养知华友华人士，培养精通中国文化的博雅君子，更要培养在国际舞台上有发言权的"中国通"（崔希亮，2010）。这些目标的实现主要取决于学生的汉语水平，而国际中文教师信息技术教学应用能力的不足将阻碍学生汉语水平的提高。

因此，国际中文教师应增强主观能动性，积极践行新的教育理念，主动构建高层次的信息知识基础并加大信息技术与国际中文教育的整合力度。信息化教学培训应增强针对性和持续性，重点提高教师的信息知识水平和信息技术教学应用能力。工作单位也应为教师的信息素养发展提供主客观条件支持。

5.2 国际中文教师"走出去"步伐应该加快

多年来，我国陆续开设汉语国际教育本科专业、硕士专业乃至博士专业。这样的培养规模本应该可以满足国际中文教育的需求，但目前仍存在中国大规模培养与国外汉语师资短缺并存的问题（吴应辉，2016）。实践证明，有国外赴任经历的国际中文教师的信息意识与信息伦理水平显著高于无国外赴任经历的教师。

为鼓励国际中文教师"走出去"，可以从内在驱动与外在支持两方面入手。一方面，要让汉语国际教育专业的学生明确学科定位与本专业的培养目标，增强责任感与使命感；另一方面，要重视保障机制，提高赴外国际中文教师的薪资补助，为回国就业的国际中文教师提供政策支持。

5.3 国际中文教师培训有待改进

国际中文教师培训目前多以理论知识为主，实践形式也多是讲座、教学视频、微课、慕课等，学员试讲环节少，很少走进真实的课堂（王添淼，2021）。培训缺乏针对性与实践性，无法切实解决信息化教学中遇到的实际问题。国际中文教师信息素养的发展是一个循序渐进的过程，但现有培训缺乏长远规划，培训内容也较为单一，无法满足教师信息素养的发展需求。

为改善培训效果，培训单位首先应制订长远规划，明确培训目标。明确的目标可以为国际中文教师的信息素养培训提供前进方向，也有利于相关人员制订切实可行的长远规划。工作单位也应适当增加信息素养培训的时间与频率，为践行长远规划提供可能。其次，应优化培训内容，根据教学对象、教师水平等特征分门别类地提供合适的培训。培训在强调提高国际中文教师信息技术教学应用能力的同时，也应关注信息技术在促进国际中文教师专业发展方面的作用。最后，应丰富培训形式，集中培训与分散培训相结合，线上培训与线下培训相结合。培训应体现实践性特征，以教学观摩、试讲等形式为国际中文教师提供更多的实践机会，让教师在实践中巩固理论知识。

5.4　工作单位信息化建设亟须重视

信息技术发展十分迅速，软硬件更新换代速度极快，只有提升工作单位的信息化建设水平，才能为国际中文教师提供使用信息技术的条件。工作单位的信息化建设水平越高，越有利于提高国际中文教师的信息素养，进而加快国际中文教育的信息化进程。

因此，各教学单位应当更加重视信息化软硬件水平的建设，在《国际中文教育数字资源建设指南》《国际中文教育教学资源建设行动计划（2021—2025 年）》等规划文件的指导下继续完善信息化建设，为提高国际中文教师的信息素养提供环境支持。在此进程中，应格外注重激发国际中文教师信息化教学的主动性，增强其内在驱动力。

六、结语

2012 年，联合国"全球脉动"计划发布的《大数据开发：机遇与挑战》报告指出，世界正经历一场数据革命，发达国家和发展中国家都将受到影响。中国作为世界上最大的发展中国家，自然不能在数据时代的洪流中落伍。《中国互联网状况》白皮书指出，中国高度重视并积极促进互联网的发展与应用。随着互联网在中国的快速普及，人们的生产、工作、学习和生活方式已经开始并持续发生深刻变化。国际中文教育是我国教育体系的重要组成部分。如今，国际中文教育事业高速发展，传统的中文教育模式已无法满足国际中文教育的需求。作为"三教"问题的核心，数据时代的国际中文教师肩负着以信息化手段进行中文教育和传播中华文化的重要使命。这就要求国际中文教师具备信息素养，以应对信息化教学带来的种种挑战，突破国际中文教育的发展瓶颈。国际中文教育的信息化发展还有利于推动我国教育体系的现代化发展，推动我国的数据变革。因此，国际中文教师应形成积极主动的信息素养观，充分认识到自己在国际中文教育变革中的重要地位。失衡的国际中文教育生态系统需要国际中文教师这一生态主体发挥作用，新时代教育对教师的要求也说明教师应将信息素养作为专业素质的重要补充。总之，国际中文教育的信息化发展任重而道远，提高国际中文教师的信息素养不可能一蹴而就，既需要国家层面的政策引导，也需要校方以及教师个体的共同努力。

参考文献

崔希亮.对外汉语教学与汉语国际教育的发展与展望 [J].语言文字应用，2010（2）：2-11.

范国睿.教育生态学 [M].北京：人民教育出版社，2000.

郭黎康.浅论大学生的信息素质教育 [J].四川图书馆学报，1998（6）：47-49.

孔子学院总部，国家汉办.国际汉语教师标准（中英对照）[S].北京：外语教学与研究出版社，2015.

刘珣.追随对外汉语教学事业 60 年——试论对外汉语教学事业和学科的发展 [J].国际中文教育（中英文），2021（4）：22-34.

刘玉屏，李晓东，郝佳昕.国际中文教师数字能力现状与影响因素研究 [J].民族教育研究，2021（3）：139-146.

明桦，林众，罗蕾，等.信息素养内涵与结构的国际比较 [J].北京师范大学学报（社会科学版），2019（2）：59-65.

南国农.怎样理解信息技术及其教师素养形成 [J].现代远程教育研究，2013（1）：3-6.

世界汉语教学学会.国际中文教师专业能力标准（T/ISCLT 001—2022）[S].北京：北京大学出版社，2022.

孙宽宁，路书红.基础教育改革专题 [M].北京：教育科学出版社，2018.

王恩旭.国际汉语教师专业发展的三个阶段 [J].现代语文（学术综合版），2014（5）：82-87.

王光明，卫倩平，张永健，等.教师核心素养和能力结构体系再探 [J].中国教育科学（中英文），2019（4）：59-73.

王华女.教师学习与专业发展的实证研究 [M].长沙：湖南师范大学出版社，2019.

王吉庆.信息素养论 [M].上海：上海教育出版社，1999.

王添淼.国际中文师资培训模式的构建——基于美国 TESOL 项目的启示 [J].河北师范大学学报（教育科学版），2021（2）：98-104.

吴鼎福，诸文蔚.教育生态学新世纪版 [M].南京：江苏教育出版社，2000.

吴应辉.国际汉语师资需求的动态发展与国别差异 [J].教育研究，2016（11）：144-149.

胥琼玉.汉语国际教育教师志愿者数据素养现状调查与研究 [D].杭州：浙江科技学院，2021.

许桐.国际中文教师智能素养调查及提升路径研究 [D].重庆：西南大学，2021.

杨素芬.试论现代信息社会对高校图书馆员的要求 [J].贵州商专学报，2000（2）：52-54.

余武.欧美各国教师教育信息化发展及启示 [J].电化教育研究，2004（4）：72-76.

郑艳群.对外汉语教育技术概论 [M].北京：商务印书馆，2012.

钟志贤.面向终身学习：信息素养的内涵、演进与标准 [J].中国远程教育，2013（8）：21-29.

祝智庭.世界各国的教育信息化进程 [J].外国教育资料，1999（2）：79-80.

新时代外派国际中文教师道德能力类型研究[*]

王美雨　临沂大学文学院

摘　要　外派国际中文教师是教师群体中较为特殊的一类，他们需要在完全陌生的语言文化环境中从事中国语言文化的教学。他们道德能力的高低不仅关乎海外中文学习者乃至当地社会对中国尤其是中国文化、中华民族精神了解的宽度和深度，也关乎我国文化软实力在海外传播的效度和质量。在国际形势日益复杂及中文学习者身份日趋多样的语境下，外派国际中文教师至少应具有四种符合中华民族精神特质的意识和能力，即自觉地不断夯实理想信念之基的意识、灵活讲述中华传统美德的能力、自觉弘扬民族精神和时代精神的意识、将中华民族优秀文化与专业知识相结合的能力。

关键词　新时代　外派国际中文教师　道德能力类型

2022 年 8 月 26 日发布并实施的《国际中文教师专业能力标准》（T/ISCLT 001—2022）中明确提出"师德为先"的基本理念，说明师德建设已经成为国际中文教师队伍建设的首要任务。将师德建设纳入道德层面，探究道德能力的类型，有利于国际中文教师在复杂的国际环境及多元文化中始终秉持初心，更好地从事国际中文教育。

　　道德是由共同生活在一起的人们经过实践与理论升华逐渐提炼出的超越法律范畴并约定俗成的共同行为规范，具有群体性、地域性、民族性及时代性等特征。其应用不是简单意义上的整体行为，而是覆盖了从个体到整体、从独处到共处的所有领域的行为。从国家层面看，"仁义兴则道德昌，道德昌则政化明，政化明而万姓宁"（《后汉书·种岱传》）；从个人层面看，"太上有立德，其次有立功，其次有立言，虽久不废，此之谓不朽"（《左传·襄公二十四年》）。可见，社会个体讲求并遵守既符合时代特征、民族特征，同时又内含人类精神诉求共同特征的道德规范，道德是个人、小集体、大集体及整个人类社会乃至自然界健康有序、和谐健康发展的重要保障。它外化并作用于人类社会及自然界的途径为道德能力，其质量高低关系着道德的实现程度。

---

* 本文是教育部中外语言交流合作中心 2021 年国际中文教育研究课题"后疫情时代西非本土汉语教师培养体系及绩效评估体系研究"（21YH31C）的研究成果。

一、道德能力概述

道德及道德能力一直是古圣先贤们讨论的重要论题，他们虽没有明确提出道德能力的定义，但对其进行了多层面的探究、阐释，如"不仁者不可以久处约，不可以长处乐。仁者安仁，知者利仁"（《论语》）、"以德兼人者王，以力兼人者弱，以富兼人者贫"（《荀子》）、"勿以恶小而为之，勿以善小而不为"（《三国志》）、"捐躯赴国难，视死忽如归"（曹植《白马篇》）、"志士不饮盗泉之水，廉者不受嗟来之食"（《后汉书》）。这些有关道德能力的论述，是对当时社会道德规范及个人道德能力的一种高度概括，是从当时现实中归纳出来且为当时社会承认并提倡，甚至直到今日也不过时的有关道德能力的科学概括。具体而言，先哲们给出的这些道德外化形式具有共同的核心，即"仁德""行善""爱国""讲气节"等，是中华优秀传统文化理念的重要组成部分。它们从被提出那天起，就在或多或少地影响着人们的道德行为，进而影响社会的发展。可以说，古圣先贤们提出的这些有关道德能力的先进理念，既有利于个体及社会的共同发展，在一定程度上也是当前中华民族道德体系得以建立的历史根脉。

近代，学界给出了道德能力的定义，但不同学者给出的定义有所差异。如陆晓禾（1994）认为它是"人们特有的一种超乎自身功利而履行人所确认的道德原则或规范的能力"，蔡志良、蔡应妹（2008）则认为它是"人认识各种道德现象，在面临问题时能鉴别是非善恶，做出正确道德评判和道德选择并付诸行动的能力"。陆晓禾给出的定义重在强调有关道德问题的行为能力，而蔡志良和蔡应妹不仅强调有关道德问题的行为能力，还强调辨识能力。相较而言，后者给出的定义更为全面，能够涵盖涉及道德问题的行为能力和辨识能力两个方面。鉴于此，本文采用蔡志良和蔡应妹的观点，认为道德能力是人将国家或民族共同秉持的道德理念外化的能力，也是正确辨识、评判社会中道德现象正误的能力，是两者的结合体。

在 2001 年颁布的《公民道德建设实施纲要》基础上，2019 年 10 月，中共中央、国务院印发了《新时代公民道德建设实施纲要》[①]（下文简称《新纲要》）。《新纲要》中指出："中华文明源远流长，孕育了中华民族的宝贵精神品格，培育了中国人民的崇高价值追求。""宝贵精神品格""崇高价值追求"是篆刻在中华民族每个个体血脉里的精神印记，但它们不会自动开启，需要每个个体成员通过恒久的学习和实践来实现。面对复杂的国际语境，《新纲要》指出，当前"加强公民道德建设是一项长期而紧迫、艰巨而复杂的任务，要适应新时代新要求，坚持目标导向和问题导向相统一，进一步加大工作力度，把握规律、积极创新，持之以

---

① 参见《中共中央　国务院印发〈新时代公民道德建设实施纲要〉》，网址为：http://www.gov.cn/zhengce/2019-10/27/content_5445556.htm。

恒、久久为功，推动全民道德素质和社会文明程度达到一个新高度"。我们要注意到，在当前复杂的国际语境和生存环境下，加强公民道德建设的确是一件复杂而艰巨的大工程；同时也要注意到，虽然《新纲要》指出的道德核心观念一样，但不同行业在坚守它的前提下，还应各有符合自己行业特征的道德标准，如此方能使公民道德建设真正落到实处，真正实现公民道德建设的目的。为了更好地说明这一点，本文以当前外派国际中文教师为例，探究新时代外派国际中文教师应具备的道德能力，以期为国际中文教育人才培养及其他相关行业的人才培养提供借鉴。

二、外派国际中文教师概况

海外国际中文教师是指在中国境外从事中文教学的教师，主要分为三类：第一类为外派国际中文教师，包括国家公派的国际中文教师和国际中文教育志愿者，他们主要在孔子学院、孔子课堂及相关中文教学机构从事中文教学；第二类为在海外自主从事中文教学的各国中文教师；第三类为由中外语言交流合作中心（下文简称"语合中心"）管理的各国本土中文教师等。这里要探讨的是海外国际中文教师的构成主体（外派国际中文教师）的道德能力问题。

2021 年 7 月 7 日，外交部发言人汪文斌指出："截至 2020 年底，全球共有 180 多个国家和地区开展中文教育，70 多个国家将中文纳入国民教育体系，外国正在学习中文的人数超过 2000 万，累计学习和使用中文的人数接近 2 亿。"[①] 承担这些国家中文教学主体任务的正是孔子学院、孔子课堂等，而在孔子学院、孔子课堂中实施教学的主体正是外派国际中文教师，他们道德能力的高低不仅关乎海外中文学习者乃至当地社会对中国尤其是中国文化、中华民族精神了解的宽度和深度，也关乎我国文化软实力在海外传播的效度和质量。然而，学界对外派国际中文教师的关注点主要在教学能力、心理问题及处理文化冲突的能力等方面，鲜少关注他们的道德能力，尤其是道德能力的建设及外化问题。

基于此，笔者将根据多年的海外教学实践及当前外派国际中文教师的实际情况，对外派国际中文教师应具有的道德能力类型展开详细探讨。

按照有关规定，拟申请到海外从事中文教学的人员需先通过语合中心组织的国际中文教师考试并获得《国际中文教师证书》，该考试旨在"通过对汉语教学基础、汉语教学方法、教学组织与课堂管理、中华文化与跨文化交际、职业道德与专业发展等五个标准能力的

[①] 参见《外交部：截至 2020 年底，全球共有 180 多个国家和地区开展中文教育》，网址为：https://baijiahao.baidu.com/s?id=1704633053289539384&wfr=spider&for=pc。

考查，评价考生是否具备国际中文教师能力"①。同时，为保证外派国际中文教师能够满足各国学习中文的需求，语合中心专门设立了相关机构，负责"推进国际中文教师队伍建设；开展国际中文教师能力认定；根据各国教育机构需求，支持中文教师、教学顾问赴外工作；支持国际中文教师培训；支持各国本土中文教师发展。根据各国教育机构需求，选派、培训优秀志愿者赴外工作；联合各国教育机构，支持聘用当地符合资质人员担任国际中文教师志愿者"②。从此陈述可以看出，因外派国际中文教师在考取《国际中文教师证书》时已参加过"职业道德"有关知识与素养的考核，所以在具体外派考试时，教学能力是语合中心认定一名国际中文教师能否外派的重要依据，在报名资格审核及面试环节并没有与职业道德、道德能力等有关的考核要求。特别是以往实施外派国际中文骨干教师计划时，甚至连教师教学能力的考核都有所淡化，更不用说对其职业道德及其他道德能力进行系统有效的考核了。以上两种情况都极有可能导致出现有些教师在具体教学实践中只重视语言本体教学，却忽视文化内涵的讲授，进而削弱国际中文教师在提升我国对外文化软实力进程中应有作用的现象。另外，外派国际中文教师身处完全不同于中国的语言文化环境，受到的文化冲击力较大。在以上各种因素的综合作用下，道德层面不够坚定、民族自信心不够强、中华民族文化素养不够高的国际中文教师在面对文化冲突及异域文化刺激时，极易失去自我。针对涉外人员，《新纲要》明确指出当下在对外交流交往中，我们要"培育健康理性的国民心态，引导人们在各种国际场合、涉外活动和交流交往中，树立自尊自信、开放包容、积极向上的良好形象"。这种良好形象的培养对外派国际中文教师而言，不仅需要自身长期坚持不懈的学习，更需要相关部门的通力协作，从外派国际中文教师报名阶段就开始进行相关的培训及考核。

而目前语合中心对外派国际中文教师的考核，除实际教学技能考核外，其他都可视作理论性考试。与其他科目不同，职业道德的考核属于主观性考试，考生在考试中基于"利避害""自我美化"的思想，潜意识中会选择对自己有利的答案，因此其考试成绩在某种程度上是经过了个人"美化"的结果，无法全面展现或代表该考生外派以后面对各种复杂情况表现出的实际职业道德及素养，也无法检测出其面对各种复杂情况的心理强度。综上，在后疫情时代及国际形势越来越复杂的语境下，应以《新纲要》为基点对外派国际中文教师加强职业道德方面的培养，使其展现出符合中华民族精神特质的道德能力。

---

① 参见《国际中文教师证书》官网的备考指南中考试介绍板块，网址为：https://www.chineseteacher.org.cn/readyExamGuide.do。

② 参见中外语言交流合作中心官网的项目板块，网址为：http://www.chinese.cn/page/#/pcpage/project?id=128。

三、外派国际中文教师应具有的道德能力类型

外派国际中文教师是教师群体中较为特殊的一类，他们需要在完全陌生的语言文化环境中从事中文语言文化教学，授课对象的年龄、职业、宗教、文化及母语等情况较为复杂，且生活环境也与国内完全不同。在此背景下，外派国际中文教师要做到坚守社会主义核心价值观，至少应具有以下四种道德能力。

3.1 具有自觉地不断夯实理想信念之基的意识

外派国际中文教师的来源及专业较为复杂，主要包括大学教师、中小学教师及大学毕业生等。他们的受教育程度、专业及工作背景各不相同，从事国际中文教育的职业能力差异较大，对国外工作、生活的适应能力也存在很大差异，因此语合中心每年都会对在岗的外派国际中文教师进行心理方面的培训与疏导。该培训在一定程度上能提升外派国际中文教师的心理素质，但无法从根本上解决由于个人职业道德素质受外在环境影响而逐渐缺失，从而引发教师心理问题的情况。"心中有信仰，脚下有力量。"对外派国际中文教师而言，只有做到这一点，方能在错综复杂的海外工作环境及生活环境中保持坚定不移的信念，方能不忘初心、持之以恒地教好中文、讲好中国故事。从人类发展的历史看，一个人只有生活在健康有序、积极向上的社会群体中或受到了正确的教育引导，心中才有可能生发出崇高的理想信念。也就是说，一个人的理想信念极易受外界环境的影响而发生改变，当其处于与以往迥异的环境时，这种情况尤为明显。所以，外派国际中文教师应具有不断夯实理想信念的自觉性，做到处变不惊，既能明辨大是大非，又能察微慎细，在海外的工作生活中，传承中华民族优秀的思想文化，切实做好海外中国语言文化的教学与传播工作。

3.2 具有灵活讲述中华传统美德的能力

在漫长的历史发展中，经过无数先贤的努力，中华民族逐渐形成并拥有了自己丰富多样的、既具有世界各民族共性又具有自身特质的文化，其中的传统美德更是"中华文化精髓，是道德建设的不竭源泉"[①]，也是中华民族屹立于世界民族之林的重要精神保障。中华民族讲究"天下为公"，致力于维护世界和平，促进各国共同繁荣。这种意识在不同领域的具体表现形式各不相同，体现在国际中文教学中，就要求教师能够将其灵活地融入日常教学中，使学生在不知不觉中理解、接受、运用并传播中华传统美德。自觉传播中华美德，也是我们党

[①] 参见《中共中央 国务院印发〈新时代公民道德建设实施纲要〉》，网址为：https://www.gov.cn/zhengce/2019-10/27/content_5445556.htm?trs=1&wd=&eqid=fce3dec10004175400000006648bbf5c。

对 13 亿人民提出的要求。2013 年，习近平总书记在中共中央政治局第十二次集体学习时的讲话中指出，要"引导人们向往和追求讲道德、尊道德、守道德的生活，让 13 亿人的每一分子都成为传播中华美德、中华文化的主体"。

中华传统美德内涵丰富，包括"修身""齐家""治国"等个人层面、集体层面及国家层面的内容，以上三个层面按照"修小我为大我"的螺旋式发展模式层层递进。"修小我为大我"的传统美德是流淌在中华文化血脉中的自然存在，却不一定是其他民族文化中的自然存在，因此外派国际中文教师在结合语言知识讲授有关内容时，应该结合所在国的政治、经济、文化等各种要素，在保留"修小我为大我"内核的前提下，将其本土化，进而实现思想文化传播的"无痕化"。当然，能做到文化传播"无痕化"的外派国际中文教师，其本人必须完全接受、深入理解且能身体力行"修小我为大我"的中华传统美德，同时具有将语言和文化巧妙融合的能力。否则，不仅实现不了思想文化传播的目标，反而极有可能引发文化冲突甚至产生更严重的后果。

3.3 具有自觉弘扬民族精神和时代精神的意识

民族精神是一个民族能够持续良性发展的根本力量，如"以爱国主义为核心的民族精神和以改革创新为核心的时代精神，是中华民族生生不息、发展壮大的坚实精神支撑和强大道德力量"[①]。中华民族这种富有生机和力量的民族精神是千百年来一代代成员共同努力的结果，其精神内核主要体现为不同时代的个体成员都具有一颗甘愿为国家利益夙兴夜寐或献出生命的心，如"爱国如饥渴""捐躯赴国难，视死忽如归""中夜四五叹，常为大国忧""先天下之忧而忧，后天下之乐而乐"等不同时代的诗句无不闪耀着爱国主义精神的光芒。这种优秀民族精神的特征之一在于它能随着时代的变化而在创新中兼收并蓄，即在坚持根本内核不变的前提下，其具体内容及外化形式会与时俱进。比如，随着信息时代、网络时代的全面升级，世界各国之间多方位、多维度的交流合作及竞争等趋势渐强，在此背景下，我国在海外设立了孔子学院、孔子课堂等中国语言文化教育机构，意在帮助世界各国想要学习中文的人民，以便使其在充分了解中国的基础上进行没有语言障碍的良性交流合作，最终促进双方的共同发展。

孔子学院、孔子课堂等中国语言文化教育机构是我国文化软实力输出的重要途径，关系到我国文化软实力输出的数量及质量。为实现其设立目的并担负起其应有的责任，孔子学院、孔子课堂的中方人员在坚守民族精神的基础上，还应自觉弘扬民族精神。外派国际中文

---

① 参见《中共中央 国务院印发〈新时代爱国主义教育实施纲要〉》，网址为：https://www.gov.cn/zhengce/2019-11/12/content_5451352.htm。

教师在海外履职期间，应时刻意识到自己所代表的外延发生了变化。在国内时，他们代表的外延是自己或家庭、家乡；但在国外时，他们代表的外延则是国家，其言行关系到所在国民众对中国形象的感知，以及对中国文化理念的认同。"古往今来，中华民族之所以在世界有地位、有影响，不是靠穷兵黩武，不是靠对外扩张，而是靠中华文化的强大感召力和吸引力。我们的先人早就认识到'远人不服，则修文德以来之'的道理。阐释中华民族禀赋、中华民族特点、中华民族精神，以德服人、以文化人是其中很重要的一个方面。"（习近平，2016a）对海外其他国家或民族的人而言，仅靠历史、文字去自行感知中华民族的这些特点显然是不现实的，也就是说，外派国际中文教师身上所体现出来的中华民族精神是海外其他国家或民族的人对中华民族精神最直观的感受。因此，外派国际中文教师必须具有自觉弘扬民族精神和时代精神的意识，如此方能在海外真正诠释中华民族精神，让海外其他国家或民族的人真正了解中华民族精神。

3.4　具有将中华民族优秀文化与专业知识相结合的能力

就海外中文教学实践看，外派国际中文教师呈现或传授给学生的中华民族优秀文化包括物质文化和非物质文化两类。前者主要包括服饰、饮食、剪纸等，后者则主要包括书法、京剧、太极拳、舞龙等。这些文化与学生的民族文化差异较大，能给学生带来一种陌生感，初期极易引发他们的学习兴趣，但若教师流于形式，拘于表面的讲解与展示，就无法使学生在内心深处产生文化理解。学生即便在形式上掌握了这些文化，但若不理解其真正文化内涵，也极有可能在较短的时间内遗忘掉已经掌握的相关知识。

文化和语言密不可分，没有民族文化自信就没有民族语言自信，反之，没有民族语言自信也没有民族文化自信。因此在国际中文教学中，教师具有民族文化自信是教好中文、传播好中华民族优秀文化的重要保障。民族文化自信体现了中华民族精神的特质，"在5000多年文明发展中孕育的中华优秀传统文化，在党和人民伟大斗争中孕育的革命文化和社会主义先进文化，积淀着中华民族最深层的精神追求，代表着中华民族独特的精神标识"（习近平，2016b），所以"坚定文化自信，是事关国运兴衰、事关文化安全、事关民族精神独立性的大问题"（习近平，2016c）。国际中文教学与国内其他性质的教学不同，其教学对象基本不属于中华民族成员，他们的民族文化与中华民族文化具有一定的同质属性，民族语言与中文则具有较大差异，因此如何将中华民族优秀文化与专业知识巧妙地联系在一起，是外派国际中文教师应该考虑的重要问题。

习近平总书记在党的二十大报告中指出，"要增强中华文明传播力影响力""坚守中华文化立场""讲好中国故事、传播好中国声音，展现可信、可爱、可敬的中国形象""推动中华文化更好走向世界"。对外派国际中文教师而言，只有提升道德能力，才能在复杂的海外教育环境中为新时代中华文明的海外传播做出应有的贡献。

参考文献

蔡志良，蔡应妹 . 道德能力论 [M]. 北京：中国社会科学出版社，2008.

陆晓禾 . 论经济发展与人的道德能力 [J]. 社会科学，1994（12）：27-30.

世界汉语教学学会 . 国际中文教师专业能力标准（T/ISCLT 001—2022）[S]. 北京：北京大学出版社，2022.

习近平 . 在文艺工作座谈会上的讲话 [C]. 中共中央党史和文献研究院编 . 十八大以来重要文献选编（中）. 北京：中央文献出版社，2016a.

习近平 . 在庆祝中国共产党成立 95 周年大会上的讲话 [M]. 北京：人民出版社，2016b.

习近平 . 在中国文联十大、中国作协九大开幕式上的讲话 [M]. 北京：人民出版社，2016c.

基于生源质量视角的俄罗斯本土汉语教师培养质量研究 *

寇小桦　西南大学外国语学院
　　　　俄罗斯雅罗斯拉夫尔国立师范大学中国语言文化教育中心
高笙航　俄罗斯雅罗斯拉夫尔国立师范大学中国语言文化教育中心

摘　要　教师专业发展质量包括各个层面的培养标准，而生源的质量是保障教师培养质量的一个重要前提。随着中文教育在俄罗斯的快速发展，俄本土汉语教师培养质量问题日益凸显。本文通过搜集和研究俄罗斯 23 所开设汉语师范及相关专业的高校 2018—2022 年公费生的录取分数，综合比较分析俄罗斯不同地区和高校汉语专业的生源质量，并以雅罗斯拉夫尔国立师范大学英汉双语师范专业的生源质量为重点个案分析，在此基础上结合俄罗斯本土中文教师培养的普遍问题提出建议和对策。

关键词　生源质量　俄罗斯本土中文教师　培养质量　教师教育

一、引言

　　生源是高校教育教学顺利开展的基本要素之一，提升生源质量是人才培养的基础。有关生源质量的研究，包括生源质量的影响因素、生源质量的现状和对策、生源质量评价等，是教育研究的重点和热点。教师教育是一个系统的发展过程，包括师范生的招考和录取、培养、就业及职后培养等多个环节，这些都是保障教师专业发展质量的关键。要保证教师教育的健康发展，就需要向各方明确各个环节的教师培养标准。生源质量是保障教师培养质量的重要前提（朱旭东，2010）。改善师范生源质量是保障高质量教师培养的基础环节。近年来，俄罗斯教育领域专家对俄基础教育教师素质问题关注颇多，奇拉诺娃和扬基纳在《教师专业

---

* 本文是教育部中外语言交流合作中心 2021 年国际中文教育研究课题重点项目"俄罗斯本土中文教师培养机制与创新研究"（21YH9B）的研究成果。

素养养成》一文中强调，提升俄罗斯基础教育质量刻不容缓[①]。瓦塞尼娜在《师范生选拔招收的人本主义依据》一文中指出，俄罗斯教师职业声望低，学校教学人员短缺，师范专业招生困难，师范毕业生大多不选择教育机构作为就业方向[②]。学生的内部因素极大影响了他们对师范专业的报考，同时，外部因素的影响又使他们在职后阶段离开教师行业。

我国国际中文教育起步较晚，面临着海外生源质量不佳、培养方向不明确等问题，具体表现为学生汉语语言本体知识薄弱、对待汉语学习态度不认真和学术能力不足。造成这些问题的原因有很多，比如海外生源国教育观念的职业导向、汉语教学人才在当地待遇不乐观、汉语教育资源不充足等等（徐岚、王佳兴，2020）。近年来，随着中文在全世界的推广和普及，俄罗斯的汉语教育也得到了快速发展。2019 年汉语被纳入俄罗斯国民教育体系并正式成为俄罗斯高考外语科目之一，2020 年全俄学习汉语的人数突破 8 万。俄罗斯科教部 2022 年 7 月公布的数据显示，目前全俄有 142 所高校开设汉语及相关专业方向，大约有 22000 名大学生学习汉语。根据相关研究，俄罗斯本土汉语教师存在如汉语专业知识薄弱、汉语专业能力低下等问题（李宝贵、李博文，2019）。在我国颁布了第 2 版《国际汉语教师标准》后，俄罗斯本土的汉语师范教育才陆续开设，且多融合其他专业内容，少有单独的汉语师范专业。截至目前，中俄语言合作日益密切，但俄罗斯的本土汉语教师不仅在数量上，而且在专业素养等方面均无法很好地达成作为中俄两国沟通媒介、促进中俄社会互动的预期目标。结合俄本土形势，发展和完善俄本土汉语教师的培养体系和模式具有迫切的需求。

俄罗斯从 2009 年开始推行国家统一考试 (ЕГЭ)，也就是俄罗斯的"高考"，俄罗斯的高校招生也开始根据考生的"高考"成绩录取。俄罗斯国立高等经济研究大学 (НИУ ВШЭ) 的科研团队从 2009 年开始，每年收集各地高校和各专业方向（艺术院校和军事院校等除外）公费生和自费生的录取人数、平均分数、学费等数据。以此为依据，对各地高校的生源质量进行分析研究和测评。但历年的研究报告里，缺乏汉语相关专业的生源质量信息。本文通过收集和研究俄罗斯 23 所开设汉语师范和相关专业的高校 2018—2022 年公费生的录取分数，综合比较分析俄罗斯不同地区和高校汉语专业的生源质量，尝试从俄罗斯汉语师范生生源视角来审视俄本土汉语教师培养问题，并以雅罗斯拉夫尔国立师范大学（2018 年开始招收英汉双语师范专业）汉语专业的生源为研究样本，分析生源质量，发现其中的问题，提出具体的建议。

---

① ЧИРАНОВА О .И ., ЯНКИНА Л .А. Становление профессонально значимых качеств педагога образовательного учреждения [G]. Актуальные проблемы профессонального образования/Сборник научных статей по материалам Международной научно-практической конференции. Редколлегия: М.В. Антонова, Т.И. Шукшина (отв. ред.), Ж.А. Каско, В.И. Лаптун. Саранск, 2022, 36-40.

② ВАСЕНИНА А. Ю. Об антропологических основаниях отбора абитуриентов на педагогические направления подготовки [J]. Современные наукоемкие технологии. – 2022. –№ 5 (часть 1), 132-137.

二、研究设计

目前，中俄两国高校都是根据国家统一考试的分数选拔和录取学生的。学生统考的分数在一定层面上体现了考生的学习理解能力、自律程度和完成学业的天分。教师教育专业的生源质量在很大程度上影响着培养过程的质量。但这方面的实证研究仍显不足，有必要从生源质量的视角来研究俄罗斯本土汉语教师的培养质量。目前俄罗斯高校选拔汉语师范生并未全面采用俄罗斯汉语高考的成绩，且各地经济发展不均衡，社会经济的复杂性等都给相关人才的培养造成了不同程度的困难。

根据俄罗斯高校的培养方案，目前没有单独的汉语专业，汉语多归入"语言学"（本科和硕士）、"翻译和翻译研究"（专业硕士）等专业方向。"国际关系""语文学""东方与非洲研究""区域国别研究""跨文化交际"等相关学科专业的学生也有机会学习汉语。根据俄罗斯知名高考志愿网站的数据，目前俄罗斯开设汉语教育类专业的院校共有 24 所，这些院校多从 2012 年开始陆续开设，主要专业有英汉双语师范专业、汉英双语师范专业、汉语言文化教学法专业、俄汉双语师范专业、汉语语言师范专业和其他汉语师范专业等。

俄罗斯的汉语师范专业主要参考考生高考中的社会知识、俄语和英语三门课的成绩。汉语虽已经进入俄罗斯高考，但选择汉语作为考试科目的考生相对较少，而将汉语作为升学必考科目的学校更是少见。社会知识、俄语和英语（汉语）三门课的平均成绩超过 80 分、总分超过 240 分被视为优秀生源。俄联邦教育科学监督局 (Рособрнадзор) 副局长伊戈尔·克鲁格林斯基在总结 2022 年高校录取生源质量时表示，与 2021 年相比，2022 年的高校生源质量相对稳定。2022 年招收的公费生各科平均成绩为 69.50 分，2021 年是 69.35 分；2022 年招收的自费生的平均成绩为 64.53 分。表 1 为 2022 年俄罗斯 23 所开设汉语师范专业院校的公费生录取情况（库尔斯克国立师范大学无公费生指标）。

表 1　23 所开设汉语师范类专业的俄罗斯高校公费生录取情况

区域	高校名称	专业名称	录取分数	平均分
莫斯科 / 圣彼得堡市区高校	莫斯科国立师范大学	汉英双语师范专业	283	94 .33
	俄罗斯国立师范大学	汉语语言文化教学法专业	284	94.67
	莫斯科国立语言大学	汉语语言文化教学法专业	262	87.33
	莫斯科市立师范大学	汉语师范专业	277	92.33
	莫斯科州国立大学	小学教育和汉语师范双专业	126	42
	皮亚季戈尔斯克国立大学	俄汉双语师范专业	190	63.33

续表

高校名称	专业名称	录取分数	平均分
俄罗斯欧洲地区高校	乌里杨诺夫国立师范大学	英汉双语师范专业	196	65.33
	弗拉基米尔国立大学	英汉双语师范专业	242	80.67
	卡卢加国立大学	俄汉双语师范专业	252	84
	乌拉尔国立师范大学	英汉双语师范专业	220	73.33
	雅罗斯拉夫尔国立师范大学	英汉双语师范专业	268	89.33
	伏尔加格勒国立社会师范大学	汉英双语师范专业	234	78
	下诺夫哥罗德国立师范大学	英汉双语师范专业	255	85
	喀山创新大学下卡姆斯克分校	英汉双语语言文化教学法专业	153	51
俄罗斯亚洲地区高校	东北国立大学	汉日双语师范专业	134	44.67
	伊尔库茨克国立大学	英汉双语师范专业	225	75
	鄂木斯克国立师范大学	汉英双语师范专业	242	80.67
	新西伯利亚国立师范大学	汉英双语师范专业	251	83.67
俄罗斯中俄边境地区高校	布拉戈维申斯克国立大学	英汉双语师范专业	236	78.67
	阿尔泰国立大学	英汉双语师范专业	261	87
	阿穆尔国立人文大学	英汉双语师范专业	169	56.33
	戈尔诺阿尔泰国立大学	阿尔泰语汉语双语师范专业	167	55.67
	阿尔泰国立人文师范大学	英汉双语师范专业	173	57.67

从表1可以看出，23所大学中有11所大学的汉语师范专业公费生的录取分数线超过了240分，平均分超过了80分。其中，有3所大学的平均分数超过了90分，生源属于特别优秀类。23所高校的汉语师范专业的公费生录取分数线和平均分差别较大，总分最高为284分（平均分94.67分），最低为126分（平均分42分）。

根据各高校所处的地理位置，可将以上23所高校分为四类：莫斯科/圣彼得堡市区高校（共4所）、俄罗斯欧洲地区高校（共10所）、俄罗斯亚洲地区高校（共4所）、俄罗斯中俄边境地区高校（共5所）。根据公费生的最低平均成绩可分为四等：平均分80分及以上、70分及70～80分、56分及56～70分、56分以下。平均分在80分及以上被认为是优秀生源，平均分为70分及70～80分被认为是良好生源，平均分为56分及56～70分被认为是合格生源，平均分在56分以下被认为是较差生源。具体学校生源分布如表2和表3所示。

表 2 俄罗斯高校生源分布及生源质量说明

生源等级及平均分	莫斯科 / 圣彼得堡市区高校		俄罗斯欧洲地区高校		俄罗斯亚洲地区高校		俄罗斯中俄边境地区高校		总计	
	数量	占比	数量	占比	数量	占比	数量	占比	数量	占比
优秀生源 80 分及以上	4	17.4%	4	17.4%	2	8.7%	1	4.3%	11	47.8%
良好生源 70 分及 70 ～ 80 分	0	0%	2	8.7%	1	4.3%	1	4.3%	4	17.4%
合格生源 56 分及 56 ～ 70 分	0	0%	2	8.7%	0	0%	2	8.7%	4	17.4%
较差生源 56 分以下	0	0%	2	8.7%	1	4.3%	1	4.3%	4	17.4%
合计	4	17.4%	10	43.5%	4	17.4%	5	21.7%	23	100%

表 3 按区域分类的高校公费生录取情况

大学分布区域	平均分	学校数量	标准差
莫斯科 / 圣彼得堡市区高校	92.17	4	2.93
俄罗斯欧洲地区高校	71.20	10	15.57
俄罗斯亚洲地区高校	71.00	4	17.92
俄罗斯中俄边境地区高校	67.07	5	13.16
总计	73.91	23	15.77

从表 2 可以看出，莫斯科 / 圣彼得堡地区及俄罗斯欧洲地区生源质量优秀的学校最多，占比最高；俄罗斯中俄边境地区高校的优秀生源占比最少。从表 3 可以看出，莫斯科 / 圣彼得堡地区生源平均分标准差最小，亚洲地区高校的平均差值最大。

三、俄罗斯本土汉语教师专业生源质量的表征

3.1 俄罗斯高校汉语师范专业不够专一

根据表 1 的信息，2022 年俄罗斯高校开设汉语师范专业方向的专业名称主要是"英汉双语师范专业"，共有 11 所学校开设此专业，占比为 47.8%，该专业学生的第一外语是英语，汉语是第二外语。以汉语为第一外语的"汉英双语师范专业"共有 4 所学校开设，占比约 17.4%；有 2 所学校开设"汉语语言文化教学法专业"，占比约 8.7%；"汉日双语师范专业"

和"汉语师范专业"各有 1 所学校开设，占比 4.3%。所以从整个专业分布来看，有一半以上学校的汉语是作为第二外语教学的。虽然有一部分专业的第一外语是汉语，但仅有 3 所高校开设的"汉语语言文化教学法专业"和"汉语师范专业"(约占 13.0%)是专门培养汉语专业的师范类人才。而以"俄语""阿尔泰语""小学教育"为第一专业的高校共有 4 所，约占总数的 17.4%。根据专业内容划分的公费生录取分数情况如表 4 所示。从表 4 可以看出，专门培养汉语的专业录取分数最高，其次是以汉语为第一外语的专业，而汉语作为第二外语的其他专业，如俄汉师范专业、阿尔泰汉语师范专业、小学教育和汉语师范双专业，录取分数最低。

表4　根据专业内容划分的公费生录取分数及平均分的比较

专业	录取分数	平均分
英汉双语师范专业	218.00	72.67
以汉语为第一外语的专业	228.80	76.27
专门培养汉语的专业	274.33	91.44
汉语为第二外语的其他专业	183.75	61.25

3.2　各高校、各地区生源质量参差不齐

表 3 显示，俄罗斯各高校的本土汉语教师教育类专业的生源质量参差不齐。莫斯科及圣彼得堡直辖市高校相关专业的录取分数标准差较小，代表其录取分数变化不大；而俄罗斯其他地区的录取分数标准差较大。很多高校招收公费生，同时也招收自费生，自费生付费即可入读，所以学生之间的分数较为悬殊，学习能力和纪律性也有很大的差别，对教学质量和进度也会造成很大影响。

综观 23 所开设汉语师范专业的高校，其公费生录取分数的变化幅度较大。根据表 1 和表 2，分数变化区间可从总分略超过 100 分浮动至接近满分 300 分。2022 年录取分数最高的是位于圣彼得堡的俄罗斯国立师范大学，分数线达到 284 分。该校主要培养汉语语言文化教学法专业的本科生，学生毕业后可以从事师范、翻译和文学创作等工作。2022 年录取分数最低的是莫斯科州国立大学，培养的是小学教育和汉语师范双专业的学生。

3.3　俄罗斯高校存在一定数量的优秀生源

从表 4 可以看出，俄罗斯的汉语师范类专业存在一定的优秀生源。莫斯科和圣彼得堡市区仍然集中了俄罗斯的优质教育资源，也更容易吸引优秀的生源。但需要指出的是，处于俄

罗斯欧洲地区的雅罗斯拉夫尔国立师范大学（后文简称为"雅师大"）的英汉双语师范专业公费生的录取分数线在近四年虽有所波动，但整体还是以优秀生源为主。该校 2018 年开始招收英汉双语师范专业方向的学生，为当地和周边地区培养中学英语和汉语教师。该校每年招收约 50 人，其中包括 15 名公费生。英汉双语师范专业是该校每年竞争最激烈的专业，报录比达到了 4：1。雅师大近四年英汉双语师范专业公费生录取分数线变化见图 1。

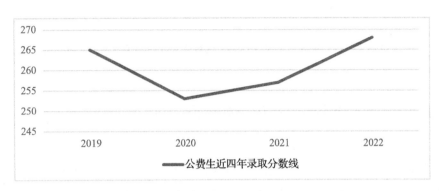

图 1　雅师大英汉双语师范专业公费生近四年录取分数线

根据俄罗斯国立高等经济研究大学的数据，2019—2021 年，雅师大公费生的平均分如表 5 所示。

表 5　雅师大 2019—2021 年公费生平均分

年份	公费生每科平均分
2019 年	72.40 分
2020 年	74.90 分
2021 年	72.80 分

同期，雅师大英汉双语师范专业公费生的平均分如表 6 所示。

表 6　雅师大英汉双语师范专业公费生 2019—2021 年平均分

年份	师范专业公费生平均分
2019 年	88.33 分
2020 年	84.33 分
2021 年	85.67 分

雅师大公费生与英汉双语师范专业公费生平均分对比见图 2。

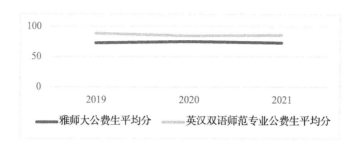

图 2　雅师大公费生平均分和英汉双语师范专业公费生平均分（2019—2021）

3.4　莫斯科和圣彼得堡的高校生源质量处于领先地位

莫斯科和圣彼得堡的高校的生源质量在俄罗斯一直处于最高水平。对比 2022 年俄罗斯雅师大的汉语类专业招录分数，高于其录取分数的高校只有 3 所，分别是俄罗斯国立师范大学、莫斯科国立师范大学和莫斯科市立师范大学。俄罗斯国立师范大学招收的是汉语语言文化教学法专业，莫斯科国立师范大学招收的是以汉语为第一外语的汉英双语师范专业，莫斯科市立师范大学招收的是汉语师范专业，均以汉语为主要专业，说明这 3 所学校的汉语师资力量较强。

俄罗斯本土汉语师范生的汉语本体知识、中华文化与跨文化交际能力、汉语语言学知识和专业发展能力等，其学习效果不仅与生源质量有关，也与专业学习的深度和强度有关。俄罗斯高考的分数在一定程度上能反映学生的自主学习性、自律性和学习能力。分数较低的学生在学习汉语师范专业的过程中将面临较大的学习压力和文化冲突。只有将汉语作为主要专业学习，才能保证有足够的时间来提升汉语水平。以雅师大为例，每年招收的汉语专业学生的生源属于优秀范畴，但因该校师资结构所限，汉语只能作为第二外语，这就大大地缩短了汉语的课时，学生在 5 年的培养期中，汉语课程的总学分不到 50 分，无疑影响了汉语教学的质量。

四、基于生源质量视角的建议

4.1　加强俄罗斯汉语师范学生的专精培养

俄罗斯汉语师范类学生生源质量最高的三所学校分别是俄罗斯国立师范大学、莫斯科国立师范大学和莫斯科市立师范大学。三所学校都以汉语作为第一或者唯一的外语进行教学。但是俄罗斯总体来说还是缺少以汉语为唯一外语教学的师范专业，除了莫斯科和圣彼得堡以外，俄罗斯的其他地区，特别是欧洲地区，培养以汉语为专业的本科生不用担心生源质量问题（如表 4 所示，专门培养汉语的专业生源质量最高），而且培养质量会更有保障。

4.2　巩固普通生源的汉语本体知识和中华文化与跨文化交际能力

汉语在俄罗斯被纳入国民教育体系后，教育市场上需要大量的合格的汉语教师。在这种情况下，需要大力提升普通学生的基础汉语知识水平，应根据普通生源的整体情况调整汉语本体知识的学习难度。同时要重视基础交流和跨文化交际能力，加强俄本土汉语教师跨文化教学能力的培养，使他们成为中俄两国民心沟通的重要桥梁。

4.3　加强优秀生源的汉语语言学知识和专业发展

在鼓励学习能力较强的优秀生源加强汉语语言学习的同时，也要对其专业发展做出引导，比如，鼓励他们参加高级别的 HSK 考试，为他们争取到中国继续学习深造的机会，从优秀学生中选拔培养更高级别的专业人才，为其提供更多的职业选择。首先，他们不仅可以做一名优秀的汉语教师，也可以成为高级翻译人才或其他领域精通汉语的人才。其次，发掘和培养优秀学生的学术研究能力，在培养优秀汉语国际教育工作者的同时，也激发他们的学术动力，让他们积极参与到教学研究和教材编写等工作中。

4.4　发挥重点高校的带头能力，形成与地方一般高校的合作体系

在教学、科研和课外活动领域，重点高校可通过学术竞赛、教师教育和学术会议等发挥更多的作用。比如，促进中俄高校合作，联合培养本科生、硕士生和博士生，促进两国高校优秀学生硕博阶段的流动，联合创办学术刊物等，为人才的培养与实践提供优质的平台。

综上所述，对生源质量的情况分析可促进我们对俄罗斯本土汉语教师培养情况、标准和体系的反思，真正实现汉语的全球化和在地化。

参考文献

李宝贵，李博文 . 俄罗斯高校本土汉语师资现状、问题与对策 [J]. 渤海大学学报（哲学社会科学版），
　　2019（3）：114-121.

徐岚，王佳兴 . 基于留学生生源视角的汉语国际教育硕士人才培养质量研究 [J]. 研究生教育研究，2020
　　（6）：39-45.

朱旭东 . 教师教育标准体系的建立：未来教师教育的方向 [J]. 教育研究，2010（6）：30-36.

国际中文教师线上教学实践性知识研究：
挑战与对策*

朱丽君　耿赫遥　魏　戈　首都师范大学初等教育学院

摘　要　新冠疫情以来，线上教学成为国际中文教育的新常态，国际中文教师在课堂教学过程中面临信息素养欠缺等现实挑战。为保障国际中文教师线上教学质量，从教师实践性知识的角度出发，本文提出以下四点建议：一是教师要完善实践性知识体系，秉承智慧教育理念；二是学校应加强信息化培训，构建国际中文教师多维信息素养模型；三是教师要改变传统教学方法，创新线上教学模式；四是教师要树立终身学习意识，努力实现"互联网＋"时代的专业成长。

关键词　教师实践性知识　国际中文教育　线上教学

一、问题的提出

2020 年初，新冠疫情全球暴发，严重影响了正常的教学秩序。面对疫情所形成的重大公共卫生事件，为保障教学秩序、维护校园稳定，教育部要求各级各类学校延期开学，采用线上教学的方式进行授课，确保"停课不停教，停课不停学"[①]。新冠疫情的常态化使得"线上教学"从最初的应急方案转变为教育教学的新常态，这一政策也给国际中文教育教学工作带来了前所未有的影响。在互联网平台的支持下，各校依托各类在线学习课程和网络学习平台，充分利用线上教学等方式开展在线学习活动，形成了世界教育史上史无前例的大规模线上教学实践。

教育部 2021 年 10 月 15 日《关于政协第十三届全国委员会第四次会议第 2624 号（教

---

* 本文是教育部中外语言交流合作中心 2022 年度项目"疫情下高校国际中文教师在线教学实践性知识研究"（22YH30C）的研究成果。

① 参见《延期开学后，孩子"宅家"咋学习？教育部：利用网络平台，"停课不停学"》，网址为：http://www.moe.gov.cn/jyb_xwfb/gzdt_gzdt/s5987/202001/t20200129_416993.html。

育类 091 号）提案答复的函》中论及国际中文教育事业基本情况时指出：国际中文教育开展时间短、底子薄，还面临标准体系不健全、本土化发展不足、师资队伍建设薄弱、教学内容相对滞后、新冠疫情常态化，以及少数国家将之政治化等风险和挑战[1]。围绕疫情防控期间的线上教学，国际中文教师在具体课堂教学实施过程中也出现了一些问题。例如，有研究者指出，教师上课时对技术不太熟悉会在一定程度上影响教学效果；线上教学课堂规范处于"模糊"的状态，如上课要不要开摄像头、要不要静音等问题，教师没有统一的规定（姜文振、仇海平，2022）。长期习惯于站在讲台上授课的教师，面对新的教学方式，难免有些不适应或出现失误，会对教学效果产生一定的影响。这表明国际中文教师在应对新冠疫情中实践性知识的缺失。

国际中文教师既是促进国际中文教育可持续发展的重要力量，也是制约未来国际中文教育发展的关键因素（王帅、邢姝婷，2022）。而实践性知识（practical knowledge）是教师顺利开展教学活动，保证课堂教学效果和教学质量的核心要素。面对新冠疫情常态化及国际中文教育发展的现实状况，如何分析现有形势、发挥线上教学的长处、提升国际中文教师的实践性知识，已成为推进国际中文教育发展的重要课题（蔡武，2022）。

本文基于当前国际中文教育界关于线上教学和国际中文教师实践性知识的研究成果，对疫情常态化背景下国际中文线上教学的问题进行审思与探索，并在总结经验的基础上尝试提出解决线上教学问题的具体办法和建议，以期有助于国际中文线上教学质量的提升。

二、国际中文教师实践性知识的研究现状

教师实践性知识是教师在日常的教育教学过程中积累而成，真正信奉并在其教育教学实践中实际使用和（或）表现出来的对教育教学的认识（陈向明，2003）。课堂教学实施过程是教师实践性知识生成的重要渠道和主要途径，它是教学工作的重要保障（魏戈、陈向明，2017）。受新冠疫情影响，线上教学成为国际中文教育教学的新常态，在线上教学环境下，国际中文教师的实践性知识也随之发生变化。由于线上教学的特殊性，除了实践性知识的四个维度，教师实践性知识的内容结构还增加了"技术"维度。本文结合 TPACK（整合技术的学科教学知识）的相关内容，对国际中文教师的实践性知识框架进行补充。TPACK 是指教师将技术、教学和学科知识有机结合（Niess，2005），其核心是内容、教学和技术之间动

---

① 参见《关于政协第十三届全国委员会第四次会议第 2624 号（教育类 091 号）提案答复的函》（教汉语提案〔2021〕223 号），网址为：http://www.moe.gov.cn/jyb_xxgk/xxgk_jyta/yu he/202111/t20211104_577702.html。

态的关系（Angeli & Valanides，2009）。Koehler 等人对 TPCK 的概念化理解超过了内容、教学和技术，还探讨了任意两个因素之间的相互作用，即教学内容知识、技术内容知识、技术教学知识（Koehler et al.，2007）。本文将国际中文教师的实践性知识定义为"国际中文教师在教学信念的引导下，于教学实践中实际表现和运用的具有强烈个人色彩的综合性知识，主要包括教师关于学生的知识、关于学科的知识、关于教学的知识、关于情境的知识、关于技术的知识等"（魏戈，2020），如图 1 所示。

图 1　国际中文教师线上教学实践性知识构成要素

当前国内对外汉语教学界对"国际中文教师实践性知识"的研究远少于教育界对"教师实践性知识"的研究，且有关国际中文教师实践性知识的研究大多集中于学位论文，发表在学术期刊上的比较少。最早研究国际中文教师实践性知识的论文是郝丽霞的硕士论文《新手与熟手对外汉语教师的实践性知识》（2008），她在分析国内外文献的基础上，提出了对外汉语教师实践性知识的框架：一般教学的知识，语言教学的知识，关于学生的知识，语言学知识，跨文化交际知识，文学、文化知识和关于制度的知识。这个框架对国际中文教师实践性知识的后续研究具有借鉴意义，也有助于后来的研究者在此基础上不断完善其内容类型。贡珂（2012）结合自身上课经历和他人对对外汉语名师李培元的访谈内容进行案例分析，揭示了国际中文教师实践性知识的来源。徐燕婷（2013）、白文月（2014）、钱依琳（2015）等陆续对新手汉语教师的实践性知识进行研究，以个案研究为主，探讨了新手汉语教师实践性知识的形成过程。吴昊（2014）则将兼职教师和专职教师的实践性知识进行了对比研究。近年来，越来越多的硕博论文将目光聚焦于国际中文教师的实践性知识研究，其研究范围也越来越广。在研究方法上，这些学位论文多数采用个案研究、叙事探究，并结合课堂观察、问卷调查、访谈等方法，也有一些论文采用扎根理论研究国际中文教师实践性知识。除了学位论文外，一些学者也将目光逐渐投向国际中文教师的实践性知识。可以看出，近年来有关国际中文教师实践性知识的论文数量一直在增加，研究的内容也越来越丰富。学者们也从多个视角对国际中文教师实践性知识进行实证研究，并不局限于理论研究。

综上所述，学界越来越重视有关国际中文教师实践性知识的研究。除理论思辨外，学者们也非常重视收集资料，追踪个案，通过实践得出真知。同时，这几年叙事探究、个案研究、扎根理论等研究方法越来越受到学者们的青睐，质性研究方法在国际中文教师实践性知识的研究中掀起了一阵热潮。但是，就目前而言，关于疫情背景下国际中文教师线上教学的实践性知识研究还很少见，需要不断丰富和完善。

三、疫情背景下国际中文教师课堂教学的挑战

面对全球新冠疫情带来的影响，国际中文教师不得不采取线上教学的授课方式，打破惯性教学思维和方式，摸索新的课堂教学模式。虽然多数教师对线上教学并不陌生，但相关经验的缺乏和其他因素的影响都让国际中文教师在线上教学过程中暴露了诸多问题，线上教学对教师本身的实践性知识也形成了很大的挑战。

3.1　国际中文教师信息素养欠缺问题

良好的信息素养是保证教师顺利开展教学活动、确保课堂教学质量的重要因素。特别是在疫情期间线上教学成为教育教学工作新常态的背景下，教师的信息素养显得尤为重要。信息素养主要包括信息意识、信息知识、信息伦理和信息能力，其中信息能力是核心。国际中文教师的信息素养指信息技术与中文课程整合的能力，包括信息化教学设计能力、教学内容信息化处理能力、创设语言交际环境能力、培养语言技能等（王辉，2021）。比如，国际中文教师如何充分利用线上教学平台，将教学内容与新的教学形式相结合，最大程度地保障课堂教学效果；如何基于学生现实的学习状况，探索新的教学模式；如何针对不同的课型和授课内容，利用信息化技术设计教学活动，等等。这些都对教师的信息化素养提出了一定的要求，而国际中文教师对智慧教育与教学内容的融合仍处于浅层次阶段，其实践性知识中的技术知识十分缺乏，因此，国际中文教师的信息素养亟待提高。

调查显示，新冠疫情中，很多国际中文教师还不能很好地适应线上教学新平台，主要表现为以下两个方面。首先，教师的技术性知识不足。大部分教师只是将信息化设施作为教学辅助工具，没有积极改变以往的教学模式及思维，无法实现课堂教学方式的改革。在"智在中文，慧通教育"国际中文智慧教育课例交流展示活动中，很多教师的课例分享只是将信息

化平台作为一种工具，对智慧教育的理念还没有深刻的理解。其次，国际中文教师也存在因线上教学经验不足而导致对线上教学适应度不强的问题。刘丽（2021）指出，她在线上授课时必须同时兼顾教学平台和聊天软件，而学生没有参与的热情，不够积极，结果状况百出，师生均不能很好地适应线上教学这一新型教学方式。

3.2　国际中文教师 线上教学知识与能力的问题

新冠疫情期间，线上教学替代传统的中文课堂教学成为一种新常态，如何科学合理地进行教学设计成为一大难题。一方面，教师虽然熟悉多媒体教室、网络直播教学等平台，但是对虚拟现实技术、智慧教育平台等还缺乏认识；教师虽然能够熟练应用 Word、Excel、PPT 等办公软件，但是不懂得在课件中插入音频、视频来丰富课堂内容，也不了解其他课程开发软件。另一方面，教师希望通过共享平台、教辅书等优质的教学资源，将中文的精华在课堂规定的时间内教授给学生，所以教学内容占据了大部分课堂时间，留给学生互动答疑的时间尚不够充足。此外，国际中文教学是一门在场性、实操性、对话性都很强的课程（周倩，2022），国际中文教育在线课堂的改善还需教师不断地丰富自身的教学知识，把教学知识运用于实践，并通过具体的课堂实施过程来巩固实践性知识。

在传统的中文课堂教学中，教师占主导地位，信息技术只是辅助手段，而线上教学模式要求信息技术与教学深度融合。尽管新冠疫情背景下，以互联网为主要特征的线上教学在一定程度上解决了国际中文教育的燃眉之急，但是线上教学或者线上线下混合教学模式在师生互动、生生互动等各方面还是受到了限制。国际中文教育特别强调各种教学活动的组织，目前技术所能提供的形式还极其有限，直播、录播、线上辅导等中文教学模式虽然具有一定的灵活性，但仍限制了教师和学生能动性的发挥。在线课堂对国际中文教师的教学设计和教学组织能力提出了更高的要求，教师需要依托自身的教育教学知识与能力，结合具体情况，去探索新的教学模式，完善自身的教学知识，尽可能在最大程度上弥补线上教学的不足（李昊天、赖传翔，2022）。

3.3　国际中文教师线上教学操作与管理的问题

全民在线教育让国际中文教师在面对线上教学的种种挑战时，暴露出了知识与能力不足的问题。一是对线上教学的认识还不到位（李肖玫，2019）。大多数国际中文教师仅将线上教学看作一种新型教学模式，只是利用网络平台"灌输"已有知识，并没有考虑到网络教学的特殊性，缺乏灵活的教学设计。二是应对线上教学的能力不足。国际中文教师关于线上授课的种种能力还有很大的提升空间，特别是线上教学过程中的应变意识和创新能力。三是线上教学管理存在困难。教学管理是确保课堂教学活动顺利开展的外在要素之一，有秩序的课堂需要教师和学生的共同努力。教师是课堂教学的主导者，创建有秩序的课堂需要教师切实落实学生的主体地位，以人为本，结合学生的具体状况，采用合适且创新的方式管理课堂。当下，线上教学对教师的教学管理能力形成了很大的挑战。首先，线上教学管理效率不高。虽然教师可以通过提问、签到、投票等方式对学生进行管理，但是网络卡顿、上课环境的影响、学生回答延迟等因素都让教学管理费时低效。其次，线上教学师生互动受到限制，教师在网络上仅能看到学生的一个头像，甚至由于环境的影响，即使打开了摄像头，教师也难以从局部去观察学生的整体表现，导致教师管理手段单一，无法实施全方位、有针对性的管理（陆珏璇、高雪松，2022）。总之，在智慧教育的理念下，国际中文教师需要以学生为中心，在具体的教育情境中创造新的教育管理经验，不断更新教育观念，完善关于学生的知识。

四、国际中文教师线上教学实践性知识培养策略

国际中文教师线上教学所面临的种种问题和挑战，反映出教师需要面对不同的现实情境，不断调整已有的实践性知识，积极应对各种教育教学中的现实问题，在实践中进行转型思考，并通过创新获得长足的专业发展。在后疫情时代，教师如何发展自身的实践性知识、如何进行网络教学设计、如何利用网络资源更好地激发学生兴趣等问题成为关注的重点。

4.1　完善实践性知识体系，秉承智慧教育理念

教师实践性知识由两类知识整合而成：一是为了实践的知识，即教师通过学习相关课程、聆听讲座和阅读图书等方式获得的"公共性知识"；二是实践中的知识，即教师通过经验积累而生成的"个体性知识"（金伟，2018）。就国际中文教师而言，"公共性知识"的多年积累让教师在面临突发的线上教学时能够积极应对，但教师还需要加强自身关于"个体性知识"的学习。教师实践性知识是高度经验化和个人化的知识，会随着教师实践和信念的深入而不断发展（吴勇毅，2015）。面对疫情带来的国际中文课堂教学的挑战，教师需要完善自身的实践性知识体系，培养教育信息化思维，以适应新的时代要求。

在信息化2.0时代，国际中文教师要适应新的能力结构，改变传统角色，实现"在信息中转变"的教师专业发展，以更好地迎接智慧教育背景下的机遇和挑战。因此，教师应把实

践性知识运用于实践，并通过实践巩固知识，结合实践情况更新自己的教育教学观念，主动顺应时代发展趋势，具备与时俱进的能力。

4.2 加强信息化培训，构建多维信息素养

面对疫情背景下日益凸显的国际中文教师信息素养缺乏的问题，相关教育部门需做到以下三点。一是要重视加强信息化建设，完善相关标准与政策的制定，增加硬件与软件的投入，为教师创造一个良好的教学环境。二是要加强对国际中文教师的培训力度，实现"双线"培训模式。职前教师培养是国际中文教师智慧教育能力发展的基础，职后教师培训则是国际中文教师智慧教育能力发展的保障。建议在职前教师的培训课程中增加智慧教育的相关课程，在职后教师的培训中增加智慧教育平台的相关应用实践。三是充分利用网络资源，挖掘国际中文教育线上教学名师，组织研讨，总结线上教学经验，努力实现课堂教学方式的变革和创新。

在此基础上，国际中文教师还需要做到以下两点。首先是基本信息手段的习得，教师应学会熟练运用雨课堂、腾讯会议、智慧树、钉钉等平台，结合慕课、翻转课堂等教学新模式，将信息技术作为一种教学技能，为学生呈现完整的教学图景，提升教学成效。其次，教师需要具备元认知策略（郑东晓、杜敏，2022），除了获取优质的网络信息资源外，还要开发新的课程资源，并将最前沿的研究成果、技术成果和新想法、新思路融入课堂教学。总之，国际中文教师要充分利用互联网的优势，培养自己的信息技术能力，不断提升自身的信息素养。

4.3 改变传统教学方法，创新线上教学模式

无论处在什么样的教学环境和教学形式中，学生始终是课堂教学过程的主体，教师在课堂教学中总是起着主导作用。同样，国际中文教师要尊重学生线上教学的主体地位，提高学生学习的主动性和积极性，使学生尽快适应线上教学的方式方法。在网络背景下，教师会更加强调和重视信息技术的工具性，从而使信息技术成为一种泛化现象，忽视对学生的情感和人文关怀，进而影响课堂教学质量（陆俭明等，2020）。教师应深刻认识到信息技术与课堂教学相融合的重要性，发挥信息技术对在线课堂教学的促进作用。比如，国际中文教师可以利用信息技术丰富知识呈现的方式，开发各式各样的口语教学活动，实现教师与学生之间跨时空的信息交流；教师也可以结合多媒体手段，设置竞争与合作相结合的课堂教学活动，激发学生课堂学习的兴趣与竞争意识，活跃课堂气氛，提升学生在线学习的积极性；国际中文

教师还可以利用微视频、翻转课堂等交互性课堂，促使学生全身心投入自主学习的过程，回归以人为本的教育理念，实现信息技术与课堂教学的有机融合。

4.4　坚守终身学习意识，努力实现自我超越

教师自身专业成长具有明确的目标指向——获取丰富的教师实践性知识。教师的实践性知识是教师自我努力的结果，包括学习教育理论知识、开展创新教学实践、转变传统的教育观念等（赫天姣、金晓艳，2021）。在疫情背景下，国际中文教师要始终坚守终身学习的理念，在教育观、教学观、知识观、课程观、教师观、学生观等方面深入思考，在教育教学中自觉审视、不断更新自己的教育观念、教学方法，促使自身的专业能力和综合素质得到有效提升，实现自我超越。

教师实践性知识的生成必须基于实践，即在实践中构建、关于实践且指向实践（董瑞杰，2022）。在线上教学的过程中，教师应根据教育教学的实践需要，创新实践性知识的发展路径，促使自身的实践性知识不断完善，从而进一步提升教学实施能力。一方面，教师要充分利用网络资源的优势，获取丰富的教育资源，并基于信息化手段进行反思性教育实践；另一方面，教师要关注现实问题，形成实践智慧，完善自身实践性教学知识，把经验和反思融合在一起，获得自身的发展和成长。国际中文教师应以积极的心态应对疫情下线上教学面临的机遇和挑战，在意识、情感和行动等方面实现实践性知识的自我构建。

参考文献

白文月 . 赴韩汉语教师个人实践性知识的叙事研究 [D]. 济南：山东师范大学，2014.

蔡武 . 近十五年国内外国际中文教师研究：回顾与展望 [J]. 云南师范大学学报（对外汉语教学与研究版），2022（4）：63-72.

陈向明 . 实践性知识：教师专业发展的知识基础 [J]. 北京大学教育评论，2003（1）：104-112.

董瑞杰 . 互联网背景下教师实践性知识的转型应对与发展路径 [J]. 教师教育学报，2022（3）：57-64.

贡珂 . 国际汉语教师实践性知识的构建和发展 [D]. 杭州：浙江大学，2012.

郝丽霞 . 新手与熟手对外汉语教师的实践性知识 [D]. 北京：北京语言大学，2008.

赫天姣，金晓艳 . 国际中文教育发展的困境与突围——基于文化多样性视角 [J]. 延边大学学报（社会科学版），2021（2）：94-100.

姜文振，仇海平 . 疫情常态化背景下国际中文线上教学的审思与探索 [J]. 汉语国际教育学报，2022（1）：3-7.

金伟 . 新手国际汉语教师实践性知识应用策略研究 [J]. 文化创新比较研究，2018（3）：128-129.

李昊天，赖传翔 . 基于线上教学环境的国际中文教师实践性知识发展实证研究 [J]. 国际汉语教学研究，2022（2）：56-63.

李肖玫.国际汉语教师的实践性知识 [D].上海：上海外国语大学，2019.

刘丽.国际中文教育线上教学问题分析 [J].汉字文化，2021（S2）：82-83.

陆俭明，崔希亮，张旺熹，等."新冠疫情下的汉语国际教育：挑战与对策"大家谈（下）[J].语言教学与研究，2020（5）：1-16.

陆珏璇，高雪松.国际中文教育教师规划研究：现状与对策 [J].云南师范大学学报（对外汉语教学与研究版），2022（5）：16-23.

钱依琳.新手汉语口语教师实践性知识形成研究 [D].北京：北京外国语大学，2015.

王辉.新冠疫情影响下的国际中文教育：问题与对策 [J].语言教学与研究，2021（4）：11-22.

王帅，邢姝婷.教学"线上化"背景下国际中文教师的能动性研究 [J].语言教学与研究，2022（2）：17-28.

魏戈.教师实践性知识的生成 [M].北京：教育科学出版社，2020.

魏戈，陈向明.如何捕捉教师的实践性知识——"两难空间"中的路径探索与实践论证 [J].教育科学研究，2017（2）：82-88.

吴昊.专兼职对外汉语教师实践性知识个案研究 [D].天津：天津师范大学，2014.

吴勇毅.关于教师与教师发展研究 [J].国际汉语教学研究，2015（3）：4-8.

徐燕婷.对外汉语新手教师实践性知识生成的个案研究 [D].上海：华东师范大学，2013.

郑东晓，杜敏.国际中文教育亟须提升数据治理能力 [N].中国社会科学报，2022-09-20（003）.

周倩.基于"互联网＋"的国际中文教育在线互动教学模式研究 [C]. *Proceedings of 2022 the 6th International Conference on Scientific and Technological Innovation and Educational Development*. 香港：香港新世纪文化出版社，2022.

ANGELI C, VALANIDES N. Epistemological and methodological issues for the conceptualization, development, and assessment of ICT–TPCK [J]. *Computers & Education*, 2009 (1): 154-168.

KOEHLER M. J, MISHRA P, YAHYA K. Tracing the development of teacher knowledge in a design seminar: Integrating content, pedagogy, and technology [J]. *Computers & Education*, 2007 (3): 740-762.

NIESS M. L.Preparing teachers to teach science and mathematics with technology: developing a technology pedagogical content knowledge [J]. *Teaching and Teacher Education*, 2005 (5): 509-523.

线上中文教学研究

国际中文教育的课堂数据标注与人机协同计量初探 *

李吉梅　北京语言大学

郭媛媛　北京语言大学　北京华文学院

李彩霞　北京琥珀创想科技有限公司

项若曦　北京语言大学

赵慧周　北京语言大学

摘　要　国际中文教育课堂作为中文教学的主阵地，是教师教授中文知识和传播中华文化的主要场所。课堂的数据标注是课堂计量研究的基础，其效率和质量可以通过人机协同的方法得到提高。本文针对国际中文课堂教学行为的计量研究，在国际中文课堂数据标注、课堂话语行为数据集构建的基础上，通过训练得到了话语行为自动识别模型。本文设计并实现了一个创新性的标注管理平台，支持课堂数据标注编码体系个性化管理、课堂数据的多模态人机协同标注与计量分析等功能。

关键词　国际中文教育　课堂研究　计量研究　数据标注　人机协同

一、课堂计量研究缘起

国际中文教育指所有海内外从事汉语作为第二语言教学的活动（李泉，2020），它是加强中外交流与合作的重要基础，是树立国家形象、增强民族自信的重要保障（李慧娟，2021）。

课堂作为教学的主阵地，是教师教授中文知识和传播中华文化的主要场所。课堂教学是否满足了学生跨文化交际与交流的需要，如何提升教师的专业能力和学生的满意度，是国际中文教育课堂研究的主要问题。后疫情时代，混合式教学模式成为新常态，这种发展趋势为计量研究提供了大量的多模态课堂数据。基于多模态课堂数据进行国际中文教学行为与学习分析研究，利用大数据、人工智能等新一代信息技术进行课堂数据标注、教学行为感知与认

---

* 本文是教育部中外语言交流合作中心国际中文教育研究课题"基于课堂视频的国际中文教育教学方法识别与影响研究"（21YH11C）、教育部新文科项目（2021180006）的研究成果。

知、数据分析与可视化等数字化与计量研究，有助于提升学生的课堂学习成效、促进教师的专业发展，对于国际中文教育事业的发展具有理论价值和实践意义。

国际中文教育课堂研究，从研究内容视角可分为课堂话语行为研究、课堂非语言行为研究、课堂多模态话语研究、教学模式研究和教学语法研究等；从研究方法视角可分为实证性研究和非实证性研究两大类，实证性研究可细分为质性研究、量化研究和混合研究，计量研究属于量化研究中的一个重要分支。

在国际中文教育领域，关于课堂研究，以往研究多是实证性的，如采用调查问卷、访谈、实地观察、视频观察等方式获取研究资料并据实分析，或者采用归纳式的研究思路对小样本和个案进行深入研究；现有研究深入灵活的策略可以应对国际中文教育教学课堂的复杂性、多样性和特殊性，但因受到样本量和经验性的制约，很难从客观现象中发现隐性规律（如相关关系）。

计量研究是基于假设对课堂数据进行采样，通过标准化的量表等形式形成数据库，以具体数据的分析来证实或者证伪已形成的理论。计量研究具有系统、客观、可靠、可泛化的优势，但易受到"统计相关"的蒙蔽而对因果关系做出误读（凌建勋等，2003）。此外，混合研究将质性和计量研究融为一体，它能给研究带来丰富的方法选择，以及研究资料和思维碰撞的契机，也是提升教育研究质量的重要方式（李刚、王红蕾，2016）。

本文探索面向课堂数字化的课堂感知技术，研发面向课堂质量提升与教师专业发展的人机协同课堂数据标注管理平台。我们首先综述国际中文教育相关的课堂计量研究，然后基于笔者设计的国际中文课堂数据标注编码体系，阐述课堂数据标注与教学行为识别模型的构建，接下来分析支持个性化编码体系管理、支持人机协同课堂数据标注等功能的信息系统研发成果，最后进行总结与展望。

二、课堂计量研究现状

2.1 课堂计量方法综述

量表是课堂计量研究的主要工具，研究者根据课堂本身的特点设计了各种量表，借助量表对课堂中教师和学生的行为和活动进行刻画，最终达到课堂计量的目的。课堂教学研究聚焦课堂的互动研究，特别是课堂师生的言语互动。最为经典的课堂研究方法有 S-T（Student-Teacher，学生—教师话语行为）教学分析、VICS（Voice Interaction Category System，言语互动分类系统）和 FIAS（Flanders Interaction Analysis System，弗兰德斯互动分析系统）。现已发展出适用于教育数字化的 IFIAS（改进的弗兰德斯互动分析系统）、ITIAS（Information

Technology-Based Interaction Analysis System）等细分量表，以及适用于二语课堂研究的 FOCUS 观察表（Foci for Observative Communications Used in Setting）、Flint 量表（Foreign Language Interaction Analysis）和 COLT 量表（Communicative Orientation of Language Teaching）。

在国际中文教育课堂研究中，许多学者利用量表对课堂行为进行了量化研究。例如，卜佳晖（2000）采用 COLT 量表研究课堂行为；高立群、孙慧莉（2007）基于 COLT 量表，结合 IRF 话语模式和 T-unit 句长分析法，设计了观察量表；李云霞（2017）使用 COLT 量表描述了 D 大学十位教师的课堂话语互动；黄剑琪（2019）借助 Flint 量表总结了专家型汉语教师的课堂特征；张囝（2020）基于 IFIAS 分析了初级汉语口语课的互动类型、比率和矩阵。

总体来看，计量研究在国际中文教学课堂研究中所占比重不大，大多仅对行为特性进行碎片化的描述，并侧重于描述互动频次与验证互动效果。尽管以往研究使用的多为经典量表或其改良版，但与国际中文课堂对应的教学行为分类标签及数据处理体系尚未形成，先进技术与课堂数据标注、可视化分析的结合也还处于初始阶段。

2.2　课堂数据标注方法

课堂数据标注是计量研究的基石，其发展可分为人工标注、计算机辅助标注、自动标注和人机协同标注四个阶段。

（1）人工标注：初期的课堂行为计量主要采用人工标注方式，研究人员通过观察，手动填写课堂行为的信息。此方法存在工作量大、易出错、不利于后续信息处理等问题（宁虹、武金红，2003）。

（2）计算机辅助标注：随着计算机技术的发展，各种教学行为标注与分析软件被设计出来，如 ELAN 等。尽管这些软件提高了标注效率，但仍多依赖人工输入，并且不支持多人协作，制约了大规模数据库的建设。

（3）自动标注：人工智能的发展使得自动标注和数据分析的研究日趋成熟。例如，通过穿戴设备自动收集信息，预测教学行为（Prieto et al., 2016），或通过课堂视频的图像和动作特征分析，实现行为识别（周鹏霄等，2018；吴权威等，2020）。然而，这类标注仍依赖硬件设施和系统建设，且主要集中于行为形式，未涉及课堂教学目标。

（4）人机协同标注：人机协同标注采用先机器预标注再人工优化的方式，提高了效率，且保证了质量。为了深度融合人工智能和课堂研究，这种方法需要专家在提炼研究问题、构建标注规范、设计分析模型等方面展开深入工作，以推动标注方法的持续迭代和升级。

三、基于国际中文课堂数据标注的教学行为识别

大数据时代的线上教学和各种活动（如示范公开课、教学创新大赛等）积累了丰富的国际中文教育课堂教学视频资料，这类视频能够全面真实地再现课堂教学的复杂性和动态性。课堂视频内包含音频、话语文本、课件图片、视频等多模态数据，有助于教师和研究者对教学行为进行识别、分类、标注和分析研究，进而提升学生学习成效，促进教师专业发展。

课堂教学行为识别研究分为三个阶段：一是课堂行为的编码标注体系设计；二是课堂数据的预处理、标注和数据集构建；三是教学行为识别模型的训练、验证和测试。下面具体阐释。

首先，基于国际中文教育课堂中的提问、反馈以及 IRF 话语模式等相关研究成果，笔者设计了适用于国际中文课堂的话语编码标注体系（李彩霞、李吉梅，2021），包括 4 个一级指标，分别是课堂组织行为、知识呈现行为、课堂提问行为和课堂反馈行为。其中，课堂组织行为细分为 5 个二级指标，包括问候、组织上课、组织复习、指示、组织下课；知识呈现行为细分为 3 个二级指标，包括讲解、阅读和领读；课堂提问行为细分为 3 个二级指标，包括回应性提问、示范性提问和参考性提问；课堂反馈行为细分为 3 个二级指标，包括积极反馈、消极反馈（纠错反馈）和安慰鼓励。

然后，从国际中文教学课堂视频中提取课堂话语文本数据，并构建面向教学行为识别的数据集。原始课堂视频来自 16 位优秀汉语教师的示范课教学录像，视频总时长约 24 小时，课堂视频的话语文本转录生成逾 20 000 句。经过数据预处理和教学行为标注，共选取了 9000 条数据作为教学行为识别的数据集，识别结果按照编码标注体系的 4 个一级指标分别归类。

最后，通过 TextCNN、TextRNN_Att、TextRCNN、FastText、DPCNN 和 Transformer 等多种深度学习模型的训练、验证和测试，并对其所达到的文本分类结果进行比较和分析，选择对课堂教学行为分类结果最优的 TextRCNN（F1 值为 77.3%）模型（Li et al.，2021），作为国际中文教育课堂视频中课堂话语行为自动识别的模型。

上述以课堂话语行为自动分类为目标的教学行为识别模型将作为标注管理系统的教学行为预标注工具，以实现人机协同的教学行为标注。

四、支持人机协同课堂计量的平台研发

随着信息技术的迅猛发展，基于数据的智能计算与决策支持已融入各行各业，数据标注平台层出不穷，且功能强大，广泛应用于医疗、工业、农业等领域，但着眼于课堂教学行

为、基于课堂视频的教学行为自动识别与标注平台较为缺乏。

既往研究表明，传统的课堂数据标注软件存在较大的提升空间，主要体现在：（1）编码体系管理方面，基本仅支持依据内置的编码体系对课堂视频的教学行为进行标注与分析（程云，2015），少量支持个性化编码管理的软件也仅支持手工录入和编辑编码体系（张文质，2020），不支持编码体系的导入导出。（2）标注数据存储方面，无法存储标注动态数据。大数据时代，课堂视频及其标注数据对于教学评价和教学效果的研究具有重要意义，但目前相关的开源数据集较少，且大多数标注软件不支持课堂视频数据及其标注过程和结果数据的存储与管理，不利于后续研究（施东琴，2021）。（3）标注效率方面，不支持协同标注。现有的开源标注软件大多是单机版，既不支持基于教学行为智能识别的预标注功能（即人机协同标注），也不支持多人协同标注，标注效率偏低。（4）标注质量方面，不支持标注审核管理。传统的课堂数据标注软件缺乏用户角色管理和标注质量管理功能，不支持标注审核机制，标注结果的准确性无法保证。

针对现有问题，李彩霞（2022）设计并初步实现了面向教学分析的课堂数据标注管理平台，该平台具有以下特点：（1）支持数据标注的个性化分类编码体系管理。该平台既内置了FIAS、ITIAS 和 IFIAS 这三种典型的面向课堂教学行为分析的分类编码体系，又实现了支持用户以手动录入和文件导入的方式自行添加个性化分类编码体系的功能。（2）支持课堂视频等数据文件与标注结果的存储与追溯。该平台不仅支持多模态课堂数据文件的上传、存储与管理，还具备存储用户标注日志、标注结果等数据的功能。（3）支持人机协同、多人协同标注。该平台既支持基于智能识别的预标注与专家校验，又支持多位标注员对同一标注任务的协同标注。例如，可完成国际中文课堂话语行为的自动识别，并支持人工校验。（4）支持标注质量审核。该平台通过用户权限管理，支持标注质量管理员对同一标注任务的多人标注结果进行审查与编辑。（5）支持多模态数据标注管理，即支持用户对同一课堂分别进行教学视频、课堂话语文本和课堂音频的标注等。

综上，针对国际中文课堂教学行为的计量研究，基于人工智能等技术，笔者初步实现了课堂数据的多模态人机协同标注、多人协同标注和标注质量管理等功能，有利于国际中文课堂数据的数字化管理，可助力国际中文教育研究者的课堂计量研究、管理者的课堂质量监测和教师的专业能力发展。

五、总结与展望

大数据时代，数据驱动的科学研究范式已得到广泛认同。人工智能技术为国际中文教育课堂研究的大数据采集和分析、智能标注带来了新的契机。

　　基于国际中文课堂视频数据，面向课堂数字化与计量研究，本研究团队进行了国际中文课堂数据的编码体系设计、课堂数据标注、课堂教学行为识别模型的构建，以及研发支持个性化编码体系管理、支持人机协同的课堂数据标注等功能的标注管理平台。平台可用于教学数据标注的个性化分类编码体系管理，以及课堂视频、话语文本、课件图片、音频等多模态数据文件与标注结果的存储与追溯。

　　当然，本研究还有较多问题有待进一步研讨，主要包括：（1）优化国际中文教育课堂教学行为标注体系，以支持不同研究视角、更多课型的教学数据的标注与分析。（2）优化和完善自动标注技术。自动标注可提高标注效率与客观性。本研究仅在课堂话语行为的自动标注工作上进行了初步探索，今后需要继续优化和完善课堂数据自动标注的相关技术。（3）构建国际中文教育课堂数据库。可通过众包模式，在人机协同、多人协同和标注质量审核的标注管理机制下，实现多模态数据的联通性和可溯源性，为课堂教学研究奠定坚实的计量基础。（4）完善标注数据分析与可视化技术。优化描述性分析、探索性分析模型将更好地发挥多模态标注数据的价值，更好地支持教师和教学管理者的相关决策。

　　在教育数字化转型背景下，国际中文教育课堂的数字化势在必行。未来，需要进一步加强人工智能在国际中文教育课堂的应用，并在完善课堂编码体系和课堂分析模型的基础上，重点研究可以适应多样化、多变性、动态复杂的课堂教学样态的智能感知与认知方法，采用更加精准科学的智能技术，服务于国际中文教育的总体教学目标。

参考文献

卜佳晖 . 汉语教师课堂语言输入特点分析 [D]. 北京：北京语言文化大学，2000.

程云 . 基于视频的课堂教学行为分析方法研究 [D]. 武汉：华中师范大学，2015.

高立群，孙慧莉 . 对外汉语课堂教学量化工具的设计构想 [J]. 世界汉语教学，2007（4）：105-117.

黄剑琪 . 基于 Flint 的课堂师生互动实证研究 [D]. 大连：辽宁师范大学，2019.

李彩霞 . 面向教学行为分析的标注管理系统研发——以基于课堂视频的国际中文教育为例 [D]. 北京：北京语言大学，2022.

李彩霞，李古梅 . 国际汉语教育课堂话语行为案例研究——以初级汉语综合课为例 [C]. 中文教学现代化学会 . 第十二届中文教学现代化国际研讨会论文集 . 北京：清华大学出版社，2021.

李刚，王红蕾 . 混合方法研究的方法论与实践尝试：共识、争议与反思 [J]. 华东师范大学学报（教育科学版），2016（4）：98-105.

李慧娟 . 新时代中国特色社会主义文化自信研究 [D]. 保定：河北大学，2021.

李泉 . 国际中文教育转型之元年 [J]. 海外华文教育，2020（3）：3-10.

李云霞 . 对外汉语口语课堂话语互动研究 [D]. 长春：东北师范大学，2017.

凌建勋，凌文辁，方俐洛 . 深入理解质性研究 [J]. 社会科学研究，2003（1）：51-153.

宁虹，武金红 . 建立数量结构与意义理解的联系——弗兰德互动分析技术的改进运用 [J]. 教育研究，
　　2003（5）：23-27.

施东琴 . 课堂学习行为数据的分析与可视化系统研究 [D]. 昆明：云南师范大学，2021.

吴权威，梁仁楷，古骐毓，等 . 苏格拉底教学分析与分享平台：一个促进教师专业成长的教研平台 [EB/
　　OL].（2020-3-10）[2023-02-07]. https://www.habook.com.cn/zh-cn/academic.php?act=view&id=43.

张团 . 中亚东干留学生初级口语课师生言语互动分析 [D]. 兰州：西北师范大学，2020.

张文质 . 课堂教学分析系统 CTAS 的设计与实现 [D]. 武汉：华中师范大学，2020.

周鹏霄，邓伟，郭培育，等 . 课堂教学视频中的 S-T 行为智能识别研究 [J]. 现代教育技术，2018（6）：
　　54-59.

LI J M, LI C X, XIANG R X. A Preliminary Study on the Recognition of Speech Acts Performed by
　　International Chinese Teachers in Class Based on Deep Learning [G]. *The 16th International Conference
　　on Computer Science & Education* (*ICCSE*), 2021: 937–942.

PRIETO L P, SHARMA K, DILLENBOURG P, JESÚS M. Teaching analytics: towards automatic extraction
　　of orchestration graphs using wearable sensors [C]. IN: DRAGAN G et al. *Proceedings of the Sixth
　　International Conference on Learning Analytics & Knowledge*. United Kingdom: Academic Press, 2016:
　　148-157.

融媒体时代留学生"传媒汉语"课程内容创新研究 *

任前方　中国传媒大学人文学院

摘　要　"传媒汉语"课程能帮助留学生用中文接触媒介，从而了解中国国情，提升对中国文化的认同感。融媒体时代的语言呈现出交融性、风格轻松化、语篇多模态化、语速快等特点，这些特点尚未在"传媒汉语"课程中充分体现，因此有必要对当前的课程内容进行创新，以适应时代变化。内容创新的路径是以融媒体语言特点为基础，以话题选择为核心，兼顾语体、故事性、呈现方式等，体现出"融合"的特点。

关键词　融媒体　传媒汉语　留学生　汉语学习　内容创新

一、引言

针对留学生开设的"传媒汉语"课程始于 20 世纪 70 年代的"报刊听读课"。多年来，研究者围绕报刊课的定位、话题选择以及教学教法等内容进行了探讨。有学者认为，"报刊阅读课"是语言技能课，教学目标是培养留学生的中文报刊阅读能力，教学重点是报纸的常用词语和句式（张和生，1994），"时效性"在教学中并不重要（徐晶凝，2011）。也有学者认为，报刊课是实用汉语课，要将国情学习和语言学习放在同等重要的位置（李振杰，1993；吴成年，2007），课程内容更强调丰富性和可讨论性；课程内容的话题选择首先应契合学习者的兴趣（赵守辉，1993），同时要考虑话题的时效性、故事性。教学教法的相关研究则与传媒技术的发展、学习者的汉语水平以及教学主体的教学理念有关。早期的报刊课受限于媒体技术，课文内容大都取材于报纸，教学目标以提高阅读理解能力为主，所以教法主要是向学生传授读报的技巧（张和生，1994）。

综观前人研究，我们发现"传媒汉语"课程研究主体仍然是纸媒体时代的报刊课，不论

---

* 本文是教育部中外语言交流合作中心国际中文教育研究课题"基于融媒体的留学生传媒汉语课程建设研究"（22YH95C）的研究成果。

课程定位还是内容选择都是以报刊课为基础。尽管在教学教法的探讨上也关注到了媒体技术发展，提出了相应的建议，但并没有课程内容研究方面的进一步更新。"媒介即信息"，不同媒介时代的"传媒汉语"课程应该在内容、教学方法等多个方面有所变化。在当前的融媒体语境下，媒介语言呈现出了一系列新特征，这些特征应该是"传媒汉语"课程话题设立和内容选择的基础。但是，大多数"传媒汉语"课的内容仍然来自印刷媒体，课文出处和体裁较为单一，媒体节目样态的多样性未能体现。因此，"传媒汉语"课程的内容亟须更新。本文在分析融媒体语言的基础上，也对"传媒汉语"课程的内容创新做出了探索。

二、融媒体时代媒介语言的特点

"传媒汉语"是二语教学中对留学生进行媒介内容教学的课程总称，根据具体课程内容的不同，也叫"报刊阅读""报刊基础""新闻听力""报刊文选""汉语新闻阅读教程"等。在应用语言学领域，"媒介语言"专指在报纸、广播、电视、网络等媒介中使用的语言。学者探讨较多的是新闻语体，这是一种典型的书面语体，语言形式上有其独特性。新闻语体可从栏目形式角度划分为消息体、通讯体、时评体、调查体、访谈体等下位语体，也可依据媒介的不同分为报刊语体、广播语体、电视语体等类别。

传播媒介的发展催生了新闻语体的变化（祝克懿，2005），当前人们用"融媒体"表达媒介的基本状态。融媒体是把报纸、广播、电视、互联网的优势整合在一起的一种新兴媒体（庄勇，2009）。融媒体时代，报纸新闻语言音频化、视频化，广播新闻语言文字化、图像化，电视新闻语言广播化、口语化（刘英翠，2011）。融媒体新闻语体具有新旧媒体语言交融性、对话性、语类结构趋于简化、多模态化等特征（赵雪，2019）。具体而言，融媒体时代的媒介语言具有以下特点。

2.1 语言的交融性

由于传播功能的需求，传统的媒介语言与日常口语和文艺语体有区别，比如新闻语体的词汇特点主要表现在较多使用新词语、缩略词、书面语、固定结构；句式上较多使用长句、缩略句；语篇大都运用倒金字塔结构。融媒体时代的新媒体保留了传统媒体的一些特征，同时又出现了一些新的特征，具有明显的交融性。例如：

（1）官宣！微软正式将 ChatGPT 引入必应，"这是搜索引擎新的一天"。

（《新闻晨报》视频号，2023 年 2 月 8 日）

（2）北京朝阳突查"雪糕刺客"，15 家便利店被当场处罚。

（《贝壳财经》视频号，2022 年 7 月 13 日）

（3）到了饭点儿，外卖摆上桌后先支起 iPad 或手机，之后再对着屏幕吃饭——据《北京青年报》报道，如今，这已经成为当代年轻人用餐的"新潮流"。近来，大家又为这种"下饭"视频或音频播客发明了一个新名词："电子榨菜"。"电子榨菜"超脱于视频形式及内容本身，是不少年轻人赋予视频、音频的一种新属性，它重构了人们的吃饭场景，重新定义了"下饭菜"的概念。

（中国青年网，2022 年 11 月 25 日）

例（1）是杂志型媒体融合了视听因素，以视频号形式推出的载体，是基于传统纸媒的新媒体形式；例（2）是新媒体视频号；例（3）是传统纸媒的网络版。这三个例子中的媒介语言具有典型的交融性。"官宣"泛指某人或某机构对外正式宣布消息，表达广而告之的含义，是一个网络流行语，一般较多用在娱乐类新闻中。例（2）中的"雪糕刺客"和例（3）中的"电子榨菜"都是 2022 年网络流行语。前者是"天价雪糕"的代名词，指隐藏在冰柜里其貌不扬的雪糕，当你拿去付钱的时候价格高得要"刺"你一下；后者指吃饭时看的视频或听的有声书。同时，以上例子又保留了传统新闻语言的简洁和规整，比如，例（1）中的"正式将……引入……"是传统新闻中常见的句式；例（2）中"突查""被"的使用具有典型的新闻语言的特征。

2.2 风格的轻松化

传统媒体的新闻语言一般长句和复句较多，因而更为正式，显得庄重稳健。相比之下，融媒体的语言风格简约、轻松、自由，与生活语言结合更为紧密。例（4）和例（5）是传统媒体的网络视频版，可以看到在融媒体语境下，其语言也出现了轻松化倾向。

（4）据中国载人航天工程办公室消息，在载人飞船与空间站组合体成功实现自主快速交会对接后，神舟十五号航天员乘组从飞船返回舱进入轨道舱。完成各项准备后，今天 7 时 33 分，翘盼已久的神舟十四号航天员乘组顺利打开"家门"，热情欢迎远道而来的亲人入驻"天宫"。随后，"胜利会师"的两个航天员乘组，一起在中国人自己的"太空家园"里留下了一张足以载入史册的"太空合影"。

（央视网，2022 年 11 月 30 日）

（5）粮稳天下安。在今年极端天气、农资涨价等多重挑战下，党中央始终牢牢把住粮食安全主动权，一系列粮食稳产增产措施落地见效，我国粮食生产实现增产丰收，我们有信心、有底气把中国人的饭碗牢牢端在自己手中。

（新华网，2022 年 12 月 31 日）

例（4）用了"家门""天宫""胜利会师""太空家园"等一系列比喻，将这一则术语较多的航天新闻表达得生动、风趣，易于被人接受。例（5）是传统媒体新华社的通稿，这则有关政策性的农业新闻因为用上了"把中国人的饭碗牢牢端在自己手中"这样的借代手法，增加了新闻的易读性。

2.3 语篇的多模态化

多模态语篇指"运用听觉、视觉、触觉等多种感觉，通过语言、图像、声音、动作等多种手段和符号资源进行交际的现象"（张德禄，2009）。传统媒体中除了电视视听兼备，具备多模态特征外，其他媒体大都采用单模态的方式建构语篇，比如报纸是运用视觉，广播是运用听觉。融媒体时代，除了电视媒体增加了网络版、视频号以外，传统的纸媒也引入多种视频网络终端，采用视觉和听觉两种模态来建构语篇，也具有了多模态的特征，除了文字、符号、图片，也有同期声、配乐等新增的听觉模态。

以例（1）中涉及的短视频为例，画面中的固定内容包括：右上角和左下角的"新闻晨报"的 Logo、位于屏幕上端的大号标题、屏幕下端的小字号标题和关键词。新闻的主要内容由 5 部分组成，开头是微软 CEO 的英文演讲，配有英文同期声和翻译的字幕，这是典型的电视媒体的内容制作方式；后面的 4 部分，画面为动态的 ChatGPT 操作显示，配有大号字幕，没有解说，只有快节奏的配乐，这是典型的纸媒融合广播配乐的呈现方式。这则时长 19 秒的短视频由视觉和听觉等多种感觉构成，内容紧凑简约并呈现出多模态化的特点。

2.4 速度快、停顿少

语体不同，句长有别，速度也有较大变化。电视新闻语体倾向于选择长句，每个句子的平均长度为 33 个音节，长句的平均长度为 36 个音节（任前方，2019）。与传统媒体相比，融媒体中的短视频由于时间限制，同时配置了多模态资源，因而速度更快，停顿更少。例如，短视频《这是搜索引擎新的一天》中，所有的字幕都没有标点符号，通过分行来断句。画面中的字幕每版最多是 29 个字，阅读速度达到每分钟 900 字，远远快于每分钟 300～500字的普通阅读速度，而且这还不包括动态视频的观看时间。

通过以上分析可以看到，融媒体时代的媒介语言已经与传统媒介时代大不相同，"传媒汉语"课程应该反映时效性，体现这种新变化，以保证课程目标的有效达成。

三、留学生"传媒汉语"课程内容创新的必要性

传播学者对在华外国人获取涉华信息的主要语言种类进行调查后发现，英文的适用范围

最广（杨凯、唐佳梅，2018）。具体到留学生，即使汉语水平达到中高级，他们也还是倾向于用英文或母语接触媒体，汉语使用较少。对留学生来说，用汉语进行媒介接触、获取媒介信息具有重要意义。

3.1 提高学生的汉语水平

我们曾对 260 名中高级汉语水平的在华留学生在新冠疫情防控期间的媒介接触进行调查访问 ①，高达 90% 的受访者提到用英文或母语进行媒介接触的主要原因在于用起来 "比较舒服"，用汉语感觉 "难懂、太累" 或者 "不舒服"，原因在于 "需要高度集中注意力，需要思考，有时候需要查词典，而且阅读速度慢，很多时候不能确信自己有没有完全理解"。这说明相当多的在华留学生在具备较好的汉语能力后，还是很难通过汉语媒介来了解中国社会的情况。

有学者指出："一个外国人通过汉语水平测试只说明他具备了一定程度使用汉语的能力，但能否看懂中国的报纸才是他真正理解汉语及中国文化的一种能力。"（甘甲才，2003）也有研究者认为，开设报刊这类 "传媒汉语" 课程的目的就是要 "弥补精读课以文学语言为主、口语课以口头语言为主的不足，让学生接触一种新的语体——报刊语言，在于给他们一个工具，一把钥匙"（侯敏、王秀清，1996）。因此，留学生通过 "传媒汉语" 课程的学习能够将汉语水平提升到更高的层次。

3.2 帮助学生了解中国国情

根据我们的调查，绝大部分留学生进行媒介接触是为了 "了解中国文化、了解中国人的生活、了解中国的政治和经济、了解中国看世界的视角"；有一部分学生是为了 "了解世界和自己国家的新闻"；而 "学习汉语" 的目的占比最少。这说明对留学生来说，媒介接触的主要目的并不是语言学习本身，而是为了 "了解中国"。

中国的媒体，尤其是各类主流媒体生产制作了内容丰富、题材多样的节目，这些节目是在华留学生了解真实的当代中国的绝佳方式。如果留学生不能用汉语来接触媒体，那将会是汉语学习中的损失。

3.3 提升对中国文化的认同

媒介接触使用的语言不同，会导致文化认同结果的差异。中国留美学生普遍认为英文使

---

① 2020 年，笔者对 260 名在华留学生媒介接触情况进行问卷调查，并访谈了 10 名学生。调查结果形成研究报告《新冠肺炎期间在华留学生媒介接触研究》并被相关单位采用。

用频率越高，对美国文化越认同（楚雪、张国良，2019）；同样，在华留学生接触中国媒介频率越高，对中国文化的认同度也越高（张国良等，2011）。因此，我们有必要在融媒体语境下，对当前的"传媒汉语"课程内容进行创新研究，对课程进行优化升级，培养出更多既通语言又懂文化、传播中国好声音的国际使者。

四、"传媒汉语"课程的内容创新路径

课程的内容创新遵循前期的"课程要素分析与设计"、中期的"课程内容开发"、后期的"教学实施"流程，如图 1 所示。我们重点对前两部分进行分析。

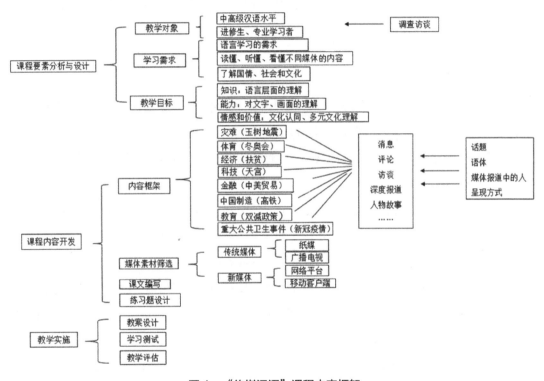

图 1　"传媒汉语"课程内容框架

4.1　课程要素的分析与设计

4.1.1　教学对象

在某些学校，报刊类课程一般提供给本科留学生，教学对象范围较窄。根据我们对 10 位留学生的访谈，他们全部没有上过"传媒汉语"课。这说明相关课程不但教学对象范围小，而且开课频次也极低。我们将扩大教学对象的范围，把本课程的教学对象确定为所有在

华留学生，包括中高级别的语言进修生，以及进行专业学习的本科生、硕士生和博士生。

4.1.2　学习需求

一是语言学习的需求，为理解内容扫清障碍；二是能用汉语读懂、听懂、看懂不同媒介的内容；三是了解中国国情，对中国社会和文化有较深入的了解，进而能理解中国人的文化心理和行为逻辑。

4.1.3　教学目标

一是知识目标，比如学习融媒体语体在词汇构成、句法特征、语言修辞等方面的新特点；二是能力目标，比如理解文字、图像、声音等多模态组合的能力等；三是情感和价值目标，比如看懂并理解中国人的优秀特质，提升对中国文化的认同，同时提高对多元文化的理解和包容能力。

4.2　课程内容设计

基于前文对融媒体语言特点的分析，课程内容的开发设计将从多维度展开，充分考虑融媒体的语体差异。语言学习仍然是不可或缺的部分，也是促进留学生对中国国情深入了解的桥梁和手段。话题是课程内容设计的核心，通过话题来链接语体、呈现方式等其他维度。

4.2.1　话题

话题选择是"传媒汉语"课文选择的重点，除了注意要契合学习者的兴趣外，还要注意对留学生感兴趣的话题进行分类。吴成年（2020）认为留学生对话题的兴趣存在代际变化趋势，20世纪90年代更关注中国的改革和外交、国际关系等，偏向政治等严肃类话题；21世纪的学生则表现得更为丰富多元，既对严肃类话题感兴趣，也对生活、娱乐等轻松类话题感兴趣。实际上，某些话题具有跨时空性，是不必用"时效性"来衡量的，比如灾难、教育、体育、经济、科技等话题永远会有关注度和讨论度。当然，对"时效性"的考量要放在大的时代背景下，这样既在一定程度上避免了因"时效"的因素削弱学生的学习兴趣，也能增加话题的可拓展性和可讨论性。另外，比较重要的一点是，在选择话题的时候一定要考虑中国视角以及故事性。从传播学的角度看，选择能体现人类共通的情感、能让国外受众感兴趣的故事，是"讲好中国故事"的基础。综合以上因素，我们选择了8个话题作为内容模块的基础：灾难（如玉树地震）、体育（如冬奥会）、经济（如扶贫）、科技（如天宫）、金融（如中美贸易）、中国制造（如高铁）、教育（如双减政策）、重大公共卫生事件（如新冠疫情）（见图1"内容框架"）。这8个话题中，除了"中国制造"具有明显的标签外，其余7个均是人类共同关注的话题。同时，以上话题能够从中国视角去选择素材，便于向学生展现一个"真实、立体、全面"的中国形象。

4.2.2 语体类型

内容选择要兼顾传统媒体和新媒体中的不同形式，既有传统的消息、通讯、时评，又有新媒体的微信、抖音、微博等平台的主流媒体短视频。

传统媒体中的消息，尤其是时政、经济类新闻，由于有大量的专有名词、专业术语以及较为复杂的长句，往往是最难看懂的一种形式，例如：

（6）新华社北京3月8日电：在"三八"国际劳动妇女节到来之际，中共中央总书记、国家主席、中央军委主席习近平代表党中央，向奋战在疫情防控第一线和各条战线的广大妇女同胞表示诚挚的慰问，向全国各族各界妇女同胞致以节日的问候！

习近平指出，新冠肺炎疫情发生后，广大女医务工作者义无反顾、日夜奋战，坚守在疫情防控第一线，展现了救死扶伤、医者仁心的崇高精神。广大党员干部、公安民警、疾控工作人员、社区工作人员、新闻工作者、志愿者等中的妇女同胞们忠诚履职、顽强拼搏，做了大量艰苦工作，用实际行动为疫情防控斗争作出了重要贡献。希望大家坚定必胜信念，保持昂扬斗志，做好科学防护，持续健康投入战胜疫情斗争。

习近平强调，各级党委和政府要关心关爱疫情防控第一线和各条战线的妇女同胞，大力宣传防疫抗疫一线的巾帼典型，激励和支持亿万妇女为打赢疫情防控人民战争、总体战、阻击战贡献智慧和力量。

（《人民日报》，2020年3月9日1版）

这是一则新华社通告，在央视、《人民日报》等主流媒体均采用统一稿件。类似这种出现在各大媒体头版头条的新闻消息，留学生是希望能看懂的，但是如果不扫清语言障碍，就很难理解。因此我们在编排内容时，也有必要考虑这类典型的长语篇。对例（6）的语言点进行分析后，就能发现其中的规律性，进而帮助学生破除语言障碍。比如，可以将词汇短语分成三类。

常见时政类新闻用语：各级党委和政府、宣传、巾帼、典型

和背景有关的用语：疫情、防控、科学防护

常见隐喻类用语：奋战、第一线、各条战线、打赢、战争、总体战、阻击战

其他词语：义无反顾、救死扶伤、医者仁心、忠诚履职、顽强拼搏、必胜信念、昂扬斗志

此类长语篇中常见的句子结构有：在……之际、向……表示……、向……致以……、……指出……、用……做出了……

以上词语和句子结构具有典型的时政类长语篇的语体特点，而且具有非常高的复现率。如果学生能在老师的指导下逐步熟悉和了解，那么今后自主阅读同类长语篇就不会有太多问题了。

同样是习近平"三八"节慰问妇女同胞的新闻，在新媒体上则表现出截然不同的风格。例如：

（7）习近平致敬新时代的"半边天"。

（央视网，2021年3月6日）

该短视频一共18秒，以习近平讲话为新闻主体，配有字幕"广大妇女积极投身新时代中国特色社会主义事业，以巾帼不让须眉的豪情和努力，起到了'半边天'的重要作用"。除了滚动的字幕外，屏幕上的固定文字为3部分：大号标题；画面下方的两行小字（声音来源：2021年3月6日，习近平参加全国政协十三届四次会议医药卫生界、教育界委员联组会时的讲话）介绍了讲话的背景；下方还有观众评议的文字。画面是习近平接见各界优秀妇女代表。

与传统媒体中的同类新闻相比，新媒体中的视频更为简洁、轻松，也更容易被理解和接受。但我们不能只给学生提供轻松简单的教学内容，也不能只提供难度较大的教学内容。只有让学生接触不同的语体，才能让他们更为全面客观地进行选择。

4.2.3　新闻报道中的人

"讲好中国故事，传播好中国声音"已经成为对外传播的目标。各类媒体节目中不乏好故事，尤其是那些能体现中国人优秀精神品质的故事是我们要重点关注的。

从新闻制作的角度来说，一个话题可以从不同角度进行报道：消息类新闻是告知；评论类是观点传达；通讯或者专题形式则大都关注新闻事件中的人，通过人的感性表述、表情细节、环境描写来展现主人公的真实情感，达到"以小见大"地打动人、感染人的效果。

4.2.4　呈现方式

呈现方式即媒体技术手段主导下的文字、图片、动图、语音等符号。融媒体技术手段将这些符号融合在一起，具有显著的多模态化特征。

融媒体对多模态资源的整合调动了接受者的多种感官，而这对接受者提出了更高要求。就留学生接受群体来说，首先是速度要求，读和听的速度都需要提升。其中，阅读能力除了传统的读文字能力以外，还有读图的能力。其次是抓重点的能力。多模态呈现方式一方面能调动接受者的多种感官去接收信息，但同时也是一种干扰，会分散接受者对主要信息的关注。比如，在关注画面的同时，往往会忽略关键的字幕信息；或者关注了文字信息或配音，但忽略了提供大量信息的画面。

不同媒体在对多模态资源的处理上也呈现出差异化的特点。比如，纸媒的短视频虽然有画面的引入，有配音，但屏幕上仍是文字较多，还是以阅读为主；广播类视频对声音依然比较讲究，对听的能力提出了较高要求；电视台在新媒体终端的产品仍然发挥视听的优势，但也根据新媒体的特点对呈现方式进行了调整。因此，我们要充分了解不同媒介呈现方式的规律性特征，以便更好地应用到课程内容中。

4.3 案例分析

综合以上分析，我们以话题维度构建了 8 个内容模块，组成了 8 个话题群，每个话题群兼顾其他三个维度，也就是每一个话题群链接组合不同语体、不同人物、不同呈现方式的内容。

下面以经济视角下的扶贫话题为例进行说明（见表 1）。

表 1　"经济·扶贫"话题群

序号	语体	标题	播出时间	播出平台	媒介类型
1	消息	《中共中央　国务院公布关于打赢脱贫攻坚战的决定》	2015.12.8	中央电视台新闻频道《朝闻天下》	电视
2	新闻专题	《老表们的新生活——鸟哥"打"鸟》	2021.3.4	江西卫视、学习强国、B站、微博、抖音	电视短视频
3	通讯	《杨叔的脱贫日记》	2020.12.22	陕西日报一版	报纸
4	人物专题	《告别贫困》之《云上花开》	2021.2.25	中央电视台纪录片频道	电视
5	广播述评	《西海固能够如期脱贫吗？》	2019.12.12	FM103.7 宁夏旅游广播	广播
6	短视频	《十八洞村龙金彪的 Vlog·脱贫之后》	2019.11.3	新湖南客户端华声在线网站微博、微信	新媒体

表 1 中的内容是"经济·扶贫"的话题群。"贫困"是全世界都关心的话题，具有"长时效性"。中国作为人口超级大国，政府如何应对"贫困"问题不论在政治还是经济领域都具有相当重要的意义。从 2015 年中共中央公布脱贫攻坚的决定之后，各级媒体制作了各类精良的节目，这为"传媒汉语"课程提供了丰富的资源。

如表 1 所示，1 是硬新闻，其风格与例（6）较为相似，但《朝闻天下》的内容相较于《新闻联播》《新闻和报纸摘要》或《人民日报》的头版新闻还是简洁易懂一些。这条新闻 45秒，可以让学生了解到关于扶贫的专业词汇，比如"打赢、攻坚战、精准扶贫"等等。同时，学生也能对中国政府的决策背景和决策内容有一定了解。

如表 1 所示，2、3、4 都是有关"人"的报道和记录，它们与 1 相呼应，以小角度展现"扶贫"的大主题。三个节目中的"人"是"扶贫"背景下不同人群的代表。2 是传统农民的新变化，用第一人称自述自己的经历，通过镜头长时间跟拍，记录农民的生动语言；视频时间较短，在抖音、B站、微博播出，获得了中国新闻奖。3 出自纸媒，用文字记录"杨叔"的脱贫经历，语言朴实感人。4 是长纪录片，以扶贫工作者为主人公，记录他们在山区扶贫工作中的自我牺牲和无私奉献的光荣事迹。三个人物故事从不同角度体现了大时代背景下"个人"的努力和坚持，也体现了电视和纸媒的语体特点。

如表 1 所示，5 是广播媒体的述评节目，以"叙事—说理—评论"的顺序展开，有生动的事例描述，有理性的点评，述评结合。6 是新媒体平台播放的短视频，采用 Vlog（video blog）形式，利用动画、手绘讲述主题故事，生动形象，又充满幽默色彩，是短小精悍的新媒体短视频。

五、结语

本文对融媒体的语言特点进行了描写，对留学生"传媒汉语"课程内容创新的必要性进行了分析阐述，并以此为基础，详细介绍了内容创新的路径，即以话题选择为核心，构建语体、人物、呈现方式等不同维度的话题群。需要注意的是，在进行媒介素材筛选时，应尽量以主流媒体为主要来源，兼顾传统的纸媒、广播、电视，以及各大媒体在新媒体平台的内容。

本文关注的内容创新主要聚焦于课文内容的选择，要落实到教学中还需要进行专业的课文编写和练习题设计，这需要我们进一步研究和探索。

参考文献

楚雪，张国良. 互联网使用对留美中国学生文化认同的影响 [J]. 新闻大学，2019（5）：74-86.

甘甲才. 对外汉语报刊阅读教学的尝试 [J]. 广东外语外贸大学学报，2003（2）：75-78.

侯敏，王秀清. 报刊课的教学设想与安排 [J]. 语言教学与研究，1996（2）：27-33.

李振杰. 关于"报刊语言"教学的思考 [J]. 世界汉语教学，1993（2）：134-137.

刘英翠. 媒介融合时代的新闻语言研究 [D]. 郑州：河南大学，2011.

任前方. 电视新闻的停顿与句法研究 [J]. 湖北理工学院学报（人文社会科学版），2019（1）：59-64.

吴成年. 对外汉语报刊教材的特点和编写原则 [J]. 新疆师范大学学报（哲学社会科学版），2007（3）：133-136.

吴成年. 近 30 年汉语报刊教材课文编写研究 [J]. 海外华文教育，2020（1）：19-29.

徐晶凝. 基于语言教学的报刊教材编写问题探析 [J]. 华文教学与研究，2011（4）：26-33.

杨凯，唐佳梅. 精准对外传播视角下国际受众的历时性研究——基于对广州外国人媒介使用和信息需求的连续调查 [J]. 现代传播，2018（6）：70-75.

张德禄. 多模态话语分析综合理论框架探索 [J]. 中国外语，2009（1）：24-30.

张国良，陈青文，姚君喜. 媒介接触与文化认同——以外籍汉语学习者为对象的实证研究 [J]. 西南民族大学学报（人文社会科学版），2011（5）：176-179.

张和生 . 关于对外汉语报刊课的一点思考 [J]. 北京师范大学学报（社会科学版），1994（3）：94-96.

赵守辉 . 汉语报刊课教材编写的思考 [J]. 中国人民大学学报，1993（4）：101-104.

赵雪 . 融媒体时代的新闻语体 [J]. 当代修辞学，2019（5）：15-25。

祝克懿 . 新闻语体的交融功能 [J] 复旦大学学报（哲学社会科学版），2005（3）：187-195.

庄勇 . 从"融媒体"中寻求生机的思考与探索 [J]. 当代电视，2009（4）：18-19.

混合同步课堂上汉语学习者同伴互动支架研究 *

李　韵　四川大学海外教育学院

韩继宁　西南大学教育学部教育技术学院

摘　要　本文运用"基于设计的研究"方法对混合同步课堂上的同伴互动进行研究，发现在互动中主要有三类支架：教师、同伴与技术。第一，教师支架以显性教学为主；第二，对线上交际策略的指导是教师支架的重要内容；第三，同伴熟悉度对于同伴支架构建具有重要影响；第四，确保交际有效性是技术支架最重要的功能。本文还基于探究社区理论框架分析了支架如何促进同伴互动，具体表现为：首先，高度结构化的教师支架强化教学存在，并对认知存在的发展具有重大价值；其次，教师支架对学习者元认知的培养直接影响了社会存在；再次，同伴支架受社会存在影响，对认知存在具有促进作用；最后，技术支架不仅提供工具，而且对整个教育经验都具有规约作用。

关键词　支架　同伴互动　混合同步　探究社区理论

一、引言

混合同步模式（Blended Synchronous Mode）通过多元同步通信技术，如网络会议、虚拟世界，将位于不同空间的两部分学生整合到同一学习环境下，并由同一位教师开展教学活动，兼具在线学习的空间灵活性与传统教学所具有的舒适性和社交性，能更好满足学习者的个性化需求。当然，相较于面授环境，混合环境中的交际活动失去了很多视觉与听觉线索，同时，线下与线上学习者的学习体验又如此不同，在课堂互动中实现"共同存在感"并不容易（Bower et al., 2014），因此学习者必须获得足够的学习支架。

近年来，网络环境中的同伴互动（online peer interaction）正成为二语习得研究领域的一大热点，相关研究主要集中在互动的性质、模式、影响因素与有效性等方面（徐锦芬，2020），不过尚未出现以学习支架为对象的专题研究。

---

* 本文是教育部中外语言交流合作中心 2022 年国际中文教育研究课题"美国中文在线教学质量影响因素及提升对策研究"（22YH34C）的研究成果。

本研究旨在回答如何在混合同步课堂上为汉语作为二语的学习者提供有效的同伴互动支架，运用"基于设计的研究"方法（Design Based Research），围绕以下问题展开：

（1）混合同步课堂上，学习者之间的互动得到了哪些支架的支持？

（2）支架搭建如何促进学习者之间的有效互动？

二、研究基础与分析框架

2.1　研究基础

本文借鉴库玛（2013）的观点，认为学习者与同伴之间的互动对话是汉语学习的必要条件，有意义的互动能够促使学习者的汉语能力发展。在同伴互动过程中，学习者反复尝试使用正确的汉语形式表达意义，一起协商搭建互动式脚手架，最终共同完成任务。在这一过程中，学习者通过人际互动内化汉语知识。而网络同伴互动则"主要指学习者借助信息技术，通过论坛、博客、维基、社交网站、网上学习管理系统等各类信息技术平台所开展的互动。鉴于信息技术的特点，网络同伴互动从形式和内容上都与课堂面对面互动有区别"（徐锦芬，2020）。一方面，网络互动具有不受时空限制、形式丰富多样等优势；另一方面，受物理距离、技术挑战、教师控制减弱等因素影响，学习者在网络环境中的互动更容易出现组织乏力、偏离方向、协商不足等问题。

"支架"（Scaffolding）源于社会文化理论中的"最近发展区"（Zone of Proximal Development）概念（Vygotsky，1978），指帮助儿童或新手解决问题、完成任务，从实际发展水平达到可能发展水平（Wood et al.，1976）。随着技术在教育中的融入越来越深入，支架概念在教育与学习研究中的外延不断扩大。李梅（2019）认为，在线环境下，项目化学习支架主要有教师、技术与同伴三大来源。

对于网络同伴互动的支架构建，已有成果显示：首先，教师应注重网络合作学习中的分配和监督，对成员的学习表现和贡献进行清晰有效的评估，以促进高效率的网络同伴互动（Arnold et al.，2012）；其次，在同伴互助方面，个体学习者帮助同伴的目标及行为，以及同伴对其角色的理解与感谢会在同伴互动中形成"激励者—参与者"的互动模式，从而促进同伴互动（Cho，2017）；第三，在技术使用方面，不同的任务类型会影响学习者在计算机即时互动中对语言形式的聚焦（Smith，2003），且由于更接近面对面交际，语音互动比文字互动更能激励学习者对同伴互动的投入（Cho，2017）。因此，在本研究的教学设计与实施中，教师将讨论成果作为平时成绩的重要组成部分，注意将不同水平与学习态度的学生分为一组，形成"激励者—参与者"的互动模式，并且以语音互动作为课堂讨论的形式。

2.2 分析框架

由于"网络环境中的互动"与"面对面互动"在模式与作用等方面存在一定差异，因此有必要对一些经典理论进行改进和完善，以更好地解释网络环境为互动交流带来的新现象（Harrington & Levy, 2001）。在此方面，探究社区（Community of Inquiry）理论框架（Garrison et al., 2001）具有理论补充的价值。探究社区理论将"教育经验"的要素凝练为"社会存在""认知存在""教学存在"，为在线学习与混合学习提供了独特的视角、方法及工具，且已被大量的实证研究所验证（杨洁等, 2016）。其中，"教学存在"指教学中的带领者对学习者的认知过程与社会过程进行设计、促进和指导；"认知存在"指学习者通过不断的反思和对话构建意义的程度；"社会存在"则指学习者通过社交将自我投入探究社区的能力（Garrison et al., 2001）。在学习过程中，同伴互动对这三种存在的相互影响与转换具有重要的连接作用，而这一作用的发挥有赖于学习支架的有效搭建。因此，本研究将在探究社区的理论框架下探讨不同来源的支架如何促进同伴互动，并最终促成有效的探究式二语课堂教学。

三、研究设计

本研究采用"基于设计的研究"方法对个案进行研究。这种方法是"一种系统但又灵活的方法论，目的是在真实情境中，以研究者与实践者的协作为基础，通过分析、设计、开发和实施的迭代，来改善教育实践，并提炼对情境敏感的设计原则和理论"（Wang & Hannafin, 2005）。由于常常被用于评价某种教学设计对于混合学习是否有效，因此"基于设计的研究"又被称为"教育设计研究"（Educational Design Research）（Wang et al., 2017）。

"基于设计的研究"通常包括一系列迭代（iteration），构成一个循环（cycle）。本研究包括三次迭代，构成一个循环（见图1）。

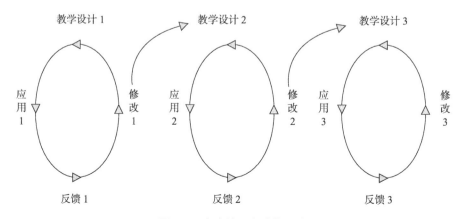

图 1　研究中的三次迭代设计

3.1　研究对象

本研究主要以"现代汉语词汇"授课过程中的三次课堂小组讨论为研究对象。"现代汉语词汇"课是一所综合性公立大学面向高级汉语水平[①]的留学生开设的汉语知识类课程。在全球新冠疫情的背景下，为了满足学生个性化的学习需求，研究小组以混合同步模式重新设计了课程。最终选课的学生一共有 9 名，均为汉语言专业本科生，其中 6 名学生主要在教室进行面授学习，3 名学生利用网络会议软件"腾讯会议"进行在线学习。

"现代汉语词汇"授课时长为 16 周，每周一次课，每次 90 分钟。在教学过程中，教师大约用 3～5 周来完成教材中一章的内容，每完成一章会安排一次讨论课。讨论任务为与本章知识相关的 4～6 个题目，由小组成员协作完成。本研究选取这一对象的主要原因在于：第一，相互讨论与交流是学习者在同伴互动中采取的最重要行为或表达策略之一，能集中体现同伴互动的特点；第二，选择这门课的学生汉语水平较高，具有独立使用汉语展开讨论的能力；第三，这门课程的一大培养目标为引导学生深入理解汉语词汇中的专业术语，需要学生在探究协作中完成知识的构建；第四，授课教师已经讲授这门课程超过 5 年，并经历了从面授教学环境到纯线上教学环境再到混合同步教学环境的变迁，因此课程的教学设计比较成熟。

3.2　数据搜集

虽然"基于设计的研究"方法结构相对固定，但是可使用的具体研究手段是多样的。根据提出的研究问题，我们主要采用访谈法与课堂观察法来进行数据收集。

3.2.1　半结构式访谈

访谈在每次讨论课后马上进行，访谈对象是教师和参与本轮小组讨论的学生，形式为半结构式个人访谈。由于学生的出勤不固定，每次参与访谈的学生人数略有不同。每次访谈时长大约 30 分钟，主要涉及以下三个方面：教师指导、同伴帮助和技术因素。访谈结束后，课题组两名成员互不干扰地对录音进行编码，并最终由研究小组共同讨论并确认。受访者情况详见表 1。

表 1　受访者基本情况

编号	国别	性别	学习方式	参与迭代	在班级中的汉语水平
S1	俄罗斯	女	线下	1、2、3	上
S2	印度尼西亚	男	线下	1、2、3	上

---

① 均已达到 HSK 五级水平。

编号	国别	性别	学习方式	参与迭代	在班级中的汉语水平
S3	几内亚	女	线下	1、2、3	下
S4	英国	男	线下	1、2、3	下
S5	韩国	男	线上/下	1（线下）、2（线上）	上
S6	老挝	男	线上	1、2	中
S7	韩国	男	线上	1、2	中
S8	英国	男	线上	2、3	中
S9	韩国	男	线下	2、3	中

3.2.2　课堂观察

本研究主要使用腾讯会议的"视频录制"功能对三次讨论中每个小组的学生互动分别进行视频录制。研究小组的两名成员背靠背观看视频，并对资料进行转写与编码。另外，担任课堂助教的成员也对互动情况进行了观察与记录，并结合视频数据最终确定了编码。

四、结果

三次迭代后，研究小组对课堂观察和访谈信息进行了深入的质性分析，发现教师、同伴和技术是混合同步环境中同伴互动最重要的支架来源（见表2），其特征主要体现在四个方面：

表2　三次迭代中的教学设计与反馈要点

迭代	设计	描述	解释	反馈与课堂观察记录
1	教师指导	·提供讨论题，布置讨论任务。 ·直接回答学生问题。 ·为学生随机分组。 ·在讨论中直接指导学生。 ·小组共同提交讨论题答案。	·思考题是对第一讲内容的复习。	·学生认为教师的及时回答是最有效的教学策略。 ·学生认为题目太难。 ·有学生提出不知如何一起写答案，认为讨论没有用。
	同伴帮助	·两个讨论组，一组为线下，共4人，一组为线上线下混合，共3人。	·不直接提示讨论题答案。	·课堂观察显示，讨论中出现了较长时间的沉默。
	技术工具	·混合组讨论时使用教室中的电脑。		·线下学生认为与线上同伴交流受到技术局限。 ·混合小组学生表示教室中的电脑会将其他人的声音都收进来。

2	教师指导	·课前提供讨论题，请学生进行书面与口头准备。 ·进行线上汉语交际策略培训。 ·根据学生熟悉度分配讨论小组。 ·有时直接提示讨论题答案。 ·每位学生各自提交讨论题答案。	·提前准备能更好地保证学生参与互动。	·课堂观察显示，学生在讨论时更加投入。 ·学生认为使用套语来委婉地表达反对等十分有用。
	同伴帮助	·两个讨论组，一组为线下，共4人，一组为混合，共5人。	·确保每位学生对讨论的投入。	·课堂观察显示，混合小组中的线下学生存在感较弱。
	技术工具	·混合小组讨论时使用自己的手机或平板电脑。 ·混合小组使用腾讯会议的"屏幕共享"功能分享材料。	·解决迭代1中的收音问题。	·学生认为通话效果更好。 ·有学生认为网络通话影响了自己与同伴交流。
3	教师指导	·讨论前全面讲解讨论题的回答要点，并示范交际方式。	·适当的"过度学习"能够提高学生参与讨论的信心。 ·教师的指导能够更好地保证每位学生公平参与和互动。	·教师认为不同水平的学生能更公平地参与讨论。
	同伴帮助	·讨论时直接指导学生如何向同伴提问，或如何回答。		·课堂观察显示，学生对讨论更加投入。
	技术工具	·讨论时，教师与助教各负责两个组的指导工作。 ·三个讨论组，两个线下组，一个混合组，各2名学生。 ·使用"金山文档"协作完成讨论题的书面作答。		·学生认为讨论更有效率、更有用。

第一，教师支架以显性教学为主。教师支架的内容主要包括两个方面：一是教师对教学的设计，如问题设计、学情分析、目标设置、活动环节（李梅，2019）；二是课堂教学策略，如示范、提问、重述等（刘萍、张雪梅，2018）。

本研究发现，混合同步课堂对大多数学生来说还比较陌生，过去的学习经验不足以支持同伴互动顺利进行。第一次迭代的课堂记录显示，学生们接受讨论任务后，两个小组都出现了沉默。后经教师提问、示范与说明，同伴互动才缓慢启动。在访谈中，很多学生反馈说讨论过于困难，甚至有学生认为讨论的价值不大。S5是一名韩国学生，汉语水平在全班处于上游，他说：

"我觉得（讨论）没有帮助，同学的知识不是百分百正确，没有用。"

对此，教师对讨论设计与实施进行了如下调整：第一，讨论前，根据第一次迭代后学生关于"讨论过难"的反馈，教师对讨论题目进行了更详细的应答示范；第二，讨论中，教师为互动提供了更直接的指导，如对学生如何向同伴提问进行了示范；第三，对于讨论成果的呈现方式，教师修订了要求，由第一次迭代时的小组提交作业，变为每位学生都提交答案，以检查每位学生的理解情况；第四，助教从第三次迭代开始与教师共同带领学生讨论，使每个小组都能全程得到教师支架的辅助。

调整之后，课堂观察显示，从第二次迭代开始，讨论启动更加迅速，最终的作业也表明讨论成果更加成功。在第三次迭代后的访谈记录中，学生已不再认为讨论过难。且第三次迭代的课堂观察记录同时显示，小组讨论的持续更加自主，教师在讨论中的存在感降低。

从学生反馈来看，大部分学生都希望教师能对自己的回答进行直接的对错判断，比如S2特别满意教师能够立刻为自己的问题提供明确的答案：

"我提问的时候，老师能立刻回答我，那就是最有帮助的。"

可见，在混合同步课堂的同伴互动中，教师支架具有显性教学的特点，即"用外显的、循序渐进的、有条不紊的方式开展教学，注重全体学生通过练习熟练掌握和达标"，适用于知识与技能方面的教学（刘作芬、盛群力，2010）。

第二，对线上交际策略的指导成为教师支架的重要内容。课前准备对于课堂讨论的顺利实施至关重要。第一次迭代的反馈显示，学生们都根据教师的提示为讨论做了准备，如S1说："做了准备，这是我们的作业，就是在家里看书，然后我会上课的时候做笔记，所以我看我写的内容，练习、复习这样的准备。"不过，学生们都没有练习口语表达。根据课堂观察，第一次讨论课上，学生们往往只能把教材或者自己的书面作业读出来，无法形成有效互动。从第二次迭代开始，教师在布置课前准备任务时，不仅要求学生书面完成思考题，也提醒学生练习口头报告，并注意自己的发音，以及语法与词汇的使用。

较之面授环境，网络同伴互动少了很多视觉与听觉的信息传递，还面临不少技术方面的挑战。根据课堂观察，学生们在发起、进行或停止对话方面都比较紧张。例如，S1认为由于视频通话有延迟，所以自己无法及时确认对方是否听懂，需要不时询问对方，这样就会干扰交流。她说：

"和线上同学交流有一点不太好，因为面对面交流的时候你会比较随意，但是和线上的同学讨论时，你需要一直问'你们听见我说话吗？'这些方面会影响我们的学习。"

因此，教师在第二次讨论课前，对学生进行了交际策略方面的培训。首先，为学生列出讨论时的常用套语清单并带领学生进行口头练习，例如，在询问对方时使用"能听清楚吗""明白意思了吗"；在回应对方时使用"明白了""我不同意"；在描述障碍时使用"网络不好""第一题还不太懂"等。其次，带领学生练习在讨论中使用交际策略，例如，用自己的话重复对方的观点，然后向对方求证是否正确。

第三，同伴熟悉度对于同伴支架具有重要影响。课堂观察记录显示，在第一次迭代中，线下学生的互动明显更为顺畅，例如，S2 为 S4 解释题目的意思，并指导他在教材中找到问题的答案。但混合小组中，线上与线下学生的交流则相对较少，几乎都是 S1 在进行讲解，其他小组成员只回答"对"或者干脆保持沉默。在访谈中，S2 提到自己跟 S4 是好朋友，知道他汉语听力不太好，需要"在书上找到答案给他"。可见，一方面，由于网络环境的局限，线上学生会在讨论中遭遇更多的挑战，沉默的情况也更为突出；另一方面，同伴熟悉度也会对同伴支架的搭建产生重要影响。个体的自我表现受到观众身份的影响，熟悉的同伴关系使学生更容易沟通交流、互相合作，有助于问题的解决和共同任务的完成（范玉梅、徐锦芬，2021）。在第二次迭代中，教师尽可能将彼此熟悉的学生分在一个讨论组。课堂观察显示，在面对熟悉的同伴时，线上学生更愿意发言。例如，线上学生 S8 总是跟在线下学生 S4 后发言或提问。他在访谈中表示，自己和 S4 都是英国人，而且已经在一个班共同学习了两年。这说明，熟悉的同伴关系可以在很大程度上促进混合组的讨论。不过，由于第二次迭代中混合组有 5 名学生，所以线上学生仍然比较沉默，主要依靠线下学生的互动来维持讨论的进展。因此在第三次迭代中，教师将小组的规模进一步缩小，每个小组只有 2 名成员，促使学生形成更紧密的同伴联系。

已有研究指出，同伴熟悉度对同伴互动中学习者的投入具有显著影响，具体表现为：熟悉组比欠熟悉组在认知维度上有更频繁的意义协商，在社会维度上能产出更多合作完成的句子，在情感维度上对待同伴及互动活动更积极（范玉梅、徐锦芬，2021）。我们在课堂观察中发现了类似的情况，同时还发现网络环境中的同伴支架构建更依赖于彼此的熟悉关系。虽然教师要求线上学生都打开摄像头，但还是有不少学生会在上课过程中关掉。这样一来，视觉信息的缺失让线上学生在同伴互动中的存在感变弱。此时常见的情况是线下学生成为讨论的主体，完成同伴支架的搭建。当然，如果同伴之间比较熟悉，线下学生更愿意向线上同伴提问，而线上学生也会对讨论更加投入，从而形成更频繁的互动。

第四，确保交际有效性是技术支架的最重要功能。本研究中的线下教室拥有联网的电脑、天花板摄像头、可触摸显示屏等一般智慧教室的常见设备。在技术使用方面，学生们普遍表示能够满足学习的需要。另外，线上学生 S8 还认为，通过网络参与课堂教学能够"节省来学校的时间，非常方便"。不过，线下学生 S1 在第一轮迭代的反馈中指出，当她与线上同学进行讨论时，话筒也会把教室中别的同学的声音收进来，在一定程度上影响了通话质量，因此她建议学生使用自己的手机单独成立小群来进行小组讨论。此外，根据学生反馈，线上学生特别需要在讨论中获得与交际相关的多模态信息。例如，线上学生 S6 表示网上交流比面对面交流困难，音频设备会在一定程度上影响通话质量，特别是当说话人的汉语发音不太标准时，自己很难听懂。因此，从第二轮迭代开始，教师要求每个小组都要使用"腾讯会议"中的"共享屏幕"功能与同伴分享教材或其他书面材料，确保对方一边听一边还能看到相关的内容。在第三次迭代中，有的小组在"共享屏幕"时还通过"金山文档"的协作功能共同完成了讨论题的书面作答。

五、混合同步课堂同伴互动支架的搭建及其理论解释

混合同步课堂上的同伴互动并不是简单地将线上与线下学生进行联合，而是需要对教师、同伴与技术支架进行充分整合，最终目标是促进学生间的汉语交际，培养学生主动构建知识的能力。认知存在、教学存在和社会存在这三者在同伴互动中通过交互作用形成教育体验，从而实现高质量学习。

第一，高度结构化的教师支架强化了教学存在。探究社区理论中的教学存在可细分为三个指标：（1）教学设计，即课程带领者设计并管理课程、活动、作业与教学进度；（2）促进讨论，即带领者鼓励并带动学生积极讨论，以营造学习情境；（3）直接指导，即带领者呈现教材内容重点并直接线上论述（杨洁等，2016）。在混合同步课堂中，技术为同伴互动提供了各种学习工具与过程管理工具，如能够实现视频通话的网络会议软件、可协作编辑的在线文档等。可见，技术能够在促进学习者讨论方面代替教师的一部分工作，因此也是教学存在的重要内容。不过，技术价值的实现仍然有赖于教师的设计与课程应用。

本研究三次迭代的记录显示，教师对讨论课的设计、在讨论中对学生的指导以及对学习内容的展示都呈现出严格化、明确化、直接化的趋势。教师在访谈中谈到，在传统面授教学中，对高级阶段学生的同伴互动会更多采用总结、推理、预测等低强度的教学策略，但由于物理距离所产生的隔阂、学生对混合同步课堂的陌生以及技术设备对语音交流带来的挑战等，自己在教学设计时制定了更严格的讨论策略，例如：规定每名学生必须发言；在讨论过程中共同参与，亲身示范，以推动讨论不断推进。

教学存在不仅对讨论结果具有决定性影响，对维持认知存在也具有重要作用。认知存在包括触发、探究、整合、解决等四个阶段。研究表明，学生从探究到整合再到解决阶段最为困难，因此整合和解决阶段需要更多的教学存在（Meyer，2004）。然而，在二语课堂上，学生的汉语水平在很大程度上影响了同伴互动的有效进行，特别是在讨论的启动和成果的形成阶段，因此同伴互动在触发与整合阶段同样需要教师支架的高强度支持。

可见，在混合同步课堂的同伴互动中，一方面，同伴支架受到物理距离、技术限制等不利因素的影响，需要通过全过程的精确设计进行引导；另一方面，技术支架尚无法提供"智能化"的教学，需要教师对其进行控制与使用。因此，学习支架体系需以高度结构化的教师支架来强化教学存在。

第二，教师支架对元认知的培养直接影响着社会存在。元认知是指管理和控制认知的过程（Flavell，1979）。探究社区理论通过构建自我调节和共同调节两个维度，将元认知融入探究社区理论中，具体包括：认知知识，如认知任务发生前对自身学习能力的了解；认知监控，如在认知任务中要求同伴对自己的理解进行确认的行为；认知策略，如对认知行为进行计划或制定策略（Akyol & Garrison，2011）。

在本研究的三次迭代中，教师对元认知的培养主要体现在对汉语线上交际策略的关注方面：课前，教师要求学生就思考题练习口头回答，让学生意识到文字输出与语音输出的差异，为课堂互动做好准备，属于自我调节的维度；讨论中，教师又对学生的汉语交际策略进行直接指导，促进了同伴互动的启动和维持。最终，学生们在教师支架的引导下，加强了彼此的交流，因此强化了社会存在。

第三，同伴支架连接社会存在与认知存在。探究社区理论认为，虽然单独的社会存在不能保证在线学习中的批判对话，但没有社会存在这一基础，批判对话也不可能得到发展。社会存在包括情感表达、开放交流与小组凝聚力三个子类目。与传统面授教学相比，混合同步课堂上的同伴互动比较困难，特别是线上学生与其他同伴之间更难以产生情感交流，对开放交流的投入明显不足，也就难以产生小组凝聚力。因此，要在这样的环境中构建并维持同伴支架，最终形成有效的同伴互动，首先就需要建立一个学生信任的交流环境，推动学生将自己与社区相联系。在本研究的三次迭代中，教师支架以增强小组成员的同伴关系为目标，教师不断对分组策略进行调整，而技术支架则不断尝试不同音频软件的组合，以便让学生获得更好的交际体验。

在本研究中，以回答讨论题为任务，"相互解释"是同伴支架最重要的体现形式。学生们就题目向彼此解释自己的观点，在解释过程中经历了信息的选择、组织和加工，从而加深了对学习材料的理解。三次迭代的课堂观察记录显示，在自己信任的环境中，学生们越来越多地向同伴进行解释，即使是汉语水平比较低的学生，也能发表自己的观点，而水平较高的学生则在对同伴的解释中澄清概念，并提高自己使用汉语进行交际的能力。可见，在高度结构化的讨论设计中，同伴支架不断激励学生通过分析与整合不同观点来确定解决问题的方案，最终完成了学习任务，实现了认知的发展。

第四，技术支架规约着教育经验。技术不仅仅是意义制造的工具，其本身就是符号化的产物与社会活动的规约。在教学环境中，技术是交际的媒介，显示着教学关系，并对学习经验的组织具有促进作用。

同伴互动是特殊的社会关系构成，受到教学环境的规约。在面授教学环境中，学生通过语言、表情、动作等与同伴和教师互动，交际线索丰富且自然。然而，在混合同步课堂上，学生们以信息技术手段为中介进行课堂互动，因此，要确保实现与传统课堂上相同的互动效果，就必须解决技术支架在教学、社会与认知存在中可以做什么、不能做什么的问题。

网络会议软件提供的线上空间是教室的延伸，也是同伴互动的平台，可以让学习者更加强烈地产生学习共同体的体验感。其中，网络会议软件"共享屏幕"的功能可以供同伴们分享文件，实现学习任务的可视化，降低语音交际的难度，从而在有效交际方面提供助力；而网络会议软件的视频录制功能则可以替代一部分教师支架的功能，对小组讨论和个人学习发挥监控和管理的作用，在学习管理方面发挥作用。除此之外，教师在课前准备好的 PPT 则有助于确定讨论的主题、次序与规则，并且清晰地呈现讨论的成果，使同伴互动的开展更具方向性和逻辑性。

六、结论

本研究以混合同步课堂上的同伴互动为研究对象，发现在互动中存在三类支架：教师支架、同伴支架与技术支架。经过三次迭代研究，我们发现：（1）由于混合同步环境与面授环境存在较大差异，同伴互动需要教师使用显性的教学策略进行指导；（2）二语教学的特点决定了对线上汉语交际策略的培训是教师支架的重要内容；（3）同伴间是否熟悉对混合环境中的讨论能否顺利进行具有重要影响；（4）确保交际的有效性是技术支架最重要的功能。

我们还在探究社区理论下讨论了支架如何促进同伴互动，具体表现为：首先，高度结构化的教师支架强化教学存在，并对认知存在的发展具有重大价值；第二，教师支架对学习者元认知的培养直接影响了社会存在；第三，同伴支架受社会存在影响，对认知存在具有促进作用；第四，技术支架不仅是工具，而且对整个教育过程都具有规范作用。这些发现可为混合同步课堂的汉语教学设计与实施提供参考。

参考文献

范玉梅，徐锦芬 . 同伴熟悉度对同伴互动中学习者投入的影响研究 [J]. 外语与外语教学，2021（2）：82-91.

库玛 . 超越教学法：语言教学的宏观策略 [M]. 陶健敏，译 . 北京：北京大学出版社，2013.

李梅 . 在线环境下项目化学习支架探究 [J]. 现代远距离教育，2019（2）：3-9.

刘萍，张雪梅 . 国外课堂互动中教师支架研究述评（1984—2017）[J]. 外语界，2018（6）：53-60.

刘作芬，盛群力 ."直导教学"研究的三大贡献——罗森海因论知识结构、教学步骤与学习支架 [J]. 远程教育杂志，2010（5）：59-64.

徐锦芬 . 网络环境下的同伴互动：研究与反思 [J]. 当代外语研究，2020（3）：52-60.

杨洁，白雪梅，马红亮 . 探究社区研究述评与展望 [J]. 电化教育研究，2016（7）：50-57.

AKYOL Z, GARRISON D R. Assessing metacognition in an online community of inquiry [J]. *Internet and Higher Education*, 2011 (14.3): 183-190.

ARNOLD N, DUCATE L, KOST C. Collaboration or cooperation? Analyzing group dynamics and revision processes in Wikis [J]. *CALICO Journal*, 2012 (29.3): 431-448.

BOWER M, DALGARNO B, KENNEDY G, et al. *Blended Synchronous Learning: a Handbook for Educators* [M]. Canberra: Office for Learning and Teaching, Australian Department of Education, 2014.

CHO H. Synchronous web-based collaborative writing: Factors mediating interaction among second-language writers [J]. *Journal of Second Language Writing*, 2017 (36.6): 37-51.

FLAVELL J H. Metacognition and cognitive monitoring: A new area of cognitive-developmental inquiry [J]. *American Psychologist*, 1979 (34.10): 906-911.

GARRISON D R, Anderson T, Archer W. Critical thinking, cognitive presence, and computer conferencing in distance education [J]. *American Journal of Distance Education*, 2001 (15.1): 7-23.

HARRINGTON M, LEVY M. CALL begins with a "C": interaction in computer-mediated language learning [J]. *System*, 2001 (29.1): 15-26.

MEYER K. Evaluating online discussions: four difference frames of analysis [J]. *Journal of Asynchronous Learning Networks*, 2004 (8.2): 101-114.

SMITH B. Computer-Mediated negotiated interaction:an expanded model [J]. *The Modern Language Journal*, 2003 (87.1): 38-55.

VYGOTSKY L S. *Mind in Society: The Development of Higher Psychological Processes* [M]. Cambridge，MA: Harvard University Press, 1978.

WANG F, HANNAFIN M. Design-based research and technology-enhanced learning environments [J]. *Educational Technology Research & Development*, 2005 (53.4): 5-23.

WANG Q, QUEK C L, HU X. Designing and improving a blended synchronous learning environment: An educational design research [J]. *The International Review of Research in Open and Distributed Learning*, 2017 (18.3): 99-118.

WOOD D J, BRUNER J S, ROSS G. The role of tutoring in problem solving [J]. *Journal of Child Psychology and Psychiatry*, 1976 (17.2): 89-100.

基于 KANO 模型的国际中文教学 SPOC
翻转课堂满意度调查 *

——以菲律宾本土教师师资培训翻转课堂为例

谢婧怡　福建师范大学海外教育学院

陈艾琳　菲律宾红溪礼示大学孔子学院

摘　要　本文以菲律宾红溪礼示大学孔子学院面向本土教师开展的 SPOC 翻转课堂为研究对象，基于 KANO 模型调查分析翻转课堂中各教学要素的需求属性。研究通过问卷调查获取数据，再利用 SPSS 软件对模型结果进行统计分析，结合分析结果，对 SPOC 翻转课堂中各类要素的需求属性进行描写，以期为今后国际中文教育翻转课堂教学模式的设计提供参考数据与教学启示。

关键词　SPOC　翻转课堂　需求分析　线上中文教学

一、引言

自 2011 年菲律宾教育部 SPFL（特殊外语项目）汉语教学项目实施以来，菲律宾本土汉语师资培养一直遵照"暑期培训 + 跟踪培训 + 来华沉浸式培训"相结合的立体化培养方案。国际中文教育本土化有助于中文国际传播，提升中文的国际影响力。但目前菲律宾本土中文师资队伍发展并不均衡，仍存在不少有待完善的地方。

菲律宾是一个多民族、多文化、多语言的国家，官方语言是菲律宾语（他加禄语）和英语。2009 年，菲律宾开始建立基于母语的多种语言教学制度，并要求本土教师掌握除官方语言以外的一门其他外语。2011 年，菲律宾教育部在全国主流中学汉语教学研讨会上与红溪礼示大学孔子学院签订了"特殊语言项目之汉语教学项目"合作协议。汉语作为一门外语选修

---

* 本文是教育部中外语言交流合作中心 2022 年国际中文教育研究课题"基于 KANO 模型的国际中文教育 SPOC 翻转课堂满意度调查"（2022001019）的研究成果。

课，陆续在菲律宾主流中学开设。2011年至今，菲律宾公立中学系统本土汉语师资从无到有，且逐步形成了一套本土汉语教师培养模式，包括在职本土教师的暑期培训、跟踪培训、来华沉浸式培训，以及汉语师范专业定向培养。

汉语是菲律宾主流公立中学的必修课，也是菲律宾本土汉语教师职业生涯的重要学习内容，因此本土教师具有较强的学习动力，但也普遍存在语言基础薄弱、教学资源匮乏、语言环境差、教学设备简陋等问题。本研究的 SPOC 翻转课堂教学设计充分考虑到了本土教师的学习特点和学习需求，能更好地帮助孔子学院开展适合本土教师的培训活动。

但在新冠疫情的冲击下，常规本土线下培训和来华沉浸式培训一度完全中断，培训转为"周末线上集中直播授课＋工作日跟踪完成线下教学任务"的翻转课堂模式。在翻转课堂教学模式中，如何按照学习者的实际需求合理分配线上线下教学内容、如何安排"预习—讲练—复习"等教学环节，成为本土汉语师资培训项目一线教师面对的首要问题。

"翻转课堂"（Flipped Classroom）又名"颠倒课堂""反转课堂"，它颠覆了传统教学形式，让学生课前先跟着教学视频自主学习，课上再通过讨论和交流，在老师的帮助和同学的协助下完成知识的内化。将 SPOC 翻转课堂教学模式应用到国际中文教育中时，如何充分利用"翻转课堂"的优势，满足学习者的需求，提高学习者的课堂满意度，使教学效率达到最大化，是利用该教学模式提高学习者语言水平的关键。这就需要我们识别出影响学习者课堂满意度的关键所在，厘清我们向学习者提供的各类教学资源、教学环节的学习者需求属性，进而进行有针对性的教学模式设计。因此，本文基于KANO模型[①]，在设计KANO模型问卷、开展问卷调查、分析学习者需求特征的基础上，对学习者的实际需求进行归类，以提升菲律宾本土教师的整体中文教学水平及师资培训质量。

二、研究框架

2.1　统计依据

2.1.1　KANO 模型

KANO 模型是东京理工大学教授狩野纪昭（Noriaki Kano）开发的用于对用户需求进行分类和优先排序的工具。（狩野纪昭、李玉潭，1984）运用 KANO 模型，研究者可以将用户对某种产品／服务的需求所对应的产品属性标记出来，通过建立用户需求属性模型，来描述这些属性是否满足／如何满足用户需求，并将这些属性分为五类，根据满意度进行排序，分

---

① 基于 KANO 模型的研究通常从产品的角度出发，通过建立基于 KANO 模型的评价指标体系来判断产品是否满足用户需求及如何满足用户需求。

别是必备型属性、期望型属性、魅力型属性、无差异型属性和反向型属性（见图 1）。

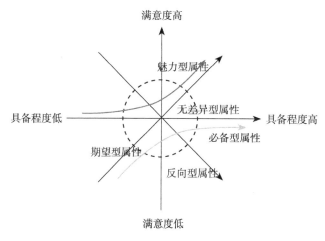

图 1　KANO 模型曲线

（1）必备型属性：当产品具备此特征时，用户不一定表现出满意；但是当产品不具备此特征时，用户会很不满意。

（2）期望型属性：当产品具备此特征或满足用户此需求时，用户的满意度会显著增加；当此需求得不到满足或者表现不好时，用户不会因此感到不满。

（3）魅力型属性：指不会被用户过分期望的需求。随着满足用户期望程度的增加，用户的满意度也会增加，若此需求得到满足，即使表现不完善，用户的满意度也很高；若此需求得不到满足，用户也不会表现出明显的不满。

（4）无差异型属性：此类需求不管是否提供，对用户均无影响。

（5）反向型属性：用户根本没有此需求，提供后反而会降低用户的满意度，提供的程度和用户的满意度成反比。

2.1.2　用户需求属性识别

KANO 模型分类方法一般可以分为四个步骤。首先，设计 KANO 模型问卷。与传统的调查问卷不同，KANO 模型问卷针对同一题项分别设计了正向问题和反向问题。其次，开展问卷调查。对照 KANO 模型问卷的各个题项，由受访者根据自己的理解与认知做出最合适的选择。再次，进行需求属性频次统计。借助 KANO 模型二维属性归类矩阵，根据受访者对正向问题和反向问题的回答结果，逐一判断各个题项的需求属性，并统计各类需求属性的频次。最后，确定用户需求属性。依据频次统计结果，采用传统的 KANO 模型归类定性方式和基于 Better-Worse 指数的定量方式确定用户需求的属性。

原本用于产品质量要素分析、服务质量影响因素分类、用户服务需求排序等方面的

KANO 模型近年来也被广泛应用于线上教学的学习需求分析研究中。例如，谢寒梅（2018）研究了线上教育情景下视频的交互模式；何蔚珊（2020）基于 KANO 模型研究了线上学习 APP 交互界面适老化设计；公婷薇（2020）运用 KANO 模型研究了中职旅游专业学生的课堂满意度；朱红灿、段港平（2021）基于 KANO 模型研究了线上课堂学习体验的关键要素；王锐等（2021）运用 KANO 模型分析线上课程质量影响因素；赵香芹（2022）基于 KANO 模型分析了编程语言线上学习平台功能需求，指出"系统特征""课程的视频制作""教师的教学水平""教学内容的有用性"为必备型需求，"课程辅助资料"为期望型需求，"教师的教学风格""课程交互性"为魅力型需求，为提高线上教学质量和学习者的满意度做出了一定的贡献。

2.2　翻转课堂中的学习需求分析研究

2.2.1　SPOC 翻转课堂教学模式

SPOC 一般指"Small Private Online Course"，即小型的、个性化的线上课程。最先提出并使用这一概念的 Armando（2013）认为，SPOC 中的"small"和"private"是相对于 MOOC 中的"massive"和"open"而言的，它强调以学习者为中心的教学方式，将知识与技能融合到线上、线下教学的过程中。

"翻转课堂"教学模式于 2007 年由美国的乔纳森·伯尔曼和亚伦·萨姆斯两位化学教师提出，是指将传统的教学模式翻转过来，以学生为中心，学生可以通过观看教学视频与 PPT 自主学习新知识；在课堂上，学生通过与教师和同学的讨论完成知识的内化，真正实现以学生自主学习为主的教学模式。

2.2.2　学习需求分析理论

学习需求分析指的是通过内省、访谈和调查问卷等手段对需求进行研究的技术和方法（Berwick，1989）。需求分析有助于教师根据不同国家、不同水平以及不同目标群体的学生设计课程，是课程设计、教师组织教学、使用教材、评估教学的基础。在以往的研究中，学习需求一般可分为如下几方面：

（1）觉察需求和意识需求（Berwick，1989）。前者是教育者以别人的学习经历为依据设立的需求，后者是学习者本人的需求与愿望。

（2）客观需求和主观需求（Brindley，1989）。学习者的"个人信息"属于客观需求，如年龄、性别、国籍、婚姻状况、教育背景、已修语言课程、外语学习中的困难以及目前打算从事的职业等；而学习者语言学习的认知和情感需求属于主观需求，如信心、态度和期望等。

（3）社会需求和个人需求（束定芳，2004）。前者指社会和用人单位对有关人员外语能力的需求，后者指学生目前的实际水平与希望达到的水平之间的差距。

三、国际中文教育 SPOC 教学的内涵与需求拆分

3.1 SPOC 教学的内涵

SPOC 翻转课堂是 SPOC 小规模、个性化的特点与翻转课堂以学生为中心的教学原则相结合，通过学生个性化的学习方式和师生之间互相交流的过程，探索以"个性化学习"为理念的翻转课堂教学模式与教学活动。本文中的 SPOC 翻转课堂教学设计可分为课前、课中和课后三部分（如图 2 所示）。

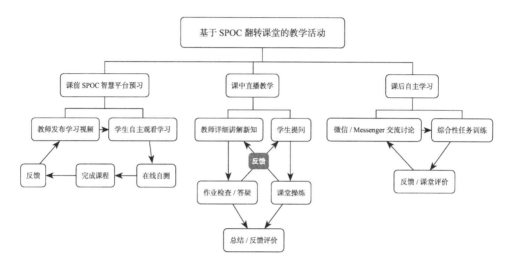

图 2 基于 SPOC 翻转课堂的教学活动设计

在以上设计中，课前教学环节主要让学生自主观看教师在 SPOC 智慧平台上发布的教学视频，并完成课前自测练习，如 AI 听辨正音、选词填空练习、词汇辨析等，目标是让学生完成生词的认读和听辨、熟悉语法的基本结构、了解课文的基本内容，将学生对新知识的掌握情况通过平台反馈给教师。课中教学环节以线上直播教学为主，教师通过 PPT 展示详细讲解新知识，并通过检查学生预习作业进行疑惑点答疑，解决学生课前预习遇到的问题。学生通过提问和课堂操练对讲解的新知识、新内容进行反馈，并在课堂上完成新知识的操练和内化等。课后教学环节以培养学生个性化学习习惯为主，学生可在微信和 Messenger 群中交流和讨论，也可自主在 SPOC 智慧平台完成有针对性的听说、阅读、书写等综合练习，还可观看上课内容精编视频。总之，让学生自由安排时间进行课后复习与练习，以巩固所学知识，养成个性化学习习惯。

3.2 教学环节和教学内容的拆分

一直以来，很多学者利用远程教育技术来完善国际汉语教学体系，其中"翻转课堂"为

主要模式之一。它搭建起了学生与老师之间的平台，通常以理论知识、实践过程、主题研讨为主，以重点难点指导、习题作业、试卷测试、拓展资源为辅，形成内容完善的 SPOC 教学资源体系，再通过微视频、多媒体课件、演示动画、文档等多种形式发布到 SPOC 平台上。

　　笔者旁听了红溪礼示大学孔子学院本土教师培训项目的线上课程，并对相关教师、学生进行了课后访谈。根据课堂观察和访谈结果，本文归纳出教师使用的教学要素主要有 8 个，分别是：汉字注音、英语注释、释义图片、生词搭配、生词拓展、典型例句、语法 / 词汇辨析、视频讲解；教师使用的练习要素主要有 5 个：交际练习、选择练习、判断练习、填空练习、AI 正音练习（见表 1）。

表 1　SPOC 翻转课堂教学要素类型

要素类型	要素名称	要素内涵
教学要素	汉字注音	给生词和例句注音，方便学生认读、理解、练习发音
	英语注释	提供生词在本课中的英语解释，帮助学生理解汉语词汇的意义和用法
	释义图片	通过百度、谷歌下载与生词、语法相关的图片，辅助教学
	生词搭配	将生词与其他词语或短语组合
	生词拓展	适当拓展生词的用法，如在具体情境中的使用等
	典型例句	选取日常生活交际中经常使用的句子，增强教学实用性
	语法 / 词汇辨析	将易混淆的语法 / 词汇做对比辨析，区分相同点和不同点
	视频讲解	教师课前录制 5 分钟左右的微课，讲解教学重难点
练习要素	交际练习	在日常生活中经常用到的情景对话练习
	选择练习	在提供的选项范围内选择正确答案
	判断练习	判断题干表述的内容或方式是否正确
	填空练习	在题干中留出空格，让学生填入合适的内容，如一个词语或一个短语
	AI 正音练习	智慧课堂平台支持学生反复练习发音，利用 AI 识别并纠正发音

四、SPOC 翻转课堂的用户属性需求归类

　　依据需求属性识别的基本步骤，笔者采用传统的 KANO 模型归类和基于 Better-Worse 指数的归类等方法分别对高校数字资源社会化服务的用户需求属性进行归类。

4.1　问卷设计

　　"SPOC Online Course Satisfaction Survey"调查问卷包括两部分内容：第一部分是调查对象的基本信息。本次调查对象为红溪礼示大学孔子学院 2021 年跟踪培训的本土教师，他

们来自菲律宾的不同地区，汉语水平不同，因此基本信息部分主要用于了解调查对象是否为华裔、汉语水平如何以及地区分布情况；第二部分是汉字注音、英语注释、释义图片、生词搭配、生词拓展、典型例句、语法/词汇辨析、视频讲解、交际练习、选择练习、判断练习、填空练习、AI 正音练习这 13 个教学要素的正反问题，即当 SPOC 翻转课堂教学中提供 /不提供某教学要素时，学生的主观感受如何。调查对象根据自己的实际感受按照"非常满意""比较满意""一般""比较不满意""非常不满意" 5 个选项进行选择。为了让调查对象理解问卷选项，我们在问题前对选项进行了详细说明，以保证问卷数据的真实性和可靠性。问卷中对选项的解释如下：

Below are five satisfactory options that correspond to different feelings.

1. Very satisfied: I am very satisfied.

2. Relatively satisfied: If there is better, I think it is ok.

3. General: I don't care , but I can accept it.

4. Relatively dissatisfied: I'm dissatisfied, but it is acceptable.

5. Very dissatisfied: It makes me feel very dissatisfied and unacceptable.

为了便于填写问卷的学生理解教学要素，每个问题配有教学资源截图，截图为教师上课使用的 PPT 课件。以"汉字注音"为例，在图片中标明了该问题涉及的教学要素"pinyin"并用标记符号提示该要素，见图 3。

图 3　问卷"汉字注音"题目示意

4.2　数据收集

由于调查对象都在菲律宾，我们主要通过在 Google Form 上发布 KANO 模型问卷收集数据，两周后收回，共收集了 94 份问卷，经过筛选和核对，获得了 71 份有效问卷。产生无效问卷的主要原因是学生没有认真阅读调查问卷，不了解正向和反向问题的设计，只回答了"提供该类要素时你的感觉是……"的问题，或将所有的问题都理解为"是否应该提供该教学要素"，对问卷的信度造成了一定影响。

在有效问卷中，学生来自菲律宾所有地区，覆盖范围广泛，以非华裔为主；汉语程度主要集中在初级阶段，即 HSK 一至二级，97% 的学生可参加网课。总体来说，样本的选择是合理的，能够达到本研究的目的，且具有一定的代表性和典型性（详见表 2）。

表 2　调查对象的人口学统计结果

统计项目	选项	数量（人）	比例（%）
是否为华裔	是	4	5.6%
	不是	67	94.4%
汉语水平	HSK 一至二级	54	76.1%
	HSK 三至四级	17	23.9%
所在地区	1 区	1	1.4%
	2 区	3	4.2%
	3 区	27	38.0%
	4-a 区	11	15.5%
	9 区	13	18.3%
	10 区	9	12.7%
	首都地区	7	9.9%

4.3　问卷信效度检验

4.3.1　信度检验

基于调查问卷获得的数据，我们通过计算克伦巴赫 α（Cronbach's Alpha）系数的值进行信度检验，以测试量表内部的一致性。一般来说，当克伦巴赫 α 系数大于 0.9 时，表示量表内部有高度的一致性；当克伦巴赫 α 系数在 0.7 至 0.9 之间时，表示量表内部有较好的一致性；当克伦巴赫 α 系数低于 0.7 时，表示量表项目与量表之间有高度的不一致，量表需要修改。

表 3 是对调查问卷进行信度检验的结果，克伦巴赫 α 系数为 0.916，大于 0.9，表明所收集的数据信度很高。

表 3　可靠性统计结果

克伦巴赫 α 系数（Cronbach's Alpha）	项数
0.916	26

4.3.2　效度检验

我们又对所收集的数据进行了效度检验。KMO 值为 0.678，大于 0.6；巴特利特球形度测试值为 0.000，小于 0.05，表明调查问卷结构效度良好，如表 4 所示。

表 4　KMO 和巴特利特检验结果

项目		值
KMO 取样适切性量数		0.678
巴特利特球形度检验	近似卡方	1522.567
	自由度	325
	显著性	0.000

表 5 为将问卷数据进行因子分析后得到的旋转后的成分矩阵，用于检验单个题项的效度。从表 5 中可以看出，单维度中所有项目的载荷都在 0.5 以上，通过了效度检验，都是有效问题，说明调查问卷中各个项目均具有良好的有效性。从统计结果来看：量表各因子得分均值都大于 1；各个分量表之间存在显著性差异，说明各题项具有良好的结构效度和区分度。

表 5　旋转后的成分矩阵分布

成分	1	2	3	4	5	6
不提供填空练习	0.905					
不提供生词搭配	0.901					
不提供交际练习	0.897					
不提供语法 / 词汇辨析	0.894					
不提供选择练习	0.883					
不提供典型例句	0.883					
不提供生词拓展	0.871					
不提供判断练习	0.864					

续表

成分	1	2	3	4	5	6
不提供视频讲解	0.853					
不提供 AI 正音练习	0.822					
不提供英语注释	0.709					
不提供汉字注音	0.707					
不提供释义图片	0.692					
提供语法 / 词汇辨析		0.890				
提供生词搭配		0.770				
提供交际练习		0.652				
提供判断练习			0.802			
提供填空练习			0.761			
提供选择练习			0.752			
提供汉字注音				0.815		
提供生词拓展				0.631		
提供视频讲解					0.546	
提供典型例句					0.794	
提供英语注释					0.628	
提供 AI 正音练习					0.571	
提供释义图片						0.739

4.4　学习需求属性归类

4.4.1　归类依据

笔者依据 71 份有效问卷结果，利用 KANO 模型的二维属性矩阵图对 13 个教学要素需求属性进行分类（详见图 4）。其中 A 表示魅力型需求，O 表示期望型需求，M 表示必备型需求，I 表示无差异型需求，R 表示反向型需求。比如，当正向问题选择"非常满意"，反向问题选择"比较不满意"时，表示该要素对学习者来说是魅力型需求；当正向问题选择"比较满意"，反向问题选择"非常满意"时，则表示该要素为反向型需求。

		反向题				
		不喜欢（1分）	能忍受（2分）	无所谓（3分）	理应如此（4分）	喜欢（5分）
正向题	不喜欢（1分）	Q	R	R	R	R
	能忍受（2分）	M	I	I	I	R
	无所谓（3分）	M	I	I	I	R
	理应如此（4分）	M	I	I	I	R
	喜欢（5分）	O	A	A	A	Q

图 4　KANO 模型二维矩阵

4.4.2　归类方法及结果

（1）传统的 KANO 模型归类结果

传统的 KANO 模型属性归类方法首先要分别计算各类要素属性所占的比重，然后将比重最大的需求属性定义为该功能的需求属性，需求属性的比重等于该需求属性的频次与总样本数量之比。由此，根据各教学要素的学生需求属性频次统计结果，笔者在计算各类需求属性比重的基础上，将 13 种教学要素分别归类，得到 13 个教学要素均为魅力型属性。该归类法只考虑了比重最大的属性类别，一般不考虑其他类别上的统计结果，因此当属性频次统计的次高值与最高值比较接近时，难以达到精细化管理的要求。

（2）基于 Better-Worse 指数的归类结果

传统的属性归类可以采用定性的方式确定教学要素需求属性的类别，但无法定量反映某种教学要素提供与否对学生的满意度的影响特征。为此，本文采用 Berger 等提出的满意影响力指数分析法，基于各类需求的属性频次统计数据，计算出 Better 指数和 Worse 指数，对 13 种教学要素的需求属性进行定量归类。Better 指数表示提供某种教学要素提高学生满意的程度，Worse 指数表示不提供某种教学要素引起学生不满意的程度。Better 指数 =（A+O）/ (A+O+M+I)，其值在 0 到 1 之间，值越大表示提供某种教学要素对学生满意度的提高作用越显著；Worse 指数 = −（O+M）/(A+O+M+I)，其值在 −1 到 0 之间，绝对值越大表示不提供某种教学要素对学生满意度的降低作用越显著。

以 SPOC 翻转课堂教学中提供的教学要素"汉字注音"为例，用 KANO 模型分析结果汇总表中的数据，参照 Better-Worse 系数计算方式，利用 A、O、M、I 的调查数据测度 Better-Worse 系数。结果如下：

Better=(79.59+14.29) / (79.59+14.29+0+6.12)=93.88

Worse=−(14.29+0) / (79.59+14.29+0+6.12)=−14.29

由此可以计算出，在 SPOC 翻转课堂教学中，"汉字注音"的满意指数（SI）为 93.88，不满意指数（DSI）为 −14.29。用同样的办法可以计算出所有教学要素的满意指数，详见表 6。

表6　KANO 模型分析结果汇总

功能 / 服务	A	O	M	I	R	Q	Better	Worse
汉字注音	79.59%	14.29%	0.00%	6.12%	0.00%	0.00%	93.88%	−14.29%
英语注释	77.55%	10.20%	0.00%	8.16%	4.08%	0.00%	91.49%	−10.64%
释义图片	79.59%	14.29%	0.00%	4.08%	0.00%	2.04%	95.83%	−14.58%
典型例句	75.51%	20.41%	0.00%	4.08%	0.00%	0.00%	95.92%	−20.41%
语法 / 词汇辨析	79.59%	14.29%	2.04%	4.08%	0.00%	0.00%	93.88%	−16.33%
生词搭配	77.55%	16.33%	2.04%	4.08%	0.00%	0.00%	93.88%	−18.37%
生词拓展	75.51%	16.33%	2.04%	6.12%	0.00%	0.00%	91.84%	−18.37%
视频讲解	73.47%	18.37%	4.08%	4.08%	0.00%	0.00%	91.84%	−22.45%
填空练习	69.39%	12.24%	2.04%	16.33%	0.00%	0.00%	81.63%	−14.29%
选择练习	67.35%	12.24%	0.00%	20.41%	0.00%	0.00%	79.59%	−12.24%
判断练习	67.35%	14.29%	0.00%	18.37%	0.00%	0.00%	81.63%	−14.29%
AI 正音练习	79.59%	16.33%	0.00%	4.08%	0.00%	0.00%	95.92%	−16.33%
交际练习	75.51%	18.37%	2.04%	4.08%	0.00%	0.00%	93.88%	−20.41%

参考表 6 的 Better-Worse 系数值，可以得出所有教学要素点所在坐标位置，由此深入分析学生对 SPOC 翻转课堂教学提供的各教学要素的满意度，结果如图 5 所示。

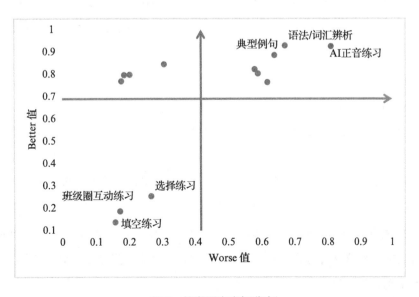

图5　教学要素坐标分布

图 5 展示了各教学要素的坐标情况，当功能散点的 Worse 值的绝对值和 Better 值均高于平均值时，就代表该教学要素需求度越高，如图 5 中的 AI 正音练习、典型例句、语法 / 词汇辨析，也就是说，若能在教学中提供这些教学要素，则将有助于学生的汉语学习。调查对象汉语水平大部分为 HSK 一至二级，水平较低，汉语学习能力不够，在学习过程中，对这 3 个教学要素的需求更高，若优先提供这 3 个教学要素，便可以更好地帮助学生理解教学内容，提高学习效率。

五、SPOC 翻转课堂的学习需求分析及教学建议

5.1 期望型属性需求分析及教学建议

在 SPOC 翻转课堂教学中，AI 正音练习、语法 / 词汇辨析、生词搭配、生词拓展、典型例句、交际练习、视频讲解属于期望型需求。由图 5 可知，期望型属性的特点是 Better 系数和 Worse 系数均比较高。如果在线上教学中提供上述教学要素，将会提高学生的满意度；反之，则满意度降低。因此，在教学条件允许的情况下，应优先提供这些教学要素。

AI 正音练习、典型例句、视频讲解、交际练习这几个教学要素在线下课堂中没有得到充分的体现。比如，线下课堂的正音练习多为教师领读，为了完成教学任务，一堂课教师领读次数有限。在我们观察的课堂教学中，一节课生词领读平均三次，学习生词前一次，讲解完生词一次，课堂小结一次；讲语法时领读句子平均一个句子一次；讲课文时一篇课文领读一次。线下课堂一般为大课，学生为 20～30 人不等，教师没有办法一一纠正学生发音，朗读的时候可能存在某些学生发音不标准而教师没有发现，或者教师发现了但没有足够的时间进行正音的情况。

SPOC 翻转课堂教学很好地弥补了这一不足。首先，它提供精编教学视频，有需要的话，学生可以不受时间、空间或地域的限制反复观看。视频教学内容与课程内容相同，并有部分延伸教学，无论是释义图片还是典型例句，学生都可以进行复习。其次，SPOC 智慧平台引入 AI 技术，在课前预习和课后练习中提供 AI 正音练习功能，允许学生根据自己的学习需要选择 AI 正音练习，然后自动识别并纠正语音。第三，SPOC 智慧平台将线上学习与线下作业相结合。通过线上答疑讨论，让教师及时了解学生对知识点的掌握情况；通过布置课后作业，鼓励学生完成课外拓展题。在典型例句展示中，SPOC 翻转课堂教学形式包括典型例句发音、汉字注音、释义图片等，加强了教学要素之间的联系。交际练习也有多种形式，可提供具体的情景对话练习等。

5.2　魅力型属性需求分析及教学建议

英语注释、释义图片、汉字注音这三个教学要素属于魅力型需求，其特点是 Better 指数高、Worse 指数低，表明在教学中若提供这些教学要素，将会提升学生的满意度；若不提供，满意度也不会因此下降。可见，在教学中如果能提供这些教学要素，会达到事半功倍的效果。所以，教师应加强上述要素的使用，以提升学生满意度。

在线下课堂教学中，一些教师不喜欢制作 PPT，因为需要花费大量时间。在不使用多媒体教学的情况下，要在教学中提供释义图片，只能通过打印图片或者看教材中提供的图片，不仅不方便，而且图片单一，甚至一些教材中的图片落后于现在的实际发展水平，容易误导学生。在 SPOC 智慧课堂教学中提供图片，可以让学生更直观地理解学习内容，增加课堂的趣味性，并且可以将课堂中出现的释义图片放在课后练习中再次学习，加深印象。互联网让我们可以更加方便地找到类似的释义图片，在练习中还可以进行图片替换。在笔者观察的线下课堂中，汉语教师通常对一些具体的事物词语，如"苹果""桌子"等实词，习惯使用英语直译，对一些比较抽象的词语，往往不使用英语注释。在教学中适当使用英语翻译或注解，可以提高教师的教学效率，学生也能更充分地理解学习内容。尤其是初级阶段，在学习者汉语水平较低的情况下，英语注释十分重要。本次调查对象主要是初级阶段的学生，他们对释义图片、英语注释、汉字注音三个要素的需求十分高，提供以上要素可以提高学生对课程的满意度。因此，在 SPOC 教学中，我们应该重点关注这类要素。

5.3　无差异型属性需求分析及教学建议

选择练习、填空练习和判断练习属于无差异型需求，其特点是 Worse 指数低、Better 指数低，意味着这些要素不管线上教学是否提供，对学生的满意度影响均较小。但是，随着线上教学的发展，学生对汉语学习需求会发生变化，教学要素也可能按照 I—A—O—M 的方向演变。目前看来，这些教学要素需求不大，但不代表以后也是低需求，所以教师要及时了解学生需求，做出相应的调整。

线下课堂不管是讲生词、讲语法还是讲课文，都要运用选择、填空、判断来训练，因为这三种题型都是比较传统的练习方式。但是传统练习缺少趣味性，所以学生做练习的积极性不是很高。把线下练习转移到线上后，可以充分利用 SPOC 智慧平台弥补线下课堂的不足。例如，SPOC 智慧平台利用 AI 技术将题型多样化，并提供 AI 正音练习、自动发音识别和多次跟踪功能，对想要提高口语水平的学生非常友好。通过这种学习模式，学生能够获得更好的学习效果。同时，SPOC 智慧平台还能帮助教师对教学内容做出调整，优化课堂教学效果，从而提高教学质量和效率。

六、结语

本文采用 KANO 模型归类、Better-Worse 指数分析等定性、定量研究方法，将国际中文教学与 SPOC 翻转课堂教学模式和 KANO 模型相结合，分析 SPOC 翻转课堂教学中各教学要素的学生满意度，在一定程度上丰富了国际中文线上教学形式，弥补了现有研究的不足，同时可以为 SPOC 翻转课堂教学提供参考依据。

参考文献

公婷薇 . 基于 Kano 模型的中职旅游专业学生课堂满意度研究 [D]. 济南：山东师范大学，2020.

何蔚珊 . 基于 Kano 模型的线上学习 app 交互界面适老化设计研究 [D]. 广州：华南理工大学，2020.

狩野纪昭，李玉潭 . 日本质量管理的发展过程与问题 [J]. 现代日本经济，1984（6）：47-51.

束定芳 . 外语教学改革 [M]. 上海：上海外语教育出版社，2004.

王锐，王锦萱，罗仙平 . 学习评论视域下基于 KANO 模型的线上课程质量影响因素分析 [J]. 黑龙江高教研究，2021（10）：155-160.

谢寒梅 . 在线教育情境下视频的交互模式研究 [D]. 北京：北京邮电大学，2018.

赵香芹 . 基于 Kano 模型的编程语言线上学习平台功能需求分析 [J]. 包装工程，2022（18）：271-278.

朱红灿，段港平 . 基于 Kano 模型的在线课堂学习体验关键要素研究 [J]. 广西师范大学学报（哲学社会科学版），2021（3）：74-85.

ARMANDO F. From MOOCs to SPOCs [J]. *Communications of the ACM*, 2013 (56.12): 38-40.

BINDLEY G. The role of needs analysis in adult ESL program design [C]. In: JOHNSON R K.*The Second Language Curriculum*. London: Cambridge University Press, 1989.

后疫情时代线上汉语教学师生互动话语研究 [*]

刘露翌　暨南大学华文学院

摘　要 在线下课堂中，课堂的互动发生于师生及生生之间，互动途径除了依赖话语，还具有多模态的特性，由多种模态共同构建而成，师生之间的互动形式以面对面的言语和非语言形式为主。而在线上课堂中，互动情境转变为互联网环境，网络交互要素的增加，使得教师话语量的比重增大；加上教师提问对象的特定性以及时间损耗增多，师生话轮转换机制发生了变化，教师成为主要的话轮开启者和终结者。对此，本文提出了网络三元交互型教学模式的构想。

关键词 后疫情时代　线上汉语教学　师生互动　话语研究

一、引言

目前，线上教学已经进入到全新的应用时代。从多媒体技术在课堂中的应用到多模态教学的形成与发展，信息技术在对外汉语教学中所占的比例逐渐提高。疫情时期，在国家"停课不停学"的号召之下，各大高校都在已有的线上教学资源基础上，探索并建立起自己的线上教学体系。虽然线上教学已然进入高速发展期，但"互动"仍然是线上教学过程中的难点之一。在强调课堂交流与互动的语言教学，尤其是线上口语教学中，存在实现互动手段少、难度高的问题。尽管在教学过程中，教师与学生都通过自身的主观努力尽量减少远程教学对汉语学习本身的影响，但效果仍有待提高。因此，线上教学互动研究成为学术界关注的热点。

本文对线上汉语综合课的互动进行观察，包括话语量、教师提问、话语模式、交互调整策略和多模态话语特点，由此分析线上汉语教学课堂的互动情况，以期为线上汉语教学互动水平的提高提出可行性建议。

---

* 本文是教育部中外语言交流合作中心国际中文教育青年课题"网络三元交互型线上汉语教学模式应用研究（20YH08D）"的研究成果。

二、研究设计

2.1 研究目的

本研究利用客观量表对线上汉语课堂进行观察、录制和文本转写，并对结果进行量化分析，客观展示汉语教师在线上教学课堂的互动情况，最后提出问题和建议。

2.2 研究方法

本研究主要采用课堂观察法和访谈法。首先对三位教师的课堂进行观察，观察内容为教师采用线上教学模式的课堂互动情况。其次，对课堂教学录制视频进行转写，并对转写的材料进行分类编码。再次，利用 COLT（Communicative Orientation of Language Teaching）量表[①]，结合课堂观察的结果和编码的材料对线上汉语课堂话语互动的特点进行归纳。最后，采用访谈法，了解授课教师和学生对课堂互动情况的反馈，分析线上课堂话语互动特点产生的原因，为线上汉语课堂话语输入和输出水平的提高提供建议。

2.3 研究对象

本次研究对象是国内某高校三位中文教师的线上汉语教学情况，我们观察了这三位教师教授的初、中、高级综合课课堂，并对课堂进行录制。三位教师的本科和研究生专业均为汉语国际教育，她们系统学习过汉语基础知识、中国文化、教育心理学、第二语言教学法、第二语言习得理论等课程，并且都担任过海外孔子学院汉语教师，具备丰富的教学经验。课堂所用教材均为《发展汉语》，具体情况如表 1 所示。

表 1　课堂观察对象的基本情况

教师	性别	所教班级	学生汉语水平	教学内容
T1	女	汉语培训班	HSK 级	《发展汉语·初级综合 1》
T2	女	中文本科大一	HSK 级	《发展汉语·中级综合 1》
T3	女	中文本科大二	HSK 级	《发展汉语·高级综合 1》

2.4 研究过程

本研究采用定量与定性分析相结合的方式考察课堂互动情况。我们一共收集了三位熟手

---

① COLT 量表 1984 年由 Nina Spada、Maria Fröhlich 和 Patrick Allen 提出，是第二语言教学的课堂观察工具。

教师汉语综合课的课堂录制视频，共三次课，每次 90 分钟。首先，对三位老师的课堂进行随堂听课，做好课堂观察记录；其次，根据课堂话语和课堂互动项目对语料进行归类统计和量化分析；最后，得出研究结果，提出思考和建议。

2.5 课堂互动话语分析维度

我们选取 COLT 量表 B 部分的观察项，结合教师话语分析维度的具体项目，在侧重考察教师话语输入的同时，添加了教师运用网络三元交互教学模式的交互项目。该量表包括观察对象、线上交互、教师话语、学生话语四大项，每个大项又细分为若干小类。具体如表 2 所示。

表 2　课堂互动话语观察量表

观察对象	课型			
	学生水平			
	教师人数			
	学生人数			
线上交互	课前交互 课堂交互 课后交互	运用多媒体资源		
		运用授课平台互动工具		
		网页开发工具		
教师话语	目标语选择			
	教师提问	提问类型	参考性	
			展示性	
		等待时间		
	教师反馈	反馈方式		
		协商手段		
学生话语	目标语选择			
	句长			
	话语控制			

三、线上汉语教学师生互动话语分析

3.1 师生话语量

在对外汉语教学课堂中，教师话语是课堂话语的重要组成部分，占据相当大的比重。教师话语既是引导学生学习的主要方式，也是学生汉语输入的有效途径之一。教师话语量越多，学习者的话语时间必然越少，学习者运用目的语进行输出的机会也就相应减少，因此这也是衡量教师话语互动性和有效性的指标之一。三组课堂的话语量统计如表 3 所示。

表 3 师生话语量统计

总时长（分钟）	教师话语平均量		学生话语平均量		交互活动平均量	
	时长（分钟）	比重（%）	时长（分钟）	比重（%）	时长（分钟）	比重（%）
265	159	60.00	79.5	30.00	26.5	10.00

可以看出，在线上汉语课堂中，教师的话语量远远多于学生的话语量，这主要是因为教师作为线上课堂的唯一发起者，对师生话语的发起、维持和结束具有控制权，且由于线上教学互动性减弱，教师需要在交际空白时刻承担起话语发起和维持的责任，因此大大增加了教师话语量的比重。

3.2 教师提问

Brown（1994）认为，当学生因语言程度不足而无法维持与教师的言语互动时，教师提问就是课堂语言互动的脚手架，能够给学生提供说话的机会和动力，降低学生开口的焦虑。线上汉语学习模式与线下不同，学生很可能因为不熟悉操作软件、网络延迟和羞于开麦表达而较少主动引发课堂话语，提问就成为教师引导学生参与课堂互动的教学技巧之一，适时、有效的提问是提高互动效率的方式。

根据 Long & Sato（1983）对教师课堂提问的分类，可以将问题分为两大类：展示性问题（display questions）和参考性问题（referential questions）。展示性问题指提问者已经知道答案的问题，而参考性问题则指提问者并不知道答案的问题。李少平（2014）在已有研究的基础上增加了新的分类，将课堂提问分为两大类：认识性问题和回应性问题。认识性问题包括参考性问题和展示性问题，回应性问题多用来重复话语或确认已理解的内容。

下面从提问类型、问题分配和等待时间三方面对教师提问进行分析。

3.2.1 提问类型

表4 教师提问情况统计

水平		初级		中级		高级	
教师		T1		T2		T3	
提问数量（次）		98		112		125	
问题数量与比重		数量（次）	比重（%）	数量（次）	比重（%）	数量（次）	比重（%）
提问类型	回应性	31	31.60	28	25.00	30	24.00
	展示性	55	56.10	62	55.40	64	51.20
	参考性	12	12.20	22	19.60	31	24.80
问题分配	齐答	5	5.00	2	1.80	4	3.20
	点名	59	60.20	73	65.20	68	54.40
	自愿	10	10.20	16	14.30	23	18.40
	自问自答	15	15.30	10	8.90	16	12.80
	交互操作提问	9	9.20	11	9.80	14	11.20

从表4可以看出，初级班、中级班和高级班的教师课堂提问数量逐级上升。从提问类型上看，展示性问题在所有老师的课堂中占比最高，平均约为54.2%；其次是回应性问题，平均占比约为26.9%。汉语水平越低，学生掌握的语言项目、词汇表达越有限，教师无法提出超过学生已知范围的问题，因此回应性问题的占比也就越高。占比最少的是参考性问题，平均占比为18.9%。汉语水平越高，参考性问题的占比也就越高。下面结合语料举例说明。

（1）提问类型

T2：同学们，这词怎么读？（PPT展示"婚礼"一词）【展示性问题1】

SS：婚礼。（个别同学回答）

T2：很好。大家看这张照片，这是婚礼，那这个女生我们叫她……【展示性问题2】

S：新娘。

T2：对！新娘。那这个男生是……【展示性问题3】

S：新郎。

T2：那同学们，你参加过婚礼吗？什么时候？谁的婚礼？【参考性问题1】

SS：（陷入沉默）

T2：好，我请A同学来回答一下。

SA：我参加过婚礼，是我姐姐的婚礼。

T2：嗯，姐姐的婚礼。那是什么时候呢？【参考性问题2】

SA：嗯……是三年以前。

T2：非常好，三年以前，你参加过姐姐的婚礼。

这个例子展示了中级班教师提问话语中出现的展示性问题和参考性问题。针对"婚礼"一词，延伸出"新郎"和"新娘"进行拓展学习，当学生通过教师展示的图片进入该情境后，学生会倾向于主动回答问题，进行有效输出。

3.2.2　问题分配

在问题分配上，使用频率最高的是点名提问的方法，平均占比为60%；学生自愿回答的情况主要发生在高级班，随着汉语水平的提高，自愿回答的比重也相应提高；初级班出现了自问自答的形式；最不常采用的就是齐答的形式。教师运用自问自答的形式主要是对已学知识加以强调或对新知识加以阐释，借此吸引学生的注意力。比起指定学生回答问题的形式，这一形式相对来说更加节省时间，但同时，这也减少了学生进行思考和语言输出的机会，使课堂的互动性降低。在后期访谈中我们了解到，教师自问自答的原因主要是：在线上教学中，学生自主决定是否开麦，对于自己不知道或者不确定的答案，学生不敢或者不愿意打开麦克风回答，课堂经常陷入无人回答的情形，教师等待一段时间后，意识到学生可能存在理解障碍，就会进一步引导，若继续无效，则采用自问自答的形式。例如：

（2）问题分配

T2：我们看，"特"作为一个语素，可以组成什么词？

SS：……（沉默）

T2：老师来举个例子，比如，特别……

SS：特点、特地。

T2：非常好，那旅游的时候，我们可以买……（指着"特产"）

SS：特产。

T2：对！那什么是"特产"呢？

SS：特别的产品？

T2：什么样的产品呢？什么时候买？

SS：……

T2：老师告诉你们啊，旅游的时候，我们要买当地有特色的食物带回来，对不对？比如，北京的特产是什么？

S：烤鸭。

T2：对，烤鸭就是北京的特产。

在上面的对话中，教师发起了理解"特产"含义的话轮，由于学生的水平和理解障碍，出现了表达错误或者沉默的现象。教师本应在教学过程中起到监控和支持的作用，但是受限于线上教学环境，无法还原实际的情况，为了保证交际的顺利进行，教师只得采取自问自答的提问方式。

3.2.3 等待时间

Rowe（1986）将等待时间分为两类。第一类等待时间是学生回答老师提问之前的等待时间。教师提问后，学生会针对问题进行反应、思考并组织答案。这类等待时间取决于老师给予思考的时间长短。第二类等待时间指的是在学生开始回答之后直到教师或其他学生对其答案进行反馈的时间间隔。学生回答以后，如果教师给予更多的构思、修正或者完善答案的时间，那么这类等待时间就会变长。这两类等待时间总量的均值统计如表5所示。

表5 等待时间统计

等待时间均值	T1	T2	T3
第一类等待时间平均值（分钟）	10	8	7
第二类等待时间平均值（分钟）	12	9	9

从以上数据中可以发现，随着汉语水平的提高，教师的提问等待时间会减少，因为学生的回应速度会加快。三位老师的课堂提问等待时间普遍较长，主要原因是与线下课堂相比，线上教学中最大的难题就是因网络技术、设备故障导致的课堂停顿。同时，为了保证良好的教学环境，教师都是先让全体学生保持静音状态，只有在学生回答问题时，才打开麦克风。而每次回答都需要经历"接收—点击—回答"这样的过程，再加上网络延迟的影响，等待时间会普遍长于线下课堂。为了不影响课堂听课体验，如果遇到网络延迟，学生长时间没有回应，通常教师会更换学生提问，而导致提问等待时间延长。这种被动延长的时间可以算作"课堂损耗时间"，即由非主观因素导致的、相对固定的课堂时间占用（胡旭辉，2021）。例如：

（3）提问等待时间

T3：看完这篇文章，"Soho"一族的生活有什么优点和缺点？

SS：……（等待5秒）方便……（等待3秒）

T3：方便，还有呢？

SS：……（等待3秒）节约时间。

T4：上下班不用等交通，可以节约时间，对。对生活和工作，都有什么优缺点？

SS：……（沉默）

上例中的学生在组织答案时，教师进行了提示和引导，以尽量填补学生沉默的空隙，但这会在某种程度上打断甚至阻碍学生的思考，或者说，学生并未获得足够的教学支架来支持自己的口语表达，因此输出的都是碎片化的词语或短语，脱离了真实的交际情境。

3.3 话语模式

Sinclair & Coulchard（1975）学派提出了课堂话语模式是 IRF（Initiation—Response—Feedback），即"教师引发—学生回答—教师评价"。根据教师提问和反馈策略的选择，IRF模式衍生出了其他变体，也就是比 IRF 结构更为复杂的会话结构，既有针对语言正确性的操练，也有真正意义上的话语交际活动。语料统计见表6。

表6　互动话语模式统计

话语模式	T1		T2		T3	
	数量（次）	比例（%）	数量（次）	比例（%）	数量（次）	比例（%）
IRF 结构的会话	64	67.00	60	60	57	47.50
复杂结构的会话	32	33.00	40	40	45	52.50

如表6所示，随着汉语水平的提高，教师会采用更多复杂结构的会话。在线上课堂中，教师在很大程度上控制着课堂，大部分的会话都由教师发起，主要原因就是学生在线上直播平台中很难成为发起话轮的主体，话语产生的语境缺乏真实性，这种不真实来自教师和学生无法预知谁将成为下一话轮的发起者，以至于学生为不影响课堂而选择闭麦，听从教师引导。例如：

（4）课堂会话模式

T1：你们参加过夏令营吗？（教师引发）

　S：参加过。（学生应答）

T1：很好，参加过。（教师反馈）

3.4 交互调整策略

在第二语言课堂中，理想状态是师生之间能达到充分的理解和有效的交流，这对线上课堂来说更加困难。当师生之间存在理解和交际障碍时，教师往往会针对实际语境采取交互调整策略。对外汉语课堂教学中常用的交互调整方式包括理解核实、澄清请求、确认核实、重复、修正问题和语音调整。考虑到线上汉语课堂的实际情况，我们将交互工具辅助也考虑了进去。交互调整策略情况见表7。

表7　交互调整策略统计

交互调整策略	所占比例（%）		
	T1	T2	T3
理解核实	20.00	21.30	26.10
澄清请求	12.50	20.00	10.00
确认核实	20.50	22.50	24.70
重复	20.00	24.00	21.20
修正问题	5.10	7.70	4.90
语音调整	4.60	5.50	6.20
交互工具辅助	7.30	6.00	6.90

从表7可以发现，三位老师使用理解核实、确认核实和重复的交互策略较多，交互工具辅助的均较少，说明教师对促进意义协商和线上交互的运用还不够灵活、多样，教师并未真正将线上线下课堂的交互特点区别开来，仅仅是将线下课堂的交互策略搬到了线上，但由于缺乏真实的语境和非语言交际因素，有些交互策略很难灵活运用，例如：

（5）交互策略

T3：V着V着表示一个动作还在进行，另一个动作就出现了。比如，雨下着下着，_____，你们觉得应该怎么填？（等待5秒）于丽可以说一下吗？

S：老师，您可以再说一遍这个问题吗？

T3：V着V着表示一个动作还在进行，另一个动作就出现了。比如，雨下着下着，_____，后边应该怎么写？（重复）

S：雨下着下着，车子……（网络中断）

T3：雨下着下着，车子……怎么样？（理解核实）

S：……（沉默）

T3：于丽还在吗？

S：……（等待3秒）我在，雨下着下着，车子开过来。（声音断断续续）

T4：雨下着下着，车子开过来了。对吗？（理解核实）

S：对。

以上例子是一个非常典型的在网络延迟和语音中断的情况下，学生回答和教师交互策略使用的情况。教师使用了重复、理解核实的交互策略来确认学生的答案，但这种确认并不是因为答案本身不明确，而是因为网络技术故障导致交际不畅，教师必须多次重复和确认核实才能保证交际的顺利进行。

3.5 多模态话语特点

线上汉语教学模式要求教师在课堂上尽可能地调动多种感官和符号资源来完成教学目标，提高教学质量。因此，多模态话语变得尤为重要，即教师要在课堂上借助图像、动作、颜色等多种符号资源，与语言符号共同进行话语意义的构建。

3.5.1 符号多样性

在线下课堂中，教师调用的模态主要有三类：听觉模态、视觉模态和空间模态。在线上课堂中，教师调用最多的是听觉模态和多媒体视觉模态，因为师生双方都无法感知到空间和主体。线上汉语课堂尽管可以增强教师在师生关系中的权威性，但是因授课时间和地点的限制，无法与学生建立起亲近关系。

3.5.2 符号协同性

通过对文字、图片、音乐、视频等多种符号的协同运用，可以调动学生在学习过程中的感官体验，教师制作的 PPT 能够辅助学生理解教学内容，对专项语言能力开展针对性训练活动。其局限性在于，只能在设计课程时提前安排各种符号的运用，但是对其效果无法预测。

四、网络三元交互型线上汉语教学模式的构建

为了提高线上教学的互动效率，本研究提出构建一种交互型汉语教学模式，即网络三元交互模式。该模式主张，学习共同环境交互、教学要素交互、操作与技术交互是线上新型教学模式的关键要素。学习环境关注师生互动场所的构建，教学要素注重课堂互动的要素参与，操作与技术关注线上教学能否有效实现（刘露翌，2022）。

4.1 学习共同环境交互

为充分打造学习的共同环境，应该立足教学资源共享的理念，嵌入技术工具和学习任务、技术功能和学习目标。整个环境既是一个学习服务的提供平台，又是一个教学资源的组织平台。教学资源包含课程资源和学习资料，是传统教学资源的数字化形式。教学服务包括在线教学、讨论区、资源上传与共享、批改等。同时，二语学习环境的构建应当以二语学习理论为指导，考虑教学法、课堂交互、技术支持和教学情境等要素，充分发挥课堂的交互作用（丁继红等，2015）。

学习共同环境框架由三部分组成（如图 1 所示），分别是学习社群、课堂交互和技术支持。首先要建立一个基本的学习社群，其功能包括直播、教学、课堂管理和资源共享。课堂

交互是指能够促进教学进程的交互活动，包括稳定安静的交互环境、有效的交互活动和实用的互动工具。这是最关键的部分，因为线上教学要最大化促进师生交互和生生交互，激励学生开口说汉语，进行会话协商。技术支持是指技术对线上教学的支持能力，包括互动工具的有效性和时效性、多媒体的及时调度。

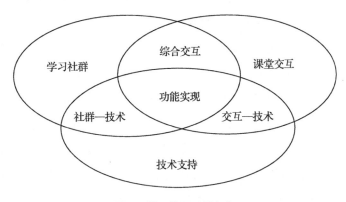

图 1　学习共同环境框架

4.2　教学要素交互

在网络三元交互的过程中，教学要素交互包括三个部分：教师、学生和学习资源。无论教学环境如何改变，师生之间的交互是教学过程中最根本的一环，线上教学亦是如此。首先是教师和教学资源的交互作用。教师作为学习资源的设计者和组织者，要将教学意图、对学习者的支持服务都渗透进教学资源中，以帮助学生应用知识、练习技能和语言交际（覃碧月，2021）。当教学资源呈现出来之后，教师需要帮助学生与这些教学资源进行整合。

其次是学生和学习资源的交互。这种交互发生在学生利用学习资源的个别化学习过程中，其本质其实是学生与教师交互的特殊形式，因为学习资源是由教师组织或开发的，是教师思想的具体代表。在传统线下课堂中，学生的学习资源主要是纸质教材和学习资料，学生与媒体界面交互并不明显，这时交互表现为学习资源和学生是单向传输的，即教学资源指向学生。而在线上教学的课堂中，从表面上看，学习资源还是单向指向学生，但是二者之间发生了概念交互的作用。

最后是学生之间的交互。线上教学最需要关注的就是，在实时通信平台的帮助下，如何实现学生个体和学习集体的互动。目前的线上教学中，学生之间最主要的交互形式是自由研讨和任务型协作学习。线上教学应当借助教学插件、游戏、学习平台等同步交互方式和社群、共享平台等异步交互方式来促进学生之间的交流。

4.3　操作与技术交互

郑艳群（2014）强调，通过技术手段构建的教学环境能为学习者带来更多的感官刺激，增强现实性。操作与技术交互环节旨在提高语言环境的现实性，表现为教师操作互动工具，学生接收交互过程且可以自主操作技术工具达到交互效果。学生必须先熟悉学习社群所有的交互工具，才能顺利完成交互任务。这就需要选择一款合适的教学软件。首先，教学软件要做到直播流畅，音视频不卡顿，保证良好的课堂体验。其次，丰富实用的教学工具要满足以下几个基本功能：一是注释功能，除了使用鼠标操控的基本的笔、文字、指示棒之外，还有图形和标记工具；二是白板功能，可以导入不同的纸张格式，如横线、田字格、拼音线，可以书写不同的文字内容；三是共享功能，共享时依然可以自由使用任意一种互动工具而不影响共享画面；四是奖励功能，根据学生的回答情况，可以分发奖杯、红花和分数；五是互动工具，比如计时器、答题器等。最后是利用平台交互工具创建课程任务。教师要根据教学大纲确定本次课程的教学目标，根据这个教学目标，把教学内容进行分解，然后进行教学视频、打卡任务、讨论话题的制作和发布，并将视频和问题共享到教学平台上，要做到课前发布任务、课中互动和课后总结。

五、结语

通过大量语料分析和数据统计，我们发现网络环境的不稳定和交互技术的不熟练导致课堂交互性不足，教师话语量较多，教师控制的比例较大。教师提问类型倾向于回应性和展示性问题，参考性问题比例不高。在问题分配上，使用最多的还是点名，在交互调整策略上，使用最多的是重复、确认核实和理解澄清，其中包括多于普通课堂的时间损耗。师生会话模式倾向于简单的 IRF 模式，教师是话轮的主要引发者。线上汉语教学模式会成为未来主流的汉语教学模式之一，线上课堂的交互性也将是国际中文教育学界持续探讨的话题。因此，本文提出了构建一个网络三元交互型教学模式的设想，但如何进一步提升课堂交互质量是我们未来努力研究和拓展的方向。

参考文献

丁继红，熊才平，刘静，等 . PST 视域下教师社群学习的模式的分析与重构 [J]. 远程教育杂志，2015（3）：33-40.

胡旭辉 . 同步线上和线下对外汉语教师提问对比与课堂时间损耗问题研究 [J]. 云南师范大学学报（对外汉语教学与研究版），2021（2）：56-64.

李少平 . 汉语课程课堂提问调查分析 [J]. 新疆教育学院学报，2014（2）：9-13.

刘露翌 . 网络三元交互概念下的线上汉语教学模式构建 [J]. 汉字文化，2022（S2）：193-194.

覃碧月 . 多元互动模式下汉语中级口语线上教学研究 [D]. 上海：上海外国语大学，2021.

郑艳群 . 技术意识与对外汉语教学模式创建 [J]. 华文教学与研究，2014（2）：14-18.

BROWN H D. *Teaching by Principles: An Interactive Approach to Language Pedagogy* [M]. New Jersey: Prentice Hall Regents, 1994.

LONG M H, SATO C J. *Classroom Foreigner Talk Discourse: Form and Function Teachers' Question* [M]. Boston:Newbury House, 1983.

ROWE M B. Wait time: Slowing down may be a way of speeding up! [J]. *Journal of teacher education*, 1986, 37 (1): 43-50.

SINCLAIR J M, COULTHARD R M. *Towards An Analysis of Discourse: The English Used by Teachers and Pupils* [M]. London: Oxford University Press, 1975.

中文与文化国际传播研究

非洲马拉维共和国孔子学院可持续性发展策略研究 *

格桑央京　中央民族大学国际教育学院

摘　要　本文对马拉维大学孔子学院目前存在的问题进行了全面分析，深入研究其可持续性发展策略。调查研究发现其在师资、教材、课程、管理、评价机制等方面存在问题。在此基础上，本文提出针对马拉维大学孔子学院可持续发展的六条具体策略：推动教学活动"本土化"进程；形成"线上+线下"混合教学模式；优化文化传播形式，促进中马文化互学互鉴；建设具有非洲特色的品牌型孔子学院；抓住机遇，转型升级；完善评估体系，与国际标准接轨。

关键词　非洲　马拉维共和国　孔子学院　可持续发展　策略研究

一、引言

新中国成立以来，中非双方合作形式趋于多样化，合作所涉及的领域也在不断扩大，中非关系日益密切。1955年举办的亚非"万隆会议"、1976年坦赞铁路的建成与通车、2005年的中非教育部长论坛、2018年的中非合作论坛峰会等共同开启了中非关系的新局面，这也成为非洲孔子学院建立和发展的特殊背景。特别是2005年11月《中非教育部长论坛北京宣言》[①]中提到：在未来的发展中，中国将继续加强与非洲国家之间的教育交流与合作。同年12月，在中非双方的共同推进下，肯尼亚内罗毕大学孔子学院揭牌成立，非洲迎来了其第一所孔子学院。肯尼亚内罗毕大学孔子学院的诞生是中非在教育方面交流与合作的最新成果，也是中非深厚情谊的有力见证。自非洲第一所孔子学院成立至今已近20年，其间非洲有越来越多的国家对在本国建立孔子学院表示热烈欢迎和殷切期待，并相继对中国建立孔子学院发出了热情诚挚的邀请。2021年11月相关官方数据显示：非洲54个国家中，建立孔子学

---

* 本文是教育部中外语言交流合作中心2021年国际中文教育研究课题"非洲马拉维共和国孔子学院发展策略研究"（21YH29C）的研究成果。

① 参见《2005中非教育部长论坛北京宣言》，网址为：https://www.edu.cn/edu/shi_ye/news/200603/t20060323_151274.shtml。

院的就达到了 46 个，这 46 个国家共创建孔子学院 61 所、孔子课堂 48 个。另外，在非洲一些国家政府的大力支持下，截至 2022 年 4 月，将汉语纳入国民教育体系的非洲国家已经有 16 个。[①] 在近几年的发展过程中，非洲孔子学院坚持与当地政府友好合作，从实际出发，开展中国与非洲的友好交往和自身建设，在教育部中外语言交流合作中心（以下简称"语合中心"）的指导下积极创新，突出地方办学特色，积极构建适合非洲特点的可持续发展的办学模式。本文拟在分析非洲马拉维共和国孔子学院发展动因和现状的基础上，思考当前存在的问题，提出解决办法，探讨非洲孔子学院建设和发展的有效途径。

二、非洲马拉维共和国孔子学院发展现状

2.1 马拉维大学孔子学院建立背景

马拉维和中国于 2007 年 12 月 28 日正式建立外交关系。马拉维大学孔子学院由语合中心和马拉维大学于 2013 年 8 月签订合作协议建立，中方承办院校是对外经济贸易大学。2016 年 8 月 12 日，马拉维大学孔子学院在位于马拉维首都利隆圭的马大护理学院举行揭牌仪式。目前，马拉维大学孔子学院的发展模式为"一院多点"式。截至 2022 年 4 月，马拉维大学孔子学院共有汉语教师志愿者 17 位、教学点 22 个；15 个教学点保持正常开课状态，其中，中部 8 个，北部 1 个，南部 6 个，如表 1 所示。

表 1　马拉维大学孔子学院各教学点所在学校的性质及学校类型

地点	学校名称	学校性质	学校类型
中部 （利隆圭）	中马友谊小学（MALAWICHINA Friendship Primary School）	公立	小学
	蒙切西小学（Mchesi L. E. A. School）	公立	小学
	穆奎奇中学（Mkwichi Secondary School）	公立	中学
	利隆圭学院（Lilongwe Academy）	私立	幼儿园、中小学
	牧羊人国际学校（Good Shepherd International School）	私立	幼儿园、中小学
	卡姆祖护理学院（Kamuzu College of Nursing）	公立	大学
中部 （利隆圭）	大洋医学院（Deayang University）	私立	大学
	马拉维管理学院（Malawi Institute of Management）	公立	大学

---

① 参见《新时代的中非合作》，网址为：https://www.gov.cn/zhengce/2021-11/26/content_5653540.htm。

续表

地点	学校名称	学校性质	学校类型
北部 （姆祖祖）	姆祖祖国际学院（Mzuzu International Academy）	私立	幼儿园、中小学
南部 （布兰太尔）	圣安德鲁斯国际学校（Andres International School）	私立	幼儿园、中小学
	马拉维科技大学（Malawi University of Science and Technology）	公立	大学
	马拉维旅游学院（Malawi Institute of Tourism）	公立	职业学校
	理工学院（The polytechnic）	公立	大学
南部 （松巴）	大臣学院（Chancellor College）	公立	大学
	哈利爵士国际学校（Sir Harry Johnston International School）	私立	幼儿园、中小学

马拉维大学孔子学院的汉语教学点分布在马拉维的四大中心城市，覆盖率高。其中，教学点主要分布在中部，即首都利隆圭；教学点所在的学校以公立学校为主，比例高达 53%；高等院校和中小学院校比例均匀，分别为 53% 和 47%。由此可知，马拉维大学孔子学院的教学点覆盖主要城市，教学点性质以公立为主。

2.2 汉语课程设置

在课程设置方面，马拉维大学孔子学院结合实际需要，为当地中小学、政府部门以及华人社区开设了语言课、文化课及考试类等各类汉语课程，年注册人数 1500 人以上，其中，2018 年达到 1740 人，2016—2019 年三年累计注册人数超过 5000 人。该院每学期开设班级 45 个，周课时为 280 课时左右，累计总课时 8400 课时以上。同时，马拉维大学孔子学院成功设立了 HSK 及 YCT 考点，年报考达 300 人次，考试通过率始终保持在较高水平。比如，2016 年 6 月 20 日开课的马拉维警察总局在首届 HSK 一级考试中有 33 名学员报考，通过率高达 90% 以上。再如，2021 年 1 月，马拉维 HSK 一级考试共计 141 人参加，有 118 人通过，通过率达 84%。截至 2019 年 5 月，马拉维大学孔子学院各个教学点所设汉语班级涉及入门、初级、中级到高级各个不同层次，课程内容包括语言培训、文化交流、HSK 考试辅导等，班级人数为 8～50 人不等，各教学点的周课时差异较大，少的只有 1 课时，如哈利阁下国际学校的 5、6 年级，多的有 18 课时，如大臣学院综合班。

马拉维大学孔子学院也在积极推进将汉语课程纳入其国民教育体系，以及将汉语作为部分学校的学分必修课或选修课等相关工作。目前该项工作已取得重大进展：马拉维大臣学院和马拉维科技大学的部分专业已将汉语课程设为学分必修课。其中，马拉维科技大学开设了"中国语言与文化"和"中国文学引论"两门课程，前者为必修课，后者为选修课。两门课程的教学大纲也在马拉维科技大学和马拉维大学孔子学院的合作下顺利编写完成，并从 2021 年 2 月开始正式将八门汉语学分课纳入其"语言与交际"专业。除此之外，马拉维大洋学院将"商务汉语"设为学分选修课程，利隆圭学院、牧羊人国际学校和哈利阁下国际学校均已将汉语课程纳入其教学体系，设为学生必修课。同时，姆祖祖国际学院也将汉语设为该校的选修课。另外，其他教学点将汉语纳入其学校教学体系的相关事宜也在积极推进。以马拉维旅游学院为例，该学院由马拉维大学孔子学院、马拉维旅游学院和布兰太尔金孔雀酒店合作成立，师资主要由马拉维大学孔子学院配备，其目的是培养专门的酒店管理和旅游服务人才，已初步具有"中文＋职业技能"的办学特点。

2.3 汉语师资情况

从数量来看，截止到 2022 年 12 月底，马拉维大学孔子学院共有汉语教师 30 余位，其中女性教师占比略高于男性教师，教师队伍整体较为年轻。从学历和专业背景来看，教师学历总体水平较高，专业背景多样，硕士学位和本科学历的教师人数基本持平，还有一位教师属于在读博士。从教学点和教学对象来看，部分老师只任职于一个教学点，也有老师同时兼顾几个教学点，教学对象属于不同的年龄段。例如，笔者在马拉维任教期间就同时兼任大臣学院、哈利爵士国际学校、驰名私立学校（目前该教学点已关闭）三个教学点的汉语教师。在这三个教学点中，大臣学院是公立大学，其余两所学校为私立学校，教学对象包括大学教职工、大学生、中学生和小学生。从教师教学经验方面来看，虽然大部分教师有着丰富的海外汉语教学经验，但是仍有相当一部分学生希望在马拉维从事汉语教学的教师能够进一步提高其国际教育素养，改善与学生的关系。

2.4 教材使用情况

在教材方面，马拉维大学孔子学院使用的教材有《YCT 标准教程》《跟我学汉语》《快乐汉语》《HSK 标准教程》《商务汉语一本通》《新实用汉语课本》。对于目前所用教材，学生满意度较高。学生所用教材资源主要来自汉语教师，选择复印和自行购买的极少，一是因为汉语教材资源在马拉维市场极其稀缺，二是因为学生没有足够的经济实力购买相关的汉语教材。对于是否有必要开发马拉维本土的汉语教材，师生都持赞成意见。

三、非洲马拉维共和国孔子学院存在的问题

3.1 "三教"问题严重

在师资问题上，马拉维大学孔子学院缺乏足够稳定的优质师资。随着马拉维大学孔子学院教学点的增加以及学生注册人数的逐年递增，目前能满足马拉维汉语教学需求的高素质教师队伍还存在较大缺口。在探索初期，为了能尽快开展教学，迅速提高马大孔院在马拉维的知名度，中外方院长以及汉语教师都致力于与各地学校合作开展汉语活动。由于前期推广面过大，有很多学校表示愿意与孔院合作并希望尽快派汉语教师到校开课，而孔院没有足够的汉语教师满足当地教学点的需求，于是出现了衔接断层的现象。

虽然马拉维大学孔子学院每年都对教师进行培训，培训内容也涉及教学、管理和安全等问题，但是在马汉语教师整体上对当地的基本国情和文化了解得不够，跨文化交际能力还有待提高。比如，要增强法律意识。马拉维虽然经济水平低，但是其人民的法律意识却非常强。在工作生活中，汉语教师难免会跟当地人打交道，当涉及雇佣关系、租房合同等问题时，一定要有较强的法律意识，否则会造成不必要的麻烦。对于汉语教师来说，最重要的是要了解当地的教育法，以便更顺利地处理与学生、学校的关系。就目前的情况来看，在马拉维的汉语教师虽然法律意识逐渐增强，但是对于涉及自己切身利益的法律认知还有待加强，以避免教学和生活中潜在的危险。

马拉维各个大学教学点对马拉维大学孔子学院汉语教师的学历背景要求较高。但是受马拉维经济、地理、现代化程度等众多因素的影响，每年报考马拉维的汉语教师志愿者和外派教师少之又少，所以在教师专业背景和能力素质方面相对宽松，这就使得马拉维大学孔子学院理事会、各教学点对这些汉语教师的能力产生了质疑，因此双方在很多问题上出现了矛盾和冲突。如在理事会上，有理事成员曾多次要求汉语教师的学历背景必须为硕士以上。

在教材问题上，由于马拉维大学孔子学院是新建的孔院，教材资源相对匮乏，对本土汉语教材的开发也尚处于起步阶段。目前大臣学院教学点的教材相较其他教学点而言，种类稍多，包括《快乐汉语》《跟我学汉语》《新实用汉语课本》《HSK 标准教程》等，但是除《跟我学汉语》数量保持在每册 30 本左右外，其他教材平均只有一套。教师和学生用书主要靠马拉维大学孔子学院本部印发，印刷成本较高。在教材选用方面，教师只能用教学点或是学院本部现有的教材，并不能充分考虑教学对象的需求。比如，有教师在教当地五年级学生时采用的教材是《跟我学汉语》，但是相比现有的汉语教材，《快乐汉语》应该更适合儿童使用。在本土教材开发方面，马拉维大学孔子学院也面临重重挑战。马拉维本土汉语教材资源的开

发对在该国顺利开展汉语教学、扩大汉语在该国的影响力、增强马拉维汉语学习群体对中国文化的认同和包容方面起着举足轻重的作用。因此，开发一套适合马拉维国情的本土汉语教材很有必要，意义重大。然而，国内对汉语教师的培养重点集中在汉语本体和教学技能方面，缺乏对教材编写能力的培养，所以马拉维本土教材的开发较为艰难。

在课程设置问题上，由于汉语仍未纳入马拉维的国民教育体系，所以在很大程度上影响了马拉维大学孔子学院在当地开展持续稳定的汉语教学活动。实地调查研究发现，马拉维大学孔子学院的汉语课程在各个教学点被纳入其学校教学体系的情况也亟须改善。虽然已经有近一半的教学点将汉语纳入了其教学体系，但若能推动更多的教学点将汉语纳入其课程体系，会更有利于汉语教学工作在马拉维当地的顺利开展和持续发展。

在课程建设方面，马拉维大学孔子学院的汉语课程仍缺少统一的课程大纲，各教学点也没有统一的教学标准，导致各教学点的教学质量、教学进度参差不齐，其课型也较为单一，缺乏实践类课程。尤其对于大学的汉语学习者来讲，很多学生学习汉语的动机源于马拉维较大的汉语市场需求，但是由于未得到系统的学习培训，其汉语水平无法达到马拉维境内一些优秀中资企业、政府部门等用人单位的要求。另外，教师在备课时要参照一定的汉语课程标准，并要结合所在学校的具体教育标准，达到学校的教学要求，否则会跟学校总体的教学目标产生冲突。目前，发展比较好的孔院都已有自己完整且成熟的课程体系与教材，但马拉维大学孔子学院在这方面仍需加强建设。没有健全的课程体系，汉语教师教学就无章可循，各成系统，无法为马大孔院未来的可持续发展提供足够的保障。

在课时方面，学生学习汉语的课时严重不足。其原因主要有两点：一是因为课程类型多为兴趣班、选修课，教师和学生都无法保证足够的汉语学习时间，尤其当汉语课与学生其他专业课有冲突时，学生只能放弃汉语课；二是因为教师数量不够，不能开设足够的课程来满足不同时间段学习的学生。

3.2 管理、评价机制缺乏

在教师管理方面，目前马大孔院缺乏培训体系、监督体系和考评体系。马拉维的汉语教学点主要分布在大、中、小学里，学校性质有综合类也有职业技术类，有公立也有私立。马拉维的教育体系和中国国内的教育体系大相径庭，每个教学点内部的体系也不尽相同，教师对其如若不了解，就可能无法游刃有余地应对及处理在教学过程中遇到的文化冲突事件，尤其在课堂教学、课堂管理、与同事和学校领导相处中，一旦涉及跨文化交际方面的问题，处理起来更是棘手。大部分教师因没有经过专门培训和学习，处理起这些问题来会困难重重，再加上教师的教学过程和教学成果缺乏相应的监督和考评，教师容易在工作上产生懈怠心理，从而影响马拉维大学孔子学院汉语教学的可持续发展。

在学生管理方面，由于文化差异、汉语课程性质等原因，学生存在诸如迟到、早退、旷课、不做作业等各种问题，有些教学点甚至无法保证上课的人数及时间，班级稳定性弱，学生流动性较大，没有充足的教学时间，也没有固定的教学场地，这让有序开展学生管理工作难上加难，也对汉语教学在这些教学点持续稳定的顺利开展造成了不小的阻碍。

四、非洲马拉维共和国孔子学院的可持续发展原则

4.1 推动教学活动本土化进程

首先，培养本土化教师。钟英华（2009）认为："非洲汉语教师严重缺乏，对于当地'本土化'教师的大力培养，是实实在在帮助非洲解决教学中突出问题的路径。"为持续、稳定、大规模地在马拉维推广汉语及传播中国文化、开展人文交流活动，马拉维大学孔子学院需要一支优秀且稳定的全职本土教师队伍。本土教师与当地民众没有语言和文化的障碍，可以有效消除民众和汉语学习者对中国的文化误解，同时能帮助中方汉语教师了解当地文化风俗、宗教禁忌、社会习惯等，提高其工作效率。本土化师资是马拉维大学孔子学院新时期高质量师资队伍建设中不可或缺的宝贵资源。

其次，编写本土化教材。撒德全（2011）认为："非洲孔子学院在实施汉语课程开发中，教材编写是汉语课程开发的重要保障。"本土教材研发难度大，要与国内外院校、出版社、非洲其他孔子学院、马拉维本国的语言中心等合作；需要组织孔院教师团队并聘请专业人员，从马拉维学习者的特点和需要出发，编写具有区域特色、本土特色、符合教学对象特点的教材；同时，也可以翻译具有国别化、区域化的优质教材。要让教材由表及里做到本土化，就要做到以下几点：（1）教材名称本土化。在取名时要带有鲜明的本土化特色，比如《马拉维人学中文》《对马中文教程》等。（2）教材设计本土化。编写教材时要注意教材的配图、版式等整体设计须符合马拉维学习者的审美和心理，对此可多方征求意见。（3）教材内容本土化。教材内容要在兼顾普适性的同时注重个性化，所选内容要突出马拉维的特色文化，比如教材中应该融入马拉维湖、金孔雀、宾古国家体育场等文化元素，所选话题也要适当涉及马拉维国情、文化、教育等多个层面。（4）部分词汇本土化。教材应编入一些具有马拉维特色的词汇，如利隆圭（马拉维首都）、丰田（马拉维最受欢迎的汽车品牌）、烟叶、咖啡、西马（马拉维的主食，用玉米粉做成）、牛油果、蓝花楹、夏威夷果等。（5）注释语言本土化。教材中的注释语言以使用学生的母语为佳，如奇切瓦语，以便学生能更好地理解书中的知识点并增强其亲近感。

再次，教学方法本土化。在教学方法方面，马拉维大学孔子学院也要根据马拉维共和国的教育理念、所使用的教材、所教授的教学对象做出适当的调整，综合利用听说法、任务法、翻译法、全身反应法、视听法等教学方法。同时要创新教学手段，在坚持科学性的基础上增加教学的趣味性，充分调动学生学习汉语的积极性。比如，在拼音教学方面，可以利用手势法、画图法、拖音法、夸张法、对比法等教学方法让学生更好、更快地掌握相关知识；在汉字和词汇教学方面，可利用卡片、图片、多媒体动画、表演等方式，在轻松愉悦的环境中让学生积累字词，并学会运用字词。

4.2　形成"线上＋线下"混合教学模式

新冠疫情期间，开展线上汉语教学成为海外孔子学院唯一的教学途径。但是，对于网络不发达的马拉维来说，由于不具备良好的线上教学条件，因此给马拉维大学孔子学院正常开展汉语教学带来了极大的挑战。据了解，疫情期间马拉维全国停课，马拉维大学孔子学院教职工居家主要开展科研、在线教师培训等工作，汉语教学工作被迫暂停。我们认为，教职工可以利用此时机，尝试对线上系列汉语课程进行开发制作，等系列课程成熟之后，可以筹备制作更为精良的"汉语+"线上课程等，以满足教学点之外的更多汉语学习者的需求。同时，从长远看，线上课程还可为马拉维大学孔子学院增加一定的收益。因此，在后疫情时代，马拉维大学孔子学院要综合运用线上和线下汉语教学的优势，将两者结合起来，在为学生提供优质线下课的同时，也应制作或引进优质的系列线上课程，以应对时间和空间上的各种挑战。

4.3　优化文化传播形式，促进中马文化互学互鉴

首先，变"单向"传播为"双向"交流。马拉维大学孔子学院举办的各种活动主要以传播者为中心，单向宣传中国文化，忽视了当地受众群体的心理。在未来的活动策划方面，马拉维大学孔子学院应考虑以当地民众为中心，秉持平等、公平、合作、包容、创新的理念，深入调查了解当地民众的文化心理需求，创新融入马拉维文化元素，并鼓励孔院内汉语教师团体认真感受当地的文化，提高活动吸引力，扩大受众群体，让越来越多的马拉维民众既"敢"又"想"参与中国文化活动。其次，要做好双方文化对比交流活动，只有通过交流和对比，才能从真正意义上拉近学院与当地民众的关系，增强彼此的信任，加深彼此的感情，提高马拉维大学孔子学院在本地的融入度及跨文化传播能力，发挥好其综合文化交流平台的作用。

吴应辉（2015）认为："汉语传播已基本走过了开疆拓土的草创阶段，将逐渐进入规范化、标准化运作阶段。"马拉维大学孔子学院的文化传播方式主要为体验式的显性传播，其

文化活动也只停留在对中国传统文化简单的推介和体验层面，像中秋节品月饼、端午节吃粽子等，其活动效果未能形成长远影响。根据与该院外方院长的访谈，相比中国的传统节日，当地精英分子更希望通过中国文化活动看到中国近几十年迅速崛起、一跃成为世界强国背后的故事。因此，在开展中国文化活动时，要兼顾活动的物质层面和精神层面。目前，马拉维大学孔子学院需要改变活动理念，采用隐性文化传播策略，在深入挖掘中华优秀传统文化元素的同时，也应该与时俱进，善于发现能展现新时期中国文化魅力的元素，以隐性的方式向马拉维人民全面介绍中国的过去、现在与未来，向受众群体展示一个多元、包容、开放、自强不息的当代中国形象。而要提高隐性传播的效果，首先就要对马拉维民众展开广泛的调查研究，调查内容应包括当地民众汉语学习的需求度及对中国文化的理解度、认同度、接受度等。需要强调的是，在马拉维的汉语教学及文化教学也应以此为基础，不能盲目开展。在这一点上，马拉维大学孔子学院可以借鉴爱尔兰都柏林孔子学院的成功经验。爱尔兰都柏林孔子学院 2009 年针对全爱尔兰中学发放的汉语需求调查问卷成为汉语被成功纳入爱尔兰国民教育体系的关键原因之一，为汉语和中华文化在爱尔兰进一步传播推广创造了可能性。

4.4　建设具有非洲特色的品牌型孔子学院

徐丽华、郑崧（2011）认为，适应中非发展的新常态，打造多元平台，创建具有品牌效应的孔子学院是非洲中文教育应该重视的问题。随着马拉维社会的发展，对既掌握相关行业知识技能又具备较高汉语水平的应用型人才需求旺盛，以培养纯语言人才为主的马拉维大学孔子学院较难满足当地社会经济发展对人才的需求。因此，马拉维大学孔子学院要顺势改革，以马拉维的市场需求为导向，开设具有实际意义的"汉语 +"系列特色课程，拓宽培训领域，在现有的语言培训、提供汉语水平测试服务的基础上，还应在职业教育、现代远程教育、商务贸易等领域举办研修班，拓展培训项目；要继续加大力度完善"一院多点"辐射式发展模式，尽最大可能满足不同教学点和不同层次的汉语学习者的需求，以开源节流的方式拓宽汉语在马拉维的覆盖面，以高水平的教学成果扩大影响力，打造多维度、一体化的特色孔子学院，形成自己的品牌。

首先，开设"汉语 +"系列特色课程。为持续、稳定、大规模地在马拉维推广汉语及传播中国文化、开展人文交流活动，马拉维大学孔子学院不能没有"汉语 +"特色课程。马拉维大学孔子学院应该与在马中资企业开展多方合作交流，开展汽修、数控等技能培训，这不但能为其提供人才培养、人才输出一条龙服务，为当地培养一批急需的专业技术人才，也能让绝大多数人学成之日直接走上工作岗位，在一定程度上解决学生未来的就业问题。这种学院和企业深度合作、教学过程和实践过程相结合的培养方式，能让学员在掌握汉语技能的同时，也能得到市场所需要的职业技术培训和教育，有利于激发学生的创新意识和创新能力；在实现学生专业和企业行业对接的同时，可为企业扩大规模、提高效益提供人才支撑，同时也会凭借良好的口碑扩大马拉维大学孔子学院自身的影响力。

其次，开设"中文＋学位"课程。马拉维大学孔子学院应与各中高等院校教学点的潜力专业及语言、文学专业合作，根据马拉维各大学的综合情况，在学生本科及研究生阶段开设有关亚洲与非洲比较研究（比较非洲和亚洲哲学、比较非洲和亚洲文学、比较非洲和亚洲语言学、比较非洲和亚洲戏剧、比较非洲和亚洲美术、比较非洲和亚洲神学、比较非洲社会学和土著经济学等）的各种学位课程，筹备建立双学位课程。同时，还应挖掘汉语课程的广度和深度，完善学分课，着力突出行业特色；为学生介绍孔子学院奖学金、国内高校奖学金，以及地方社团、企业政府、驻马中国大使馆的奖学金信息，吸引企事业单位、地方组织创建奖学金项目，解决优秀学生的求学障碍。

4.5 抓住机遇，转型升级

马拉维大学孔子学院未来发展应由"高速"转向"高质量"，走"内涵式发展"道路。在建院初期，马拉维的汉语教学生态较为贫瘠，马拉维大学孔子学院为扩大影响力，将首要任务放在了大规模建立教学点和招生方面。经过近十年的发展，马拉维大学孔子学院在当地已经形成了一定的规模，有了一定的影响力，但是由于在招生和开设教学点方面一开始过度追求数量和规模，开设的汉语课程也以兴趣课为主，以致后期出现了教学资源严重不足、学员流失严重、部分教学点关闭等问题，造成了一定的资源浪费。再加上该院学生的汉语整体水平仍然处于初级阶段，不能满足当地市场需求，教学质量差强人意，严重影响了其未来的可持续发展。因此，目前马拉维大学孔子学院应收缩规模，将主要力量集中在提高自身的教学质量方面，将"高质量"作为其可持续发展的生命线，走"内涵式发展"道路；同时，要抓住机遇，尽快完成转型升级。

4.6 完善评估体系，与国际标准接轨

首先，以服务国家战略为导向。围绕"运营、思路、教学、项目、影响力、奖惩"六个核心要素设立三级指标。一级指标不宜精细，但要涉及学院发展的各个方面，体现其综合文化交流平台的主要功能，如办学理念和指导思想、管理机制、汉语教学情况、文化活动、运营状况、影响力、可持续发展力等。二级指标要比一级指标详细，具体体现其语言教学和文化传播的特点，如"汉语教学情况"下应包括师生数量情况、汉语水平考试情况、教学法运用情况、教材研发情况、教学质量评价情况等。三级指标要比二级指标更为细化，如"汉语

水平考试情况"应包括参加HSK、YCT、HSKK的种类、总人数、通过率、课时等具体情况。

其次，以《孔子学院章程》规定的主要原则为依据，以在马拉维积极开展高水平的汉语教学和文化交流活动为办学理念，兼顾自身的非营利性和可持续发展性，抓住主线重点进行评估，将共性和个性相结合，突出可操作性和激励性。

再次，与国际质量标准体系接轨。争取使马拉维大学孔子学院通过"ISO9001"国际质量认证，与国际接轨。建立持续改进机制，增强马大孔院在教育市场上的竞争力，使其成为非洲与中国教育合作交流的典范，以高质量的教学水平、办学水平、学术水平和管理水平助力其可持续发展。

五、结语

在新时期，马拉维大学孔子学院应该抓住当前有利的国际环境和国内政策红利带来的各种机遇，全面研究目前马拉维针对外语教学的相关制度和政策，对马拉维大学孔子学院的建院成效展开实地调研，重新整合教育资源，顺利完成转型升级，全面提高自身的"造血功能"，打造出自己的特色品牌，向"高质量""高融入度""国际化"方向发展。

参考文献

撒德全 . 非洲孔子学院可持续发展模型设计原则与策略研究 [J]. 汉语国际传播研究，2011（2）：50-54.

吴应辉 . 汉语国际传播事业新常态特征及发展思考 [J]. 语言文字应用，2015（4）：71-76.

徐丽华，郑崧 . 非洲汉语推广的现状、问题及应对策略 [J]. 西亚非洲，2011（3）：84-88.

钟英华 . 非洲孔子学院建设中的几个基本问题 [J]. 云南师范大学学报（对外汉语教学与研究版），2009（7）：44-46.

国际中文教育网络的构建及其功能[*]

——兼论孔子学院的国际传播价值

周 英 华南师范大学马克思主义学院

摘 要 不同于传统的信息传播路径，国际中文教育采用了基于"关系构建"的网络传播路径，其中，以孔子学院为代表的语言实体机构借助中文和中国文化建立起了中外机构、个体之间的相互联系，在全球范围内构建了国际中文教育传播的多层次关系网络。这些网络具有扩散信息、深化中外人文交流、推进国家社会关系发展的功能和优势，对提升国际中文教育的国际传播能力和传播效果具有深远的影响。

关键词 国际中文教育 孔子学院 关系网络 国际传播

国际中文教育传播是指国际中文工作者借助各种媒介和渠道开展中文教育、组织文化交流活动，将中文与中国文化传播给国内外的中文学习者和中国文化爱好者，架起中外人文交流的桥梁的活动。其中，由中外教育文化机构在海外合作建立的孔子学院是国际中文教育传播的旗舰项目，该项目创办于 2004 年，现在由民间慈善组织中国国际中文教育基金会全面负责运营，孔子学院已经成为中外人文交流的重要平台。建立驻外实体机构推广和传播语言文化是国际通行做法，如英国文化委员会、法语联盟、歌德学院、日本国际交流基金会等，这些机构在普及各国语言文化、改善国家形象、提升国家吸引力、增进国家友谊等方面发挥了重要作用。孔子学院既延续了西方文化机构的做法，又有独特之举。相较于西方文化机构"总部＋分部"的建设模式与独立运营机制，孔子学院采用的是共建共管的合作运营模式，它既属于中国，也属于海外合作机构。孔子学院的建设模式决定了其交流形态不是信息生产与传播，而是与海外机构建立长期关系，形成开展双向交流的"网络传播路径"。网

* 本文是教育部中外语言交流合作中心 2022 年国际中文教育研究课题"中日语言传播机构的东南亚实践"（22YH100C）的研究成果。

络传播是基于"关系构建"的新型传播模式，着眼于连接并整合现有的传播节点，构建一个节点之间交流、互动的关系网络，在"制度化的社会关系"下实现信息与观念的流通（Flew & Hartig, 2014）。与发送者和接受者之间的单向直线传播相比，这些蕴含多维多向连接的关系网络能够对信息流通产生巨大影响。本文以国际中文教育传播的实体机构——孔子学院为例，解析国际中文教育网络的类型与运作、优势与功能，并探讨其在中外人文交流中的价值。

一、国际中文教育网络的类型与运作

孔子学院是目前国际中文教育传播最重要的平台，经过 20 余年的发展，孔子学院远非散布于全球各地的点状结构，而是形成了散点之间具有联系与互动的网状结构，初步形成了全球范围内的国际中文教育网络。

1.1　国际中文教育网络的层次类型

在传播学中，网络是由多个节点（行为体）及其相互之间的连线构成的集合，其基本功能是把个体或群体组织起来，营造一个相互连接的国际环境，从而建立行为体之间的社会关系结构并开展交流互动（Fitzpatrick，2011；Fisher，2013）。国际中文教育网络是由对中文和中国文化有需求的个体或组织相互连接构成的集合，它借助孔子学院的实体平台提供语言文化服务，通过会议、项目、培训、合作等形式，加强中外机构、教育部门、社会等各行为体之间的联系，发挥不同主体的传播作用，最终实现整体传播功能的拓展（赵跃，2014）。

基于覆盖的地域范围等，国际中文教育网络可划分为宏观、中观、微观三个层次。宏观层次的网络主要是指在全球和区域国别层面形成的国际中文教育网络，典型代表有国际中文教育大会、中文联盟、亚洲大洋洲孔子学院联席会议、全球中医孔子学院联盟、东南亚孔子学院联席会议、日本孔子学院联席会议等。中观层次的网络主要是指中外办学机构之间基于国际中文教育合作需要而形成的网络，最为典型的是作为传播主体的孔子学院与其合作机构彼此连接形成的网络，还有诸如北京语言大学海外孔子学院联席会议、法国孔子学院联席会议、墨尔本大学孔子学院下属孔子课堂联席会议、辽宁省孔子学院合作大学联盟等。微观层次的网络主要指传播者与传播对象之间因语言文化互动而产生和形成的网络，如国际中文教师与学生的网络、院长论坛、校长论坛、外方院长研修班、孔子学院校友会等。在不同地域范围的网络中，还包含各种不同形态、不同性质、不同功能的网络，如"中文联盟"云网络、"全球中医孔子学院联盟"特色型网络等。各种网络彼此连接并相互叠加、交融，形成一个互联互动的跨国关系网络，构成国际中文教育网络的全貌。

1.2　国际中文教育网络的运行机制

网络是由节点创造的信息流通渠道，处理的是节点之间的"信息流"（Manual，2009）。网络的产生和运转包含节点、关系、互动三个重要变量。在主观意志与客观环境的推动下，网络节点发挥主观能动性，以自己为中心"编织"网络，纳入新节点，生成多种关系，也促使网络结构形成。网络结构并非一成不变，而是随着时间和条件的变化而不断变化。在关系网络演进过程中，行为体彼此间的关系不断被整合和再整合，其中，以信息流通为特征的节点间互动是促使关系网络持续演变的动力（Zaharna，2010；Fisher，2010）。

孔子学院是由中外教育文化机构共同创建的信息流通渠道，源于对海外中文学习需求的满足和适应，中外合作机构签署协议，形成正式的组织架构和运行规范，对外保持开放性与融通性，借助中文教育和文化服务于当地社会，形成各种关系。这些正式与非正式的关系直接作用于国际中文教育的传播过程。其中，中外办学主体是重要节点，甚至是中心节点，直接参与孔子学院的运营，其中心性表现为对关系构建过程的主导，以及对议程和规则的塑造。例如，中方机构在人员选派、平台建设、管理运营以及沟通联络等方面发挥作用，有些中方机构和国外多个机构合建孔子学院，成为协调海外多所孔子学院的中心节点。外方机构是承载孔子学院事业发展的"母体"，也是连接中外的桥梁，且孔子学院管理运营以外方为主，其发展与存续需依托外方与所在地建立起的各种可能的关系。作为一个合作项目，孔子学院如同枢纽一般，将参与其事业的个体和组织连接成一个网络体系。

国际中文教育网络的核心是创造信息流，正如孔子学院的宗旨是"帮助受众学习中文，了解中国文化，旨在促进中文传播，加深世界人民对中国语言文化的了解，推动中外人文交流，增进国际理解"。其中，中文教学、文化传播与文化交流是各层次关系网络的核心信息流，在此基础上，孔子学院根据各地对语言文化以及对中国信息的需求开展分众化传播，例如，在当地开展商务中文和旅游中文教学，传播中医和武术文化，提供留学中国咨询，推进海外中国研究和汉学研究，等等。其中既包含初级层次的语言教学与文化技能传授，也包含以文化素养为导向的高阶文化交流，其目的均为不断提升受众对中国文化的感知与体验水平。

二、国际中文教育网络的优势与功能

基于关系构建的国际中文网络在推广中文教育和中国文化方面更具优势。关系网络是由拥有各种资源的个体或组织构成的，它们各自作为节点，发挥"织网"效应与"桥梁"作用，整合新的网络节点，促成节点之间甚至网络之间的相互连接，形成枝繁叶茂的"蛛网式"交流结构，从而实现组织集群的规模扩展与信息的广泛流通。基于孔子学院合作促成的国际中文传播网络正体现出了这样的功能与优势。

2.1 促进信息的广泛传播

截至 2022 年底，全球共建成 513 所孔子学院和孔子课堂，这意味着中国 200 多个机构与 144 个国家和地区的 513 个机构之间建立了教育合作关系，由原国家汉办、中外语言交流合作中心（以下简称"语合中心"）主持的会议、项目、活动均有扩大，"国际中文教育大会"被誉为小型"联合国大会"和教育界的"达沃斯"，参会代表人数从 2006 年的 38 个国家 400 名增至 2020 年的 100 多个国家 1600 多名。部分中方机构的跨国网络也初步形成。比如，北京外国语大学（以下简称"北外"）截至 2024 年底在全球 5 大洲 18 个国家合作建立 23 所孔子学院，以北外为中心的校际网络正在形成。再如，厦门大学联合海外 10 多家合作机构在内的近 60 所大学组建了"21 世纪海上丝绸之路大学联盟"，该联盟秘书处落户厦门，提升了该校在高等教育合作领域的地位。海外孔子学院以"立足当地、辐射周边"为宗旨公开办学，形成了"一院多点"的运作模式，孔子课堂、中文教学点、培训班等不断衍生并呈现出星罗棋布的分布态势，有的还利用区位优势或空间聚集的特点加强与周边的联系与交流，推动国际中文教育共同发展（Zhou，2021）。2021 年，由泰国 27 家孔子学院及课堂自发组织建立的民间合作组织——泰国孔子学院（孔子课堂）发展联盟成立，该联盟旨在促进泰国中文教学发展、中泰文化交流及中泰友好关系发展，努力构建泰国孔子学院（课堂）区域特色发展的新模式。

由孔子学院合作还衍生出了各种组织网络、人际网络、附属网络甚至项目网络。例如，在语合中心与中方机构的纽带作用下，许多区域、国别层次的孔子学院之间，同类型孔子学院之间，孔子学院院长或所在大学校长之间，产生联系和交往，组成"区域国别孔子学院联席会议机制""全球商务孔子学院联盟""孔子学院院长论坛"等新的合作或交流网络。孔子学院不仅短期内实现了广泛覆盖的发展格局，更重要的是改变了信息传递形式，打破了传统的"点"对"面"的信息传播路径，形成了"面"对"面"的分散式交流圈，提高了中文的普及率和受众率，加快了中国文化的传播。全球孔子学院的学员规模在 2017 年达到 916 万人，参加现场文化活动的受众达 1 亿人次，网络孔子学院的注册用户达 62.1 万人。

2.2 深化中外人文交流

国际中文教育网络在孔子学院中外合作机构和网络成员的协同作用下，通过配置语言文化资源构建并整合网络，生成更加稳固的社会关系反作用于网络的生长，不仅深化了各层次社会关系，还促成了节点之间的良性互动。这种良性循环有利于拓展传播功能，提升孔子学院的社会影响，使孔子学院的人文交流功能得以全面呈现（宁继鸣，2012）。

目前，孔子学院的中文课程被近 300 所大学纳入学分体系，并融入某些地区的教育体系，全球共有 70 多个国家将中文纳入国民教育体系，在很多国家和地区，中文已经由第三外语上升为第二外语（李宝贵、庄瑶瑶，2020）。作为连接中外的基点和桥梁，孔子学院对中外人文交流具有催化作用，深化了个人与组织之间广泛而多样的联系。由孔子学院发起并承办的校长访华团、学生夏令营、记者团、官员访华团等人员往来活动频繁而密集，强化了中外人文交流。例如，从 2006 年到 2017 年的 10 余年间，孔子学院共派出中方人员 10 万人，培训外方本土教师 30 万人次。中外机构通过孔子学院开展的初始院系合作上升为多层面的校际合作，合作维度从中文教育拓展至人员往来、学术交流、合作研究甚至联合办学。作为连接国内外教育文化的资源平台，孔子学院不仅将中国大学的学科、专业带入合作大学，还积极促进姊妹院校建设，推动双方在科技、经济等领域的广泛交往。近些年，在"一带一路"国际合作的背景下，部分共建国家孔子学院创新"中文 +"培养模式，掀起了中外职业教育领域的国际合作风潮，促成了中国职业教育海外教学点"鲁班工坊"的建立，并生成了"'一带一路'职教联盟"等新型合作机制，搭建了中国职教与世界沟通的桥梁。

正是通过这些重叠交错的联系，国际中文教育网络的互联互通性大大增强。"网络成员之间的相互联系越紧密，成员之间的信任度就越高，能够交换各种有形或无形的资源使网络整体受益。"（Bourdieu，1986）孔子学院现已被写进中国与其他国家或国际组织之间正式的双边、多边政治文件，成为中国与世界人文交流的有机组成部分。这样的基础和平台不仅为孔子学院的发展和国际中文教育的传播提供了保障，也为深化中外人文交流奠定了良好基础。

2.3 推动国家社会关系发展

孔子学院不仅积极作用于教育领域，还产生了各种"外溢"效应，搭建起了政府合作、校（院）企合作、政校合作、政企合作、城市合作等跨界、跨领域的多层次合作网络，获得了不同层面的传播效果。这些多维多向的关系为中国与世界之间的互动交流搭建了稳定的渠道，推动着国家社会关系向前发展。

很多国家和地区的孔子学院都不是纯语言文化机构，还兼具经济、社会等多重功能，有些甚至成为"一站式"的涉华事务服务中心。一些国家元首、政界领袖和王室成员在孔子学院成立之初就表示支持，并亲自到访，孔子学院已经成为中外高层互动对话、宣示政策、传递信号、增进友谊的场所和政府外交的补充。有的孔子学院还参与商务合作，在中外科技园区建设和创新产业园建设中牵线搭桥，如泰国孔子学院就在当地举办工业展览，协力中外企业开拓市场。作为城市的连接点，孔子学院还积极深化省州际合作，推动友好城市建设。

语言文化的内容属性决定了孔子学院对国际关系演进的正向功能，语言会增强国家间的信任，从而促进国际经贸往来和对外投资，对旅游和人员往来均有促进作用（Lien，2013），这是因为"文化传播可培育起一定程度的共有观念或文化认同。这种共有观念或文化认同可以消除文化间的隔阂，增进沟通和理解"（付京香，2013）。当代中国与世界研究院对"一带一路"共建国家开展中国形象调查，有高达81%的受访者对中国文化持有良好印象。这种良好印象会产生连锁反应，如促进来华留学、扩大中国文化产品输出、扩大高等教育出口等。该调查显示，有46%的受访者表示未来有到访中国的计划。[1] 语言习得和文化认知的过程有助于民众跨越文化理解的"屏障"，在更长时间范围内以"润物细无声"的方式，促进民众形成对中国的客观认知。研究表明，参加过孔子学院活动的人对中国的认识和评价有较大改观（吴晓萍，2011；吴瑛，2012）。中文传播同海外民众的中国形象认知整体呈正相关关系，体现在有中文学习经历的人群对中国形象的认知显著好于无中文学习经历的人群，中文学习者的学习时长及中文水平与其中国形象认知呈正相关趋势（王祖嫘，2019）。

近些年，将中国视为最值得信赖国家的比例不断提升，国际中文教育在其中发挥了一定的作用。"软实力"提出者约瑟夫·奈高度评价孔子学院，认为它为中国文化的世界传播提供了广阔的平台和绝佳的战略发展机遇。

三、国际中文教育网络的国际传播价值

国际中文教育传播是中国国际传播体系中的重要内容，是"讲好中国故事、传播好中国声音"的快捷方式，也是促进中外人文交流与文明互鉴的重要渠道，对国际传播具有重要价值和深远影响。近些年，为增进国际理解，我国在国际传播方面开展了诸多实践，但无论是新闻发布、政策宣传、全球媒体网络拓展，还是海外文化中心建设，抑或是大型文体活动，都呈现出"政府色彩浓厚""自上而下的单向传播"的特点，效果并不理想。然而，国际中文

---

[1] 参见《中国整体形象好感度继续上升！〈中国国家形象全球调查报告2019〉出炉》，网址为：https://baijiahao.baidu.com/s?id=1677919431198786376&wfr=spider&for=pc。

教育网络，尤其是孔子学院的建设与改革则呈现出与既有实践不同的创新性。

3.1 以公众为中心节点的非政府型网络

由中外机构合作建设的孔子学院衍生出了不同层次的网络，其核心是以办学机构为中心的网络，尤其是国际中文教育基金会管理孔子学院之后，成立了"粤港澳大湾区孔子学院合作大学联盟""吉林省孔子学院（课堂）联盟""辽宁省孔子学院合作大学联盟"等几十家中方机构主导的民间国际高等教育合作网络，这些网络旨在集中优势，整合资源，以促进海外国际中文教育的可持续发展。同时，网络的中心节点也开始从中方转移到外方。近几年，"泰国孔子学院（孔子课堂）发展联盟""塔吉克斯坦孔子学院联盟""全球中医孔子学院联盟"等外方倡导的网络相继成立，这些联盟都建章立制，成立执行委员会，定期开展交流活动，这也预示着外方机构开始主动组建网络并发挥核心作用。由办学机构引领国际中文教育传播事务能够调动办学主体的积极性，多中心的非政府型网络结构还能加速网络的生长和繁荣。

3.2 多元行为体参与的国际传播实践

孔子学院早期主要与中外教育文化机构之间开展单一的双边合作，但在实践过程中也积极接触当地，如伦敦商务孔子学院、韩国彩虹孔子课堂的建设均有外国企业参与。2018 年，在孔子学院大会上，原孔子学院总部推出"合作伙伴计划"，鼓励社会各界参与孔子学院建设，中国教育装备行业协会、中国出版集团、腾讯云计算、好未来教育集团等 17 个机构随即完成签约，参与支持孔子学院发展，国际中文教育传播开始转向多边、多元合作的格局。国际中文教育基金会全面负责孔子学院运营后，积极吸纳支持中文教育事业的中外企业、社会组织等。2020 年，由 20 多家机构联合倡议的非营利性机构间合作机制——"中文联盟"启动，该联盟包含了 415 家从事国际中文教育的国内外相关人员、机构、院校、出版社和企业。多元行为体的参与不仅有助于吸纳新的社会资源，增强网络的造血功能，还能增强信息的可信度，从整体上提升网络的社会影响力。

3.3 双向对称的水平交流模式

在新的网络结构下，孔子学院的焦点是发挥作为国际中文教育的平台作用，致力于"建立范围广泛、连接紧密、利益共享的伙伴网络"，不仅把中国语言和文化介绍到全世界，也把世界的文化带给中国。因此，孔子学院在互动方式上越发体现出平等、双向和对称的特点（Cowan & Arsenault，2008）。历届国际中文教育大会在交流形式上持续推陈出新，继"总部咨询会"之后，又接连推出各种"校长论坛""院长论坛""工作坊"。2018 年，大会还首设"大会论坛"，中外著名大学校长、学者围绕孔子学院发展与构建人类命运共同体交流思想。各种演出、展览和主题活动也越发呈现出中西合璧、文明交融的场景。在第九届国际中文教育大会上，有中方大学校长就指出："通过孔子学院这一国际平台，大学师生国际化交流的机会和渠道更加通畅，师生能更多地了解社会，了解世界其他国家的灿烂文化。"从关注发送信息转向建立一个实现所有成员目标的协作网络，国际中文教育的交流活动开始强调调节、维持和加强社会关系。关系管理范式下的国际传播能够降低传播壁垒，最大限度地减少沟通过程中产生的不确定性，并在交往中逐步构建互动双方的信任与默契（Huang，2020）。

可见，以孔子学院为代表的国际中文教育实体机构创新了国际传播的实践，以多渠道的方式与外国公众建立长期关系，用制度化的关系网络实现了信息流通。随着网络信息技术的发展和社交媒体的崛起，以信息流通为核心的国际传播正在经历从"旧"到"新"的范式转变。新范式更加强调多元主体参与，与客体建立关系，开展双向互动，客体成为重要的参与者而非被动的接受者，主客体共同塑造信息交流的环境（Metzl，2001；Melissen，2005；郑华，2011；Zaharan et al.，2013)。孔子学院建设形成的国际中文教育网络是典型的新模式，对中国国际传播而言，既是资源，也是潜力。

四、结语

国际中文教育传播是国际中文教育事业的重要组成部分，也是中国国际传播的重要内容。国内外学界对其旗舰项目孔子学院给予了较多关注：传统观点认为，孔子学院传播的中文和中国文化具有普遍吸引力；还有观点认为，中国经济的增长与国际影响力的提升促进了孔子学院的建设和发展。本文认为，孔子学院的发展不仅是外部驱动，更是内部使然，它创新性地采用了基于关系构建的网络传播路径，通过中文和中国文化创造了全球范围内多层次的关系结构与动态网络，这些网络不仅是国际中文教育传播事业的核心支柱和依托，也为中外互动交流提供了稳定的渠道，对深化中外人文交流、推进国家社会关系发展发挥了积极作用。

近些年，受国际政治与国际关系走势的负面影响，孔子学院的发展在部分国家遭遇了挫折，但这并不能从根本上否定其功能与优势。孔子学院早期建立的关系网络仍具有强大生命力，是维持国际中文教育可持续发展的基础。更重要的是，孔子学院的建设体现了国际传播的新范式，它所创造的国际中文教育网络对中国国际传播实践而言蕴藏着巨大的潜力。在全球化时代，单一文化无法依靠自身的力量生存和发展，必须依赖与其他文化相互联结所形成的公共合作网络（宁继鸣，2012）。随着数字化时代的到来与传播方式的变革，"关系网络"

的作用和价值将愈发凸显，也将成为一国对外交往过程中必须面对的课题。如何优化关系网络、提升其人文交流价值是增强国际中文教育传播能力、优化中国国际传播路径需要关注的议题。

参考文献

付京香 . 孔子学院的文化传播及其文化外交作用 [J]. 现代传播，2013（9）：143-144.

李宝贵，庄瑶瑶 . 中文纳入海外各国国民教育体系之方略探索 [J]. 现代传播，2020（1）：84-89.

宁继鸣 . 社会资源的聚集与扩散——关于孔子学院社会功能的分析 [J]. 理论学刊，2012（12）：76-80.

王祖嫘 . 东南亚中文传播与中国国家形象认知的相关性研究 [D]. 北京：中央民族大学，2019.

吴晓萍 . 中国形象的提升：来自孔子学院教学的启示 [J]. 外交评论，2011（1）：89-102.

吴瑛 . 中国文化对外传播效果研究——对 5 国 16 所孔子学院的调查 [J]. 浙江社会科学，2012（4）：144-192.

赵跃 . 孔子学院传播网络的构建与运转机制分析 [J]. 东岳论丛，2014（2）：166-171.

郑华 . 新公共外交内涵对中国公共外交的启示 [J]. 世界经济与政治，2011（4）：143-154.

BOURDIEU P. The Forms of Social Capital [G]. In: RICHARDSON J G. *Handbook of Theory and Research for the Sociology of Education*. New York: Greenwood Press, 1986: 241-258.

COWAN G, ARSENAULT A. Moving from monologue to dialogue to collaboration: the three layers of public diplomacy [J]. *The ANNALS of the American Academy of Political and Social Science*, 2008 (616.1): 10-30.

FISHER A. *Collaborative Public Diplomacy: How Transnational Networks Influenced American Studies in Europe* [M]. London: Palgrave Macmillan, 2013.

FISHER A. *Mapping the Great beyond: Identifying Meaningful Networks in Public Diplomacy* [M]. Los Angeles: Figueroa Press, 2010.

FITZPATRICK K R. *U.S. Public Diplomacy in a Post-9/11 World: From Messaging to Mutuality* [M]. Los Angeles, CA: Figueroa Press, 2011.

FLEW T, HARTIG F. Confucius Institutes and the network communication approach to public diplomacy [J]. *IAFOR Journal of Asian Studies*, 2014 (1.1): 27-44.

HUANG Z A. The Confucius Institute and Relationship Management: Uncertainty Management of Chinese Public Diplomacy in Africa [G]. In: SUROWIEC P, MANOR I. *Public Diplomacy and the Politics of Uncertainty. Switzerland: Springer International Publishing*, 2020: 197-223.

LIEN D. Financial effects of the Confucius Institute on Chinese language acquisition: Isn't it delightful that friends come from after to teach you Hanyu [J]. *North America Journal of Economics and Finance,* 2013 (24): 87-100.

MANUAL C. *Communication Power* [M]. New York: Oxford University Press, 2009.

MELISSEN J. *The New Public Diplomacy: Between Theory and Practice* [M]. New York: Palgrave Macmillan, 2005.

METZL J. Network Diplomacy [J]. *Georgetown Journal of International Affairs*, 2001(2.1): 77-87.

ZAHARNAR R S. *Battles to Bridges: U.S. Strategic Communication and Public Diplomacy after 9/11* [M]. New York: Palgrave Macmillan, 2010.

ZAHARAN R S, ARSENAULT A, FISHER A. *Relational, Networked and Collaborative approaches to Public Diplomacy: The Connective Mindshift* [M]. London: Routledge, 2013.

ZHOU Y. Establishing Confucius Institute in Thailand: a display of China's soft power? [J] *Asian Journal of Social Sciences*, 2021 (49.3): 234-243.

国际中文教育视域下高校助力贵州民族文化国际传播的策略选择与发展路径 *

徐　林　凯里学院国际教育学院

喻　洁　重庆市教育评估院

摘　要　来华留学生和海外中文学习者都是中国文化的潜在传播者，能极大地改善中国文化国际传播"自说自话"的尴尬境地，因此贵州高校要抓住"来黔留学生"与"贵州海外孔子学院学生"两大外宣主体，构建贵州民族文化"走出去"的双线格局；通过组建"贵州省孔子学院合作大学联盟"、开设"贵州民族文化"课程、编写面向外国学生的《贵州民族文化读本》；建立"课程带动—活动增效—多方助力"三步走的校、政、企三方联动机制，为助力贵州民族文化国际传播提供新的路径。

关键词　国际传播　贵州民族文化　国际中文教育

习近平总书记在党的二十大报告中对"增强中华文明传播力影响力"作出重要部署，强调"坚守中华文化立场，提炼展示中华文明的精神标识和文化精髓，加快构建中国话语和中国叙事体系，讲好中国故事、传播好中国声音，展现可信、可爱、可敬的中国形象"[①]。近年来，随着"一带一路"倡议的实施，地处西南腹地的贵州省与其他国家在政治、经济、文化方面往来日渐频繁，越来越多的外国学生选择到贵州高校留学。截至 2022 年，"中国—东盟教育交流周"已经连续 15 年在贵阳市成功举办。作为中国—东盟政府间以教育为主题的人文交流的重要平台，交流周推动了中国高校与东盟各国的教育文化交流，也促进了东盟各国对贵州省的了解，为贵州民族文化走向国际开辟了新通道。本文从国际中文教育视域出发，

---

* 本文是教育部中外语言交流合作中心 2020 年国际中文教育研究课题"海外中国文化教学活动实用手册设计与应用"（20YH47D）的研究成果。

① 参见《习近平：高举中国特色社会主义伟大旗帜　为全面建设社会主义现代化国家而团结奋斗——在中国共产党第二十次全国代表大会上的报告》，网址为：http://www.gov.cn/xinwen/2022-10/25/content_5721685.htm。

探讨高校助力贵州民族文化国际传播进程的策略与路径。

一、贵州民族文化的国际传播与研究现状

贵州省地处中国西南内陆腹地，省会贵阳，下辖 6 个地级市、3 个少数民族自治州。贵州的地貌以高原、山地为主，历史上因交通不便，省内各地之间交流受限，与周边接壤省市的交往也不多。"黔驴技穷""夜郎自大"以及"天无三日晴，地无三里平，人无三分银"等大家耳熟能详的成语和俗语，成为外界对贵州省的第一印象。21 世纪以来，随着经济的繁荣以及旅游业的蓬勃发展，贵州的国酒茅台、遵义会议会址、黄果树瀑布、西江千户苗寨等人文品牌和自然景观成了贵州的新名片，吸引着越来越多的国内外游客到贵州旅游。拥有 56 个民族成分的贵州，以其丰富多彩的民族文化活动逐渐引起了外界的关注。

国际社会对贵州民族文化的了解和研究始于近代西方传教士的来华传教活动。英国著名传教士塞缪尔·伯格里（Samuel Pollard）是较早关注贵州并向世界介绍贵州苗族文化的外国人，他于 1904 年到今贵州省毕节市威宁县石门乡石门坎村传教，在《苗族纪实》（柏格里、东人达，2000）一文中介绍了 1904 到 1908 年之间石门坎的营建过程以及当时苗族的经济、社会和文化状况。美国学者鲍勃·布里尔（Bobby Brill）的著作《这些贵州人》（布里尔，2012）讲述了贵州省多彩的民族文化、绚丽的自然景观、深厚的历史文化、丰富的美食文化等。他通过访谈、评论和实地考察，以外国人的视角发现贵州文化背后的驱动力，为读者展现了贵州人民的生活图景和贵州发展的美好愿景。由此可见，早期贵州文化的国际传播者主要是外国传教士，其记录以他们沿途的所见所闻为主。

21 世纪以来，贵州省齐心协力发展旅游业，2016 年，贵州被《纽约时报》评为"世界上 52 个最值得到访的旅游目的地"之一，贵州从旅游大省开始迈向旅游强省。在发展旅游业的过程中，政府部门也开始意识到文化宣传的重要性。2005 年 4 月，贵州省委宣传部举办首届"多彩贵州"歌唱大赛，这也是"多彩贵州"品牌的首次亮相。2005—2010 年，大型民族歌舞史诗《多彩贵州风》成功演出，牢固树立了"多彩贵州"品牌的文化形象，该品牌开始在国际范围内得到传播。2015 年，"多彩贵州"商标被原国家工商行政管理总局认定为驰名商标，为进一步推进贵州民族文化国际传播工作打下了基础。2019 年 3 月，贵州省委宣传部推出贵州国际传播旗舰品牌"Live in Guizhou"（这里是贵州）多语种外宣平台，扩大了贵州文化海外传播的影响力和覆盖面。可以看出，新时代的贵州文化正在通过传统媒体和网络媒体等多种途径全方位地进行对外宣传交流。

在中国知网以"贵州民族文化"为主题进行搜索，共搜到文献 457 篇，其中学术期刊

文章 293 篇、学位论文 61 篇。学界对贵州民族文化的研究成果主要集中在文化（41.43%）和旅游（20.39%）学科，文化经济（7.38%）、音乐舞蹈（5.86%）、行政学及国家行政管理（4.99%）、高等教育（4.56%）以及民族学（4.56%）等学科成果较少。对贵州民族文化传播的研究主要分布在文化传媒（刘祥平，2009；王蕾、黄竹兰，2021）、英文翻译（杨秀岚，2013；吴斐，2014）、旅游（何琼，2016；田素美，2019）等方面。在宏观传播策略与路径方面，杜侠（2016）、朱丹（2017）提出了贵州民族文化在中国国内传播的策略与建议。杨菁（2022）在"讲好中国故事"背景下分析贵州民族特色文化的内涵特点，从传播理念、传播主体、传播受众、传播内容和传播媒介五个方面提出了贵州民族文化国际传播的实现路径。针对传播主体，杨菁指出少数民族群众是最重要的传播主体，除此之外，少数民族文化组织、民族艺术家、民族文化研究者也应在国际传播中发挥作用。但研究未提及留学生、海外中文学习者亦可作为传播主体，也能在贵州民族文化国际传播领域发挥独特的作用。从以上资料可以看出，21 世纪以来，贵州文化的传播已经取得一定的成绩，但也存在一些不容忽视的问题。

第一，政策驱动痕迹明显，民间动力不足。"多彩贵州""Live in Guizhou""中国—东盟教育交流周"三个国际化平台都是政府主导的项目成果，但贵州民间的海外文化交流不够频繁。借助政策红利，短时期内可以得到较为明显的宣传效果，但存在可持续发展能力不足的隐患。因此，未来发展的重心要从"输血"逐渐过渡到"造血"，不但要加强政府主导的贵州民族文化国际交流项目，同时也要鼓励来自民间的国际交流活动。

第二，民族文化国际传播人才短缺。"一带一路"建设有"五通"，民心相通是"一带一路"建设的社会根基，而"语言互通"是"民心相通"的前提与保障。中国文化的国际传播需要了解中国文化、通晓国际规则、掌握传播知识的多领域、跨学科、复合型人才。目前贵州民族文化国际传播的实践多集中在外语语言传播，特别是英语翻译层面，亟须培养或吸引能讲贵州故事、会讲贵州故事、有国际化视野的多领域、跨学科、复合型人才投入贵州民族文化国际传播事业中。来华留学生和海外中文学习者对中国文化有较深的了解，且能够克服国际传播中的语言和文化壁垒，应鼓励其发挥在国际传播中的天然优势。

二、贵州民族文化与国际中文教育

来华留学生和海外中文学习者是中国文化的潜在传播者。相较于其他外国人，来华留学生群体有更充裕的时间来亲身感知中国文化。目前，在中国文化的国际传播研究领域，学界对在华留学生群体也做出了一些有益的探索。有学者基于地方文化视域，开展针对来华留学生群体的调研：李春雨（2006）通过"日常北京""文化背景""奥运北京"三个主题调查了外国留学生选择到北京留学的原因以及他们对北京的印象；孙乐芹等（2009）对昆明、北京、广州、上海四座城市高校的留学生文化适应状况进行了调查；刘宏宇、贾卓超（2014）开展个案研究，调查了中亚外国留学生在新疆的跨文化适应情况，发现社会环境、个体因素、语言障碍、原有的文化和心理四个方面是造成该群体跨文化适应问题的主要因素；吕小蓬（2015）调查了在京留学生对北京文化的认同情况；高金萍、王纪澎（2017）调查了来华留学生对中国文化的认知情况。

在贵州省，以来黔留学生为对象的文化研究主要集中在教学、管理以及跨文化适应情况等方面。张成霞、陈妮婧（2018）以贵州大学为例，介绍了如何通过开展多形式、多层面的文化、体育、教学活动，有效增强外国留学生对中华文化的亲近感、深化中外学生的友谊和文化理解；朱正斌（2020）以贵州师范大学为例，发现留学生对于贵州文化存在认知不足和认知片面的问题，建议通过多种渠道加强对来华留学生的贵州文化认同教育；梁吉平、杨艺（2018）以及郑东晓（2020）探索了将贵州地域文化融入对外汉语教学的方法，以帮助留学生在汉语学习过程中了解贵州文化。

《贵阳日报》2021年9月19日报道："截至去年底，来黔留学生人数已从2008年的数十人发展到4000余人，其中70%以上为东盟国家留学生。"[①]虽然贵州省的留学生人数在全国范围内不算突出，但却是贵州民族特色文化国际传播中非常特别的群体，可成为贵州民族文化国际传播的重要主体。来黔外国留学生多来自东盟国家，年龄集中在18～35岁，他们具有良好的教育背景，熟练掌握东盟国家的官方语言，有一定的汉语语言交流能力，跨文化感知中国文化的程度最深，还有着较强的做文化交流使者的意愿。其次，外国留学生同时具有"学生"和"外国人"两种身份，因学习的需要，他们在贵州的居住时间普遍为2～7年。该群体对中国文化的接触时间、接触渠道以及接触频率都明显高于因公、因商来黔居住或者短期来黔旅游的其他外国人士。因此，作为信息传递者，来黔外国留学生群体相对来说都能比较客观、准确地传播贵州民族文化。

此外，海外中文学习者同样也在中国文化国际传播中扮演着重要角色。学界和新闻界人士都关注到了自媒体短视频中的"洋网红"这一群体对中国文化国际传播的影响。王国华等（2018）首次在学术文献中明确提出并定义"洋网红"一词，他们对"洋网红"群体进行分类并梳理发展历程后发现，"洋网红"扮演着网红经济的发展者、"他者"视角下的国家形象构建者、国家间话题的关键讨论者和中华文化的传播者等角色。李连璧（2022）以YouTube

---

① 参见《"黔"景无限　共赢未来！写在2021中国—东盟教育交流周开幕之际》，网址为：http://www.gywb.cn/system/2021/09/24/031568277.shtml。

平台上在华外国人的自媒体账号为研究样本，重点分析其中国故事的生产模式和传播策略。孔子学院是外国人学习中文的重要媒介，李宏亮（2015）指出，孔子学院应从中华民族文化的全局观出发，不应局限于单一的汉民族语言文化推广。适当加强少数民族文化的海外传播，不但不会削弱孔子学院的职能，反而可以更好地在国际上宣传我国的民族政策，提升中国的文化软实力，有益于实现孔子学院的内涵式发展。还有一些学者基于区域国别视角，介绍了拉丁美洲、大洋洲、俄罗斯等地区和国家的孔子学院作为跨文化传播主体的中国文化传播情况（钟新、王雅墨，2022；马晓娜，2022；马静，2022）。

综上所述，来华留学生以及海外中文学习者在贵州民族文化国际传播领域具有独特的优势，在国际中文教育视域下，面向这两大学生群体进行贵州民族文化教育，是贵州民族文化国际传播的新方向，是讲好贵州故事的新策略，是未来贵州建设民族文化强省的新路径。

三、高校融入贵州民族文化国际传播的"两条主线"

人才是"一带一路"建设的重要基础和保障，而高校是人才培养的摇篮。在贵州民族文化国际传播过程中，高等教育机构的力量必须得到充分展现。截至2022年12月，贵州省有普通高等学校75所，其中本科院校29所、专科院校46所、具有外国留学生招收资格的院校32所。2021年，在黔外国留学生4000余人；贵州高校在海外共建孔子学院3所，其中，贵州大学承办2所，贵州财经大学承办1所。贵州高校应明确规划"来黔留学引进来"与"孔子学院走出去"两条外宣主线，抓住"来黔留学生群体"和"孔子学院海外中文学习者"这"一内一外"两大文化传播主体，讲好贵州故事，传播贵州民族文化，尽量做到目标一致、齐头并进、互联互动，构建贵州民族文化"走出去"的双线格局。

3.1 来黔留学引进来，重视留学生贵州民族文化教育

2021年5月31日，习近平总书记在主持中共中央政治局第三十次集体学习时就加强和改进国际传播工作发表重要讲话，强调要从全球视野出发，全面提升国际传播效能，采用精准传播方式，推进中国故事和中国声音的全球化表达、区域化表达、分众化表达，增强国际传播的亲和力和实效性。[①]

贵州的多民族文化是贵州最为突出的地域文化特色，也是来黔留学生最早、最多接触的文化特色。了解贵州民族文化能帮助留学生尽快熟悉并融入地方文化语境，缩短跨文化适应

---

① 参见《习近平在中共中央政治局第三十次集体学习时强调 加强和改进国际传播工作 展示真实立体全面的中国》，网址为：https://www.xinhuanet.com/politics/2021-06/01/c_1127517461.htm。

的过程，激发汉语学习的兴趣，也可以使他们更快地提升言语交际能力，同时在最短的时间内适应贵州的生活。

3.2 孔子学院走出去，共建联盟推广特色民族文化

孔子学院是中外合作建立的非营利性教育机构，是传播汉语和中国文化的交流机构。2009 年 11 月 6 日，贵州大学与美国普莱斯比大学（Presbyterian College）共建的普莱斯比大学孔子学院在南卡罗来纳州克林顿市揭牌成立，这是贵州高校在海外建立的第一所孔子学院；2013 年 3 月，贵州财经大学与非洲厄立特里亚高等教育委员会共建厄立特里亚高等教育委员会孔子学院；2019 年 10 月，贵州大学与非洲冈比亚共和国冈比亚大学（University of the Gambia）共建冈比亚大学孔子学院。

作为中国文化对外传播的窗口，目前孔子学院教授的文化内容以中国传统文化为主，如书法、中国画、武术、传统服饰、包饺子、做灯笼等。与这些文化相比，各地独具特色的地方文化能使学习者产生个人情感联结，越来越受到中文学习者的欢迎。而与单纯的文化教学相比，参与文化活动更能调动中文学习者的积极性。因此，我们建议贵州高校的孔子学院适时开展贵州民族文化体验活动、文化交流项目或文化研讨活动，让身在海外的中文学习者与贵州建立起更为紧密的心理联系。此外，适时成立贵州省孔子学院联盟，邀请贵州省内其他高校共建贵州文化国际传播智库，共同研讨贵州民族文化国际传播的内容与路径，建立多层次交流机制，加强贵州民族文化在海外汉语教学活动中的应用，也必然能够加强贵州民族文化在国际范围内的有效传播力度。

笔者认为，贵州高校应进一步贯彻落实贵州省委、省政府印发的《关于建设多彩贵州民族特色文化强省的实施意见》，发挥教育主体优势，把来黔外国留学生和海外中文学习者从文化传播客体转变为文化传播主体，积极推进贵州民族特色文化国际传播进程，丰富中华文化"走出去"与世界其他文明交流融合的途径，助力多彩贵州民族特色文化强省建设。

四、高校融入贵州民族文化国际传播的发展路径

贵州民族文化是中国文化的重要组成部分，凝结了贵州各民族人民对自然的认知以及对生活的态度，贵州地区少数民族的历史文化、地理地貌、民族生活、语言艺术都独具特色。笔者通过日常了解，发现留学生对平时易见的贵州风物感知最为明显，但对其背后的文化来源知之甚少。因此，贵州高校在课程设置、教学内容等方面都应该多结合贵州的地域文化，注重开发和利用本土文化资源，让学生多了解贵州独特的自然景观与人文景观，讲好贵州故

事，传播好贵州声音，展示真实、立体、全面的贵州。这不仅有利于传播贵州的民族文化，也有利于贵州省经济的发展与繁荣。

4.1 课堂带动，开设贵州民族文化特色课程

教学是高校面向中文学习者开展省情教育的重要途径。2007 年 9 月，贵州高校面向中国学生统一开设"贵州省情"课程，以帮助大学生了解贵州、热爱贵州，树立建设贵州、发展贵州的崇高理想。2017 年教育部、外交部、公安部联合制定的《学校招收和培养国际学生管理办法》（第 42 号令）第十六条明确规定："汉语和中国概况应当作为高等学历教育的必修课。"[①]据笔者访谈了解，贵州省高校全部按照要求面向来黔留学生开设"中国概况"课程，一般在大二阶段开设一学期或一学年，但囿于经费限制，学习方式以传统的讲授式为主，实践性、体验性的文化活动不多。

为进一步整合贵州高校的教育教学资源，发挥贵州 3 所孔子学院在国际传播、国际中文教育、区域国别研究、中外友好合作与人文交流等方面的重要作用，笔者建议贵州省各大高校借鉴辽宁省孔子学院合作大学联盟、江西省孔子学院工作联盟以及粤港澳大湾区孔子学院合作大学联盟的成功经验，由贵州大学牵头，联合贵州财经大学组建成立贵州省孔子学院合作大学联盟，邀请贵州其他高校相关领域专家作为智库成员入驻联盟，3 所孔子学院驻外人员与贵州省内专家联手，共同设计面向外国人的"贵州民族文化课程"，编写面向外国人的《贵州民族文化读本》，系统、全面、客观且有针对性地介绍贵州和贵州文化的基本知识。基于《贵州民族文化读本》，借助"贵州民族文化课程"，实行文化教学与实践教学的双线并行机制，根据贵州省发展和服务"一带一路"建设工作的需要，不断完善面向外国留学生的贵州文化教育课程体系建设。

4.2 活动增效，开展贵州民族文化特色赛事

组织文化实践活动要做到"内外兼顾"，具体建议如下。一是组织在黔外国留学生积极参加一年一度的"中国—东盟教育交流周"和"汉语桥"在华留学生中文大赛等活动。二是积极鼓励孔子学院中文学习者参加"汉语桥"世界大学生中文比赛、"汉语桥"世界中学生中文比赛，以赛促教，通过参加比赛提高外国留学生的中文水平，在文化展示环节尽量融入贵州民族文化，提高贵州文化在国际交流平台上的曝光率。三是设置基于贵州省情的特色文

---

① 参见《学校招收和培养国际学生管理办法》，网址为：http://www.moe.gov.cn/srcsite/A02/s5911/moe_621/201705/t20170516_304735.html。

化活动及赛事。首先，各高校基于"贵州民族文化课程"与《贵州民族文化读本》，组织贵州省情知识问答比赛；其次，各高校认真挖掘本地特色资源，组织贵州省留学生文化联谊实践活动。最后，通过申报承办中国—东盟教育交流周"知行贵州"项目，逐步完善本校所在地区的贵州民族文化实践项目，邀请省内其他高校的中外学生团队到本地区共同参加贵州文化实践活动（孔子学院中文学习者可采用线上方式参与），在实践活动中进一步加强中外青年的文化交流，从而推动课程与实践的深度融合。

4.3　多方助力，开创贵州民族故事讲述渠道

讲好贵州故事需要为培养的人才搭建平台。从课堂上"听来的"贵州文化发展到实地"体验到的"贵州文化，孔子学院的中文学习者和在黔外国留学生对贵州民族文化的认识逐渐加深，人才培养机制逐步成熟。笔者建议政府、高校、企业三方联动，各司其职，为在黔外国留学生搭建推介贵州民族文化的平台。乡村振兴、感知中国、直播带货、易地扶贫搬迁、多彩民族文化都是现阶段社会热度较高的话题。高校与政府、企业合作开展的教育实践，有助于实现贵州文化"走出去"的政策性目标；有助于企业参与贵州高校教育，深化产学研合作，助力贵州文化走上国际舞台；有助于高校培养服务贵州、具有中国情怀、讲好贵州故事的外国中文学习者。

五、结论

区别于传统的新闻传播方式与外语翻译视角下的文化国际传播研究，本文从国际中文教育入手，梳理了贵州民族文化国际传播的研究现状，分析了目前贵州文化国际传播的不足，提出了贵州高校融入贵州民族文化国际传播的两条外宣主线——"来黔留学引进来"与"孔子学院走出去"。本文建议：抓住"来黔留学生"和"贵州海外孔子学院学生"两大文化传播主体，组建三校合作、全省合力的"贵州省孔子学院合作大学联盟"，并着手实施"课程带动—活动增效—多方助力"三步走的校、政、企三方联动机制，为贵州民族文化国际传播提供新的路径。

参考文献

柏格理，东人达. 苗族纪实 [J]. 贵州文史丛刊，2000（1）：85-92.

布里尔. 这些贵州人 [M]. 刘云云，刘心莲，欧阳伟萍，译. 北京：外文出版社，2012.

杜侠. 浅谈贵州民族文化的对外传播 [J]. 贵州民族研究，2016（12）：141-148.

高金萍，王纪澎. 来华留学生：中国文化对外传播的重要力量——基于北京地区来华留学生对中国文化

认知的调查 [J]. 对外传播，2017（9）：3.

何琼. 贵州民族文化传播与当代旅游业发展研究 [J]. 理论与当代，2016（11）：35-37.

李春雨. 北京文化的异域审视——针对在京留学生群体的考察 [J]. 北京师范大学学报（社会科学版），
2006（6）：122-126.

李宏亮. 孔子学院传播少数民族文化的意义与策略 [J]. 贵州民族研究，2015（5）：207-209.

李连璧. YouTube 平台上在华外国人如何演绎中国故事 [J]. 传媒，2022（5）：55-58.

梁吉平，杨艺. 贵州地域文化在对外汉语教学中的应用研究 [J]. 教育文化论坛，2018（6）：19-24.

刘宏宇，贾卓超. 来华留学生跨文化适应研究——以来华中亚留学生为个案 [J]. 中央民族大学学报（哲
学社会科学版），2014（4）：171-176.

刘祥平. 论大众传播媒介与贵州民族地区民族文化传播 [J]. 贵州民族研究，2009（3）：74-77.

吕小蓬. 跨文化视野下的北京文化国际推广——在京留学生的北京文化认同调查 [J]. 中华文化论坛，
2015（3）：11-18.

马静. 中国在俄罗斯的国家形象塑造与传播——以孔子学院为例 [J]. 文化创新比较研究，2022（19）：
167-170.

马晓娜. 孔子学院文化传播现状考察与策略研究——以大洋洲为例 [J]. 文化学刊，2022（2）：197-200.

孙乐芩，冯江平，林莉，等. 在华外国留学生的文化适应现状调查及建议 [J]. 语言教学与研究，2009
（1）：41-48.

田素美. 山地旅游背景下贵州民族文化开发与传播研究——以西江千户苗寨为例 [J]. 广西职业技术学院
学报，2019（6）：74-80.

王国华，高伟，李慧芳. "洋网红"的特征分析、传播作用与治理对策——以新浪微博上十个洋网红为
例 [J]. 情报杂志，2018（12）：93-98.

王蕾，黄竹兰. 从媒介化视角看短视频对贵州少数民族文化传播的影响 [J]. 贵州民族研究，2021（3）：
147-151.

吴斐. 异化翻译观下的贵州民族民俗文化译介与传播 [J]. 贵州民族研究，2014（10）：121-124.

杨菁. "讲好中国故事"背景下贵州民族特色文化传播 [J]. 贵州民族研究，2022（3）：78-82.

杨秀岚. 中国英语与贵州民族文化传播 [J]. 贵州师范学院学报，2013（4）：37-40.

张成霞，陈妮婧. 开一扇中外文化交融共赏的世界之窗——基于贵州大学培养外国留学生中华文化情结
的实践 [J]. 教育文化论坛，2018（4）：42-46.

郑东晓. 新时代面向国际学生的地域文化教学探讨 [J]. 开封文化艺术职业学院学报，2020（8）：100-
102.

钟新，王雅墨. 以节日共情：拉丁美洲孔子学院跨文化传播考察 [J]. 新闻战线，2022（21）：93-95.

朱丹. 优化传播路径 助推多彩贵州民族特色文化传播 [J]. 电视指南，2017（15）：167-168.

朱正斌. 来华留学生贵州文化认同教育探析——以贵州师范大学为例 [J]. 公关世界，2020（18）：62-
63.

区域国别中文教育研究

东非共同体"中文＋职业技能"教育模式探索 *

曾广煜　重庆师范大学文学院

摘　要　东非共同体"中文＋职业技能"教育与东非地区国际中文教育事业同步发展，经历了自发尝试期、自觉培育期和起步期，现已进入快速发展期，形成了加合模式、结合模式、整合模式和融合模式四种教育。今后应以服务国家发展新格局、汇聚多元支撑新力量、创建因地制宜新模式为方向，促进东非共同体"中文＋职业技能"教育高质量发展。

关键词　东非共同体　中文＋　职业技能　国际中文教育

国际中文教育事业经过 70 余年的发展，已取得显著成果。目前全球已有 70 多个国家将中文纳入国民教育体系，4000 多所国外大学开设了中文课程，中国以外正在学习中文的人数约 2500 万，累计学习和使用中文的人数近 2 亿（田学军，2020）。百年未有之大变局下，我国日益走近世界舞台中央，综合国力和社会经济的持续增长吸引了越来越多的人学习中文和中国各个方面的长处，职业技能也是其中的一个重要内容。

经过几十年的积累，我国职业教育的国际化已经达到了较高水平，目前国际化的总体方向是引进与输出并举，在继续引进国外先进教育思想、教育模式的同时，要积极"走出去"办学，输出我们自己的教育理念、教育模式以及相应的教育资源（郝平，2016）。但是，中国职业教育和中国企业在"走出去"以及融入当地发展的过程中，面临着当地雇员中文能力有限、与中国文化融合困难等突出矛盾和问题。在这种形势下，推动国际中文教育与职业教育"走出去"协同发展，构建面向新时代的国际中文教育与职业教育高质量发展新体系，成为"十四五"期间我国教育领域改革创新发展的重要任务。实施"中文＋职业技能"教育是实现国际中文教育与职业教育融合发展，更好推动我国职业教育办学模式、办学标准"走出去"，提升中文使用价值和实用价值的重要举措；也是我国教育对外开放的应有之义，是提

---

* 本文是教育部中外语言交流合作中心 2022 年国际中文教育研究课题"多语环境下东非共同体中文教育研究"（22YH14B）的研究成果。

升我国教育国际影响力、打造教育国际品牌的重要实践。打造"中文＋职业技能"教育模式，并开展相关的课程设计、教育资源开发、考核评价体系构建以及相关证书开发等工作，是提升我国产业技能标准国际适应性的现实需要（教育项目研究组，2021）。

2018年第十三届全球孔子学院大会上，时任国务院副总理孙春兰在致辞中强调："要实施'汉语+'项目，因地制宜开设技能、商务、中医等特色课程，建立务实合作支撑平台。"[①]作为发展中国家最集中的地区，非洲拥有丰富的劳动力资源，在工业化进程中，各类技能型人才是促进非洲经济社会发展的重要支撑。此类人才不足，且同时缺乏技术型人才，使得非洲各行业经济发展较为缓慢。中非合作论坛召开之后，中非教育交流与合作也进入了快速发展阶段，该阶段的显著特点为多层次、多形式和多领域的职业教育合作，主要合作形式为专业知识普及、职业技术教育培训、设立孔子学院等。依据中非合作前景及非洲经济社会发展现状，"中文＋职业技能"教育是当下最符合非洲学员的实践操作模式。将中文教育与职业技能教育结合起来，不仅是适应新时代条件下国际中文教育内涵式发展的要求，也是服务中国企业和中国标准"走出去"的优化路径。东非多国在探索"中文＋职业技能"教育的路上已有不少尝试，经过十余年的探索，逐渐形成了几种因地制宜的"中文＋职业技能"教育模式，为"中文＋职业技能"教育的高质量发展奠定了坚实基础。

一、东非"中文＋职业技能"教育的实践探索

1.1 自发尝试期：专门用途的中文班

2005年12月，非洲第一所孔子学院——内罗毕大学孔子学院在肯尼亚首都内罗毕揭牌。此后，东非共同体（以下简称"东共体"）[②]多国先后开办孔子学院，东共体中文教育事业发展进入繁荣时期。东共体国家学习中文的学生多数是为了去中国留学或者在当地中资企业和中国公司就业。东非多国中文教育机构，尤其是孔子学院，开始为有特殊需求的学员开设专门用途中文班。例如：中国政府奖学金预科班，为计划留学中国的学生培训基本语言技能；移民局中文专门班，为移民局工作人员培训海关常用中文；竹编技术培训中文专门班，为援卢竹编小组的卢旺达当地员工培训中文；中资企业和大使馆雇员专门班，为在中国大使馆和

---

① 参见《孙春兰出席第十三届孔子学院大会并致辞》，网址为：http://www.gov.cn/guowuyuan/2018-12/04/content_5345736.htm。

② 东非共同体（East African Community）最早成立于1967年，成员有坦桑尼亚、肯尼亚和乌干达三国，曾于1977年解体。1999年，三国恢复成立东非共同体。2007年，卢旺达和布隆迪加入；2016年，南苏丹加入；2022年，刚果（金）加入；2023年，索马里加入。目前东共体共有7个成员国。

中资企业工作的长期雇员培训中文等等。

这些专门用途中文班开启了中文与职业技能教育相结合的尝试。此后，东非多国孔子学院不断扩展中文与职业技能教育结合的领域，深化中文与职业技能教育结合的内容，探索中文与职业技能教育结合的模式。

1.2 自觉培育期：开设"中文 +"特色课程

"中文 +"课程经历了几个发展阶段：第一是以孔子学院为主的中文教育机构在进行中文教学之外，增设专业技术培训课程，将中文教育与职业技术培训结合起来，同时教授中文和专业技术，以更好地为当地经济社会发展服务；第二是先进行中文教学，待学生达到一定中文水平后，将中文作为学习技术的工具，继续进行职业技术培训；第三是扩大"中文 +"辐射范围，鼓励有条件、有能力的孔子学院结合当地实际，以中文教学为基础，与当地各个行业相结合。

经过多年的发展，"中文 +"模式取得了一些成效，并形成了一定的发展规模。目前，全球有 40 多个国家的 100 多所孔子学院开设"中文 +"课程，课程涉及领域多达数十个，如高铁、经贸、旅游、海关、航空等。东共体国家也开设了不同的"中文 +"特色课程。如卢旺达大学孔子学院在竹编现场授课，结合职业技能开设中文课程，形成了第一个"中文 +"特色课程项目。该项目的成功迅速复制到我国援卢旺达医疗队和援卢旺达农业示范中心项目中，形成了"中文 + 医护培训"课程和"中文 + 农业技术培训"课程等"中文 +"特色课程。

1.3 起步期：实施"中文 +"和"+ 中文"双轨工程

东共体多国于 2019 年开始实施"中文 +"和"+ 中文"双轨工程。双轨工程是指同时实施"职业 + 中文教育"和"中文 + 职业教育"。一方面，中文教育机构继续与所在国或地区的中资企业合作，针对拥有一定职业技能并已就业的当地员工开发"中文 +"特色课程，实施"职业 + 中文教育"工程。这类课程的特点是学习对象先有职业技能基础，再通过中文教育培训提升自身在中资企业的竞争力，如卢旺达大学孔子学院在服装制造厂开设的"服装制造 + 中文"特色课程。另一方面，中文教育机构在积极培养中文人才的同时，推荐学生到中资企业实习和就业，实施"中文 + 职业教育"工程。这类课程的特点是学习对象先有中文基础，再通过在中资企业或公司实习、工作获得职业技能。

双轨工程的实施是基于东共体中文教育的实际情况，以及东共体中资企业、公司对中文人才日益增长的需求。由于东共体经济发展相对缓慢，基础设施落后，大多数中文学习者学习中文的动机更趋向于功利性和实用性，他们更愿意将中文作为一种求职的工具，为自己将来找到一份合适的工作而服务。"中文 + 职业教育"和"职业 + 中文教育"双轨工程是以孔子学院为主的中文教育机构结合自身资源及所在地中资企业和机构的优势联合开展的项目，既能满足学员的要求，又能适应当地经济发展需要。按照目前的发展情况，即使在东共体"中文 + 职业技能"教育发展出成熟模式后，这项工程也将继续开展。

1.4　快速发展期：建设"中文 + 职业教育"基地

中文教育和职业教育二者的结合是就业需求和服务学生发展的必然结果，尤其是在非洲国家和地区，这两类教育或早或晚地出现在以中文教育为主体的机构或以职业教育为主体的机构。在东共体，这两类教育结合的早期阶段也呈现出吴应辉、刘帅奇（2020）总结的其他国家"中文 +"和"+ 中文"的特点。

2018 年 9 月 3 日，习近平主席在中非合作论坛北京峰会上宣布实施"八大行动"，明确提出"在非洲设立 10 个鲁班工坊，向非洲青年提供职业技能培训"[①]。作为中非共建"一带一路"人文交流合作平台的重要举措，鲁班工坊在填补中非职业教育合作空白等方面取得了突破。2019 年召开的国际中文教育大会专门设立了"中文 + 职业技能"专题论坛。同年 12 月，中国天津城市职业学院与肯尼亚马查科斯大学共建的肯尼亚鲁班工坊揭牌运营。该工坊与中国华为技术有限公司合作，在马查科斯大学以云计算专业和物联网专业为基础，开展学历教育和职业培训，以便为肯尼亚培养熟悉计算机网络技术、标准和产品的本土化人才。

以鲁班工坊和中文工坊为代表的项目标志着"中文 + 职业技能"教育进入快速发展期。鲁班工坊是以职业教育为主的"+ 中文"项目，中文工坊是以中文教育为主的"中文 +"项目，两类项目均将中文教育和职业技能教育相融合，能够实现"中文 + 职业技能"教育的高质量发展。

二、东非"中文 + 职业技能"教育的模式

结合东共体国家现有的"中文 + 职业技能"教育发展状况，根据"中文 + 职业技能"教育结合的不同情况，我们将其凝练成四种模式：加合模式、结合模式、整合模式和融合模式。这四种模式不仅存在于东非，也代表着非洲很多国家和地区在"中文 + 职业技能"教育探索道路上所形成的不同模式。

---

① 　参见《习近平在 2018 年中非合作论坛北京峰会开幕式上的主旨讲话》，网址为：http://www.gov.cn/xinwen/2018-09/03/content_5318979.htm。

2.1 "中文 + 职业技能"教育的加合模式

"中文 + 职业技能"教育的加合模式指的是中文教育和职业技能教育分属两个不同的教学主体，教学内容也互不相关，各有自己的教学团队、教材、教学方法，学生作为受众同时或先后接受两类教育培训。加合模式一般出现在早期阶段，有以下几种情况。

（1）学生从职业技能培训机构或职业教育院校学习到一些技能之后再单独学习中文。非洲的中资企业（无论是国有还是私营）对当地人才的需求量一直很大。一些从职业院校或者职业技能培训机构毕业的学生，虽然拥有工作所需的基础技能，但仍需要中方专家或中国技术人员的指导和支持。此类学生接受的教育属于较为基础的职业教育，多数人不会外语，特别是不会英语和汉语，大大影响了工作效率。这种情况下，学生会主动寻求中文学习的机会，使自己具备"中文 + 职业技能"的能力。

（2）学生在孔子学院或培训机构学习中文之后再去接受职业技能培训。在非洲一些国家和地区，一些学生有机会在孔子学院或中文培训机构学习中文，他们学习中文的动机多为在中资企业找到了工作。然而，中资企业仅需要极少的中文翻译人才，需要最多的是懂中文和专业技术的人才。因此，一些在孔子学院或中文培训机构学过中文的学生，在中资企业找到工作后，会主动寻求一些职业技能方面的提升，最终使自己具备"职业技能 + 中文"的能力。

（3）学生同时在中文教学机构和职业技能培训机构接受教育和培训。在失业率较高的非洲国家，很多待业青年为获得工作岗位，会寻求多种培训机会，以提高自己的就业竞争力。随着中国在非洲影响力的不断提升，不少待业青年主动寻求中文学习和职业技能培训的机会。以卢旺达为例，因收费较低，卢旺达大学孔子学院吸引了不少待业青年前来学习，这些年轻人往往同时在卢旺达政府提供的免费职业技能培训中心接受就业培训。

（4）学生已通过接受的职业技能教育获得就业机会，但在工作中还需要接受中文教育。在中文教育的实践中，我们经常会遇到这样的情况：一些学生已掌握了一定的职业技能，并且在某些公司、工厂等机构工作，为了提升自身的竞争力，同时出于对未来中文市场的看好，他们会在工作之余（如夜晚、周末）到孔子学院或中文培训机构参加中文课程的学习。

（5）学生通过接受中文教育已获得就业机会，但在工作中还需要接受职业技能培训。比如，有些学生通过在孔子学院或中文培训机构学习中文而获得了在中资企业或中文环境下的机构等单位工作的机会，他们最初是作为语言服务者就业的，比如翻译。随着工作环境的变化或时间的推移，公司或个人发现其中文水平还远不能胜任翻译岗位，于是这些学生会利用在中资企业工作的便利，主动寻求提升职业技能的机会。

加合模式是中文教学和职业技能教育的被动结合，它是由学习者出于自身的需求而在两者之间建立的联系，中文教育机构和职业教育机构没有主动为二者的联系做出努力。因此，二者是独立进行的，中文教学的内容跟职业技能教育没有关系，职业技能教育也不涉及中文教学。但这种模式在一定程度上反映了学习者的需求，也反映了就业市场和非洲国家经济社会发展对人才的需求。

2.2 "中文＋职业技能"教育的结合模式

"中文＋职业技能"教育的结合模式是指中文教育机构或职业技能教育机构中的一方或双方主动与对方所擅长的领域结合。双方在中文教学和职业技能教育的内容上互不相关，教师队伍也没有交集，各自负责各自领域的考核，但二者因学生的需求而结合。或者是孔子学院、中文教育机构主动寻求对中文学习者的职业技能培训，或者是职业培训机构、职业院校主动寻求对学习者的中文教学。区别于加合模式，结合模式是中文教育机构和职业技能教育机构双方主动将二者结合，使学生既有专业技术能力，又有中文沟通能力。

（1）中文教育机构主动寻求与职业技能教育的结合。上文所述的卢旺达大学孔子学院所开设的"中文＋竹编技术培训""中文＋医护培训""中文＋农业技术培训"等"中文＋"特色课程基本属于此类。

（2）职业院校或职业技能教育机构主动寻求与中文教学的结合。如卢旺达大学孔子学院应邀在卢旺达职业技术大学开设的中文课程就属于此类。这种基于职业院校或职业技能教育机构需求的中文课程教学在中文需求旺盛的今天非常普遍。

这种结合模式一般出现在孔子学院兴办之初。孔子学院是以中文教学为主业的非营利性教育机构，同时肩负中外人文交流的使命。但随着孔子学院学员的逐年增加，除了一部分转变为中文专业或中文系其他专业外，更多的学员不能将中文作为自己的专业，以研究中文为毕生事业的更是少之又少。绝大多数学员是将中文作为交际工具来学习的。中文学习者的交际需求和工具性动机决定了中文是工具而不是目的。因此，"中文＋职业技能"教育模式是大部分中文教育机构的必经之路。但是这种模式下的教学资源、教师、教材仍然相对独立，负责中文教学的教师通常不懂职业技术，教授职业技术的教师也无法进行中文教学。

2.3 "中文＋职业技能"教育的整合模式

"中文＋职业技能"教育的整合模式是指中文教育和职业技能教育涉及三方或多方力量，多方力量参与到了人才培养过程，最终使学生成为既懂中文又懂职业技术的复合型人才。在这种模式下，中文教学和职业技能教学不是简单的不同时段或不同主体分别对学习者进行教育培训，而是在教学资源、教师团队、教材内容甚至培养模式上彼此互通有无，发挥各自优势。根据教学内容和教学主体所起作用的不同，这种模式也分为不同的类型。

（1）以中文教学为主的"中文＋职业技能"教育。即中文教育机构在教授中文的同时，积极为当地企业、单位和机构解决语言需求问题，开设专门用途的中文班。如卢旺达大学孔子学院开设的"卢旺达移民局海关汉语专门班""武术汉语班"等，都是以某一职业为工作内容的中文专门用途班。这种根据学生的职业需求或工作需求定向开设的中文专门用途班在教学内容上以"通用中文"为主，视具体情况增加"专门用途中文"内容，教师以中文教育方面的专业人士为主，所用教材也是语言教材。

（2）以职业技能教育为主的"中文＋职业技能"教育。即职业技能教育机构在教授职业技能的同时，积极为学员提供多种形式的中文教育，以减少职业技能教育过程中的信息损耗，提高职业技能教育的效率。如卢旺达穆桑泽职业技术学院与卢旺达大学孔子学院合作，由孔子学院在该校开设基础中文课程，学生在该校学习一定的中文和职业技能后，再到金华职业技术学院深造。这种整合方式的最终目标是培养学生的职业技术能力，中文教育处于从属地位，以服务职业技能教育为目的。

整合模式的特点是中文教学突破了以通用语言能力为目标的培养方向，或与职业教育机构合作，或与职业应用场景主体合作，有针对性地开设专门用途汉语；同样，职业技能教育也突破了以职业技能为单一目标的培养方向，在不少使用外语、借助翻译等手段进行职业技能培训的机构中增设中文教育，为中国职业教育标准体系、教材体系、评估体系等的输出奠定了基础。

整合模式是以中文教育机构或职业教育机构为桥梁的多方"中文＋职业技能"教育，但主体机构只有一个，哪个机构负责招生和管理，哪个机构就是主体机构。多方教育主体的中文教育资源、职业技能教育资源通过一方或多方整合到一个有机联系的整体中，它虽然表现为中文教学和职业技能教学的相对独立，但其发展方向和最终目标是"中文＋职业技能"教育的深度融合。

2.4 "中文＋职业技能"教育的融合模式

"中文＋职业技能"教育的融合模式是中文教学和职业技能教育高质量融合的结果。这种模式下的教学内容是职业技能，但教学媒介语言、教材语言等都是中文，学生在习得职业技能的同时也习得了中文和中国文化；教师是既懂职业教育又懂中文教育的双师型人才；培养的人才同时精通中文和某一方面的职业技能。负责中文教学和职业技能教育两个领域的主体可以融合为一体，如中国职业院校海外办学；二者也可以独立，但合作必须是深层次的、多维度的，如合作开发职业中文教材、合作推广双证书制度等。

（1）以鲁班工坊为代表的融合。鲁班工坊是我国职业教育标准输出的代表，它以中文为载体和工具，向世界各国输出我国的职业教育体系。鲁班工坊采取学历教育与职业培训相结合的方式，在建设实训中心、提供先进教学设备的同时，中方还组织教师和技术人员为非洲当地教师提供技术技能培训，并邀请其来华实地交流，切实加强课程开发、专业标准设置等方面的能力建设。鲁班工坊促进了非洲职业教育的发展与创新，帮助非洲培养了一批具有现代职业知识和技术技能的青年劳动者，受到了当地人士的好评。截至 2021 年，非洲已建成 14 所鲁班工坊。[①]

（2）以职业院校海外办学为代表的融合。为了更好地满足非洲国家的需求，促进教育国际化不断深入发展，一些中国职业教育机构也探索"走出去"办学模式，与非洲国家合作开办了职业教育机构。如宁波职业技术学院在贝宁建立的中非（贝宁）职业教育学院、黄河水利职业技术学院与南非北联学院合作创办的南非大禹学院、金华职业技术学院与卢旺达穆桑泽职业技术学院合作建立的穆桑泽国际学院、天津职业技术师范大学与埃塞联邦职业技术教育与培训学院（原埃塞 – 中国职业技术学院）共同创办的埃塞俄比亚职业教育孔子学院、北京信息职业技术学院与埃及苏伊士运河大学和埃及 MEK 基金会合作共建的埃中应用技术学院等。这些机构采取共同管理、合作办学方式，集合中非双方优质资源，开设非洲国家紧缺专业，有正规的教学场地和科学的管理机制，在帮助当地培养技术技能人才方面取得了良好效果（牛长松，2016）。以某一职业为办学特色的孔子学院，如中医药孔子学院、纺织孔子学院、音乐孔子学院等也属于此类。

融合模式是"中文 + 职业技能"教育未来发展的方向，除了以职业院校为主体的发展类型，未来也会有以中文教育机构为主体的发展类型，比如在职业院校内建立中文工坊，或者以建成中国特色的海外国际学校为发展目标的孔子学院、华文学校等。

综上四种"中文 + 职业技能"教育模式详见表 1。

表 1　"中文 + 职业技能"教育模式

模式	特点	子类型
加合模式	①学员出于自身在中文和职业技能方面的双重需求，中文和职业技能被动结合 ②教师、教材、管理分属互不相关的两类机构	①具有职业技能后 + 中文 ②具有中文水平后 + 职业技能 ③同时接受中文和职业技能教育

---

① 参见《全球连线 | "这才是最好的培训班"》，网址为：http://www.news.cn/world/2021-11/28/c_1128108803.htm。

结合模式	①中文教育机构或职业技能教育机构中的一方或双方主动与对方所擅长的领域结合 ②教学内容有交叉，有专门用途教材	①中文教育机构主动寻求与职业技能教育的结合 ②职业院校或职业技能教育机构主动寻求与中文教学的结合
整合模式	①中文教育和职业技能教育涉及三方或多方力量，且各方均参与到复合型人才的培养 ②教学资源、教师团队、教材内容优势互补	①以中文教学为主的"中文＋职业技能"教育 ②以职业技能教育为主的"中文＋职业技能"教育
融合模式	①中文教育和职业技能教育机构融为一体或深度融合 ②教学内容是职业技能，但教学媒介语言、教材语言等都是中文 ③教师是既懂职业教育又懂中文教育的双师型人才 ④培养的人才同时精通中文和某一方面的职业技能	①鲁班工坊 ②职业院校海外分校 ③中外合办职业院校 ④中文工坊 ⑤职业／行业特色孔子学院

三、促进东非"中文＋职业技能"教育高质量发展

东共体"中文＋职业技能"教育经历了自发尝试期、自觉培育期和起步期，现已进入快速发展期。以孔子学院为主体的中文教育机构应继续聚焦中文教学主业，以服务国家发展战略为根本遵循，在教育部中外语言交流合作中心（以下简称"语合中心"）等支持机构的指引下，因地制宜创新手段，促进"中文＋职业技能"教育高质量发展。

3.1 服务国家发展新格局

"中文＋职业技能"教育高质量发展必须坚持服务国家发展战略，围绕"一带一路"倡议的"五通"建设开展相应的"中文＋职业技能"教育。政策沟通是"一带一路"共建国家经济合作、互利共赢的政治基础，可据此开展法律法规、政策制度等专业的中文教育；设施联通是"一带一路"合作的硬件基础，围绕铁路、港口、能源、通信、互联网等方面的建设，可开展铁路、电建、驾驶、焊接技术等的"中文＋"课程；贸易畅通是"一带一路"经贸交流的重要渠道，中国企业"走出去"推动了中外合资企业、境外园区的建设发展，可据此开展"中文＋商贸""中文＋海关""中文＋电商"等课程；资金融通是"一带一路"建设的专门领域，也是各国合作、项目开展的重要金融支撑，可据此开展培养既懂中文又了解金融知识、金融机构、金融市场的专业人才的"中文＋"教育；民心相通是"一带一路"的民意基础，只有得到各国人民的认可和支持，"一带一路"才能走深走实，可据此开展关注民生、减贫和就业相关的"中文＋"教育，助力民心相通更为扎实务实，而语言互通是民心相通的基础和前提，"一带一路"需要语言铺路（李宇明，2015）。总之，要打造具有开放视野

的高素质国际中文教育人才队伍，就要以良好的语言交流、跨文化交际和宏观把控能力，全面、准确、及时地把握"中文＋职业技能"教育需求的变化，以服务国家发展战略的新格局。

3.2 汇聚多元支撑新力量

一是联合海外中资企业，以质量为根本，以培训为载体，以专业为依托，结合所在国实际情况，开发符合当地经济发展需要的国别化职业技能标准，为所在国的学员就业创业提供便利与支持；同时依托所在国教育主管部门、海外中资企业、教育机构和职业院校等，逐步搭建校企合作、协同育人的"生态圈"（教育项目研究组，2021）。

二是依托综合资源优势，创造技术培训、学历培养与非学历培养的奖学金项目等形式，为"中文＋职业技能"教育特色化发展提供全方位的支持；进一步加强与当地政府部门、企业行业等社会各单位的沟通协作，从而有效提高自身国际化水平，获得合作共赢的发展机会。

三是发挥本土人才作用，培养本土教师，建设双师型教师队伍。目前通晓中国语言文化且具备职业技能的复合型中文教学人才十分紧缺。特别是受新冠疫情的影响，一些过度依赖"输入型"中文教师的教学机构无法正常开展工作，本土师资建设的紧迫性及重要性日益凸显。

四是持续搭建"中文＋"合作平台，推进与企业、职业院校的合作，助力"通中文、精专业"的复合型人才培养，推动中文教学机构和职业技能教育机构的深度交流与合作；深化与中资企业的合作，搭建职业技术特色平台，企业也可以直接参与"中文＋职业技能"教育的人才培养，激发企业和其他社会力量参与办学的积极性。

五是利用国内优势资源，形成多元主体支撑。根据东共体的实际情况，调研各成员国对职业技术人才在一定时间段内的需求趋势，确立重点培训专业，并由孔子学院等中文教育机构中方承办院校牵头，统合所在省市区域在相关专业方向上有优势的院校和企业，建立起科学合理有效的统筹协调机制，通过人员交流，多方合力成立孔子学院职业技术能力培养的行业性和区域性多元主体支撑体系。

3.3 创建因地制宜新模式

语合中心在《构建"中文＋职业技能"教育高质量发展新体系》一文中建议，应积极开展"中文＋职业技能"教育国别调研，对所在国职业技能培训、现有职业技能证书以及相关法律法规等进行研究，确定分国别、分领域的整体实施框架和分阶段实施方案。（教育项目研究组，2021）

我们应遵循上述方案，开展东共体国别区域职业技能培养、培训和教育基本情况的调研，根据东共体经济社会发展状况，结合中国企业在东非的发展现状和趋势，发挥孔子学院在中文教育领域的优势，因地制宜地建设东共体"中文＋职业技能"教育体系，适时总结经验，提升理论，形成"中文＋职业技能"教育新模式。

东共体"中文＋职业技能"教育过去十余年的实践探索是其中文教育事业发展的必经之路，目前所形成的四种"中文＋职业技能"教育模式是其中文教育事业发展的必然结果，而"中文＋职业技能"教育也是未来东共体中文教育事业发展的方向。

参考文献

郝平. 统筹国内国际两个大局　做好教育对外开放工作 [J]. 求是，2016（9）：7-9.

教育项目研究组. 构建"中文＋职业技能"教育高质量发展新体系 [J]. 中国职业技术教育，2021（12）：119-123.

李宇明."一带一路"需要语言铺路 [N]. 人民日报，2015-09-22（7）.

牛长松. 中非合作夯实非洲职业教育 [N]. 中国社会科学报，2016-08-19（7）.

田学军. 在 2020 年国际中文教育交流周启动仪式上的致辞 [EB/OL].（2020-12-14）[2021-12-01]. http://www.xinhuanet.com/politics/2020-12/14/c_1126859909.htm.

吴应辉，刘帅奇. 孔子学院发展中的"汉语＋"和"＋汉语" [J]. 国际汉语教学研究，2020（1）：34-37.

罗马尼亚本土汉语教学大纲特点及完善建议 *

徐茹钰　李　立　中国政法大学

摘　要　罗马尼亚首部本土汉语教学大纲《初高中汉语教学大纲》于 2017 年正式颁布实施，大纲面向将汉语作为第二语言的罗马尼亚初高中学生。大纲制定之初受罗马尼亚外语教学政策制约，严格遵循《欧洲语言共同参考框架：学习、教学、评估》，与中国《国际汉语教学通用课程大纲》之间的协调问题没有得到充分考虑。汉语水平等级改革之际，本文将《初高中汉语教学大纲》与 2021 年 7 月 1 日起实施的《国际中文教育中文水平等级标准》进行对接分析，对大纲的结构框架和内容配置提出建议，希望有助于大纲今后的修订。

关键词　汉语教学大纲　罗马尼亚　国际中文教育中文水平等级标准

一、《初高中汉语教学大纲》与《国际中文教育中文水平等级标准》

2017 年，在汉语正式被纳入罗马尼亚中学外语课程体系之后，由罗马尼亚教育部组织制定的首部本土汉语教学大纲《初高中汉语教学大纲》（以下简称《罗马尼亚大纲》）亦颁布实施。根据罗马尼亚教育部的要求，汉语作为第二外语，教学要求须与英语、法语、西班牙语、德语等其他外语保持一致，汉语大纲也需严格按照《欧洲语言共同参考框架：学习、教学、评估》（以下简称《欧框》）和罗马尼亚教育部其他相关政策制定。据罗马尼亚汉学家、《罗马尼亚大纲》制定专家之一、现布加勒斯特大学孔子学院外方院长白罗米（Luminiţa Bălan）教授介绍，为得到教育部认可，大纲更多参照《欧框》体系和已有的其他外语教学大纲的内容和格式，且罗马尼亚第二外语的大纲制定小组由罗马尼亚教育部直接任命本国专家组成，再加上时间限制，《罗马尼亚大纲》没有参考《国际汉语教学通用课程大纲》的内容和标准。

---

* 本文是教育部中外语言交流合作中心 2020 年国际中文教育研究重点项目"罗马尼亚中学中文教材研发（第一期）"的研究成果。

2021 年 3 月 24 日，由中国教育部中外语言交流合作中心起草的《国际中文教育中文水平等级标准》（以下简称《等级标准》）正式发布，标志着中国汉语水平评价进入系统化时期（刘英林，2021）。据马箭飞（2021）介绍，《等级标准》是历时三年多时间研发和 50 多次集中讨论、修改与反复论证，以 6 个地区 23 个国家近 4 万份问卷的调查数据为依据，在征求来自中国、美国、英国、法国、德国、日本、韩国等国家 30 多所院校 80 多位中外专家学者意见的基础上，经修改打磨而成的。

吴勇毅（2021）指出，各国自行研制的本土外语教学标准，也应该跟母语国的标准相互"适应"和"参照"。不论从系统性、专业性、前沿性还是权威性的角度，当前的《罗马尼亚大纲》作为汉语教学的纲领性文件，在《等级标准》颁布后，应当与时俱进，及时进行修订。

二、《罗马尼亚大纲》的框架与内容特点

将《罗马尼亚大纲》与《等级标准》的条目对比见表 1。在总纲部分，《罗马尼亚大纲》包含了对学校（1.7 学校开设的汉语课程特点）和教师（1.12 方法建议）的要求。在层级具体要求部分，《罗马尼亚大纲》按照语言知识、教学 / 学习方法、评价的顺序划分，《等级标准》按照语言技能划分；《罗马尼亚大纲》未提供详细的语言量化参考指标，《等级标准》的"四维基准"集音节、汉字、词汇和语法于一身，确定了汉语三要素与汉字融合的四维语言量化指标体系，能够更加全面、准确地考查学习者的汉语水平（李行健，2021）。不同级别的话题任务内容在《等级标准》中根据交际需求和学习难度差异各不相同，《罗马尼亚大纲》中则趋向统一，层级之间的话题没有太大的区别。在层级具体要求中，两份文件都以交际能力为中心，在不同层级的考查中，《等级标准》明确从听、说、读、写、译五个角度来进行量化评估，《罗马尼亚大纲》虽然出发点不同，但也涉及了这五项内容。

表 1　《罗马尼亚大纲》与《等级标准》条目对比

对比项	《罗马尼亚大纲》[①]	《等级标准》
总纲	1.1 学科性质	1. 范围 2. 术语和定义
	1.2 学科细节 1.3 学科目的 1.4 学术和教学地位	2.1 国际中文教育

---

① 《罗马尼亚大纲》原文并无层级编号，本文中的编号系笔者根据条目自拟，表格空白处表示没有对应内容。

续表

对比项	《罗马尼亚大纲》	《等级标准》
总纲	1.5 学科纵向结构及其特殊性	2.2 中文水平 2.3 三级九等
	1.6 课程开发原则	2.4 四维基准
	1.7 学校开设的汉语课程特点	
	1.8 课程优先培养的语言技能与沟通能力	2.6 话题任务内容
	1.9 语言与交际领域的技能 1.10 学科基本技能和具体技能	2.5 言语交际能力
	1.11 课程评估标准	2.7 语言量化指标
	1.12 方法建议	
层级具体要求①	2. 等级描述 2.1.1 初始模块 2.1.2 学科模块一 2.1.3 方法建议 2.1.4 评价 2.2.1 学科模块二 2.2.2 方法建议 2.2.3 评价 2.3.1 综合模块 2.3.2 方法建议 2.3.3 评价	3. 等级描述 3.1 初等（该等级总要求） 3.1.1 一级标准 （言语交际能力；话题任务内容；语言量化指标－到六级为止） （1）听 （2）说 （3）读 （4）写 （5）译（从四级开始）
附录		4. 音节表
		5. 汉字表
		6. 词汇表
		附录 A（规范性）语法等级大纲

　　从学习、教学、测试与评估的角度深入解析《罗马尼亚大纲》的具体内容，得到数据如表 2 所示。

---

① 《罗马尼亚大纲》中的层级结构应用于五至十二年级。十一年级增加学科模块三，用于备考 HSK 二级，十二年级增加选修性质的综合模块二，这两项在本表中不单独列出。

表2 《罗马尼亚大纲》学习、教学、测评内容分布①

内容	数量及占比								
	五年级	六年级	七年级	八年级	九年级	十年级	十一年级	十二年级	总量
学习条目	53（63.1%）	63（66.3%）	65（66.3%）	16（44.4%）	72（68.6%）	78（70.9%）	68（66.0%）	20（43.5%）	435（64.3%）
教学条目	17（20.2%）	15（15.8%）	16（16.3%）	15（41.7%）	16（15.2%）	16（14.5%）	18（17.5%）	19（41.3%）	132（19.5%）
测评条目	14（16.7%）	17（17.9%）	17（17.3%）	5（13.9%）	17（16.2%）	16（14.5%）	17（16.5%）	7（15.2%）	110（16.2%）

以上数据显示，《罗马尼亚大纲》每个层级中，学习、教学、测试与评估的占比大体一致，八年级和十二年级作为备考阶段，也相应调整了各板块的比例。《罗马尼亚大纲》以学习为中心，也强调教学方法，给教师提供了具体的教学参考，这一点值得其他汉语教学大纲借鉴。学习条目主要分为四个部分，即具体技能、技巧、知识、态度，某些模块包括交际，但交际内容多立足知识点，是各模块重要知识点的实际应用。各部分的详细内容及数据见表3。

表3 《罗马尼亚大纲》各部分详细内容及分布②

年级	模块	学习内容					总量（重复率）
		具体技能	技巧	知识	态度	交际	
五	模块一	6	5	8	3	1	45/53（15.1%）
	模块二	3/6	5/8	6	3/5	1	
	综合模块	1	1	1	1	0	
六	模块一	1/8	5/11	4	2/6	2	28/63（55.6%）
	模块二	0/6	1/9	3	1/5	1	
	综合模块	2	2	2	2	0	
七	模块一	1/8	1/11	4	1/7	1	20/65（69.2%）
	模块二	1/7	1/11	5	0/6	1	
	综合模块	1	1	1	1	0	

---

① 《罗马尼亚大纲》的测评条目中，部分同样的内容划分了初级和高级，在本表中算作一个条目。本文中所有百分比精确到小数点后一位。

② 表格中加粗数字表示新增语言项目，符号"/"后未加粗数字表示实际含有语言项目的总数。最右侧"重复率"的计算没有合并多次重复条目的数量。下表同。

续表

年级	模块	学习内容					总量（重复率）
		具体技能	技巧	知识	态度	交际	
八	模块一	4/4	0/1	1	1/1	0	9/16（43.8%）
	模块二	0/2	1/2	1	0/3	1	
	综合模块	0	0	0	0	0	
九	模块一	0/8	0/10	7	0/7	1	23/72（68.1%）
	模块二	2/6	1/15	6	2/8	0	
	综合模块	1	1	1	1	0	
十	模块一	1/7	1/12	8	1/7	1	27/78（65.4%）
	模块二	1/7	0/15	7	0/7	1	
	综合模块	1	2	2	1	0	
十一	模块一	4/7	5/11	4	1/6	1	26/68（61.8%）
	模块二	1/5	1/10	2	0/6	1	
	模块三	4	1	1	0/1	0	
	综合模块	2	2	2	1	1	
十二	模块一	0	1	0/1	1	0	15/20（25.0%）
	模块二	1/2	2	2	0/3	1	
	综合模块	2	2	2	1	0	
总计							193/435（55.6%）

从表 3 可知，《罗马尼亚大纲》学习部分的重复率高达 55.6%，实际有效内容占比不到一半。各年级知识点和交际板块皆为新内容，综合模块与文化相关，重复率非常低。值得注意的是，大纲中涉及汉字的条目只有两处，分别是：其一，在五年级综合模块，建议教授学生在 Word 中使用拼音输入法编写句子，要求能够使用不同的汉字字体；其二，在九年级综合模块，建议学生使用网络词典，并能够在 NCIKU 字典中使用笔画查词语以及手写查汉字。其余知识层面没有针对汉字学习的条目。

教学相关条目为各部分教学建议，无须分析重复率。测评条目重复率更高，为 57.3%，详细数据见表 4。

表4　《罗马尼亚大纲》测评条目分布

测评内容	数量及占比								
	五年级	六年级	七年级	八年级	九年级	十年级	十一年级	十二年级	总量
条目数量（重复率）	12/14（14.3%）	4/17（76.5%）	1/17（94.1%）	4/5（20.0%）	8/17（52.9%）	4/16（75.0%）	11/17（35.3%）	3/7（57.1%）	47/110（57.3%）

三、《罗马尼亚大纲》修订建议

标准的制定需要平衡三种关系：理想与现实；普适性与多样性的统一；语言共性与中文特点的平衡（赵杨，2021）。《等级标准》立足汉语本身的特点，以学习本身为中心，从音节、汉字、词汇、语法四种汉语基本要素来衡量学习者的汉语水平，未区分教师和学生，无教学法相关参考条目。《罗马尼亚大纲》制定之初是为了让学生能够通过掌握汉语的语言知识和学习技能，在跨文化和多元文化环境中进行交流。但是当地决策者未充分考虑汉语的特殊性，直接将印欧语系的学习要求简单移用到汉语学习上，忽视了汉字在汉语中的重要地位。

《罗马尼亚大纲》作为罗马尼亚最权威的汉语教学大纲，制定之初没有参考中国的汉语教学标准是它最大的缺憾。我们以上文分析为基础，从以下几方面提出修订建议。

第一，调整各层级知识点分配。按照当前《罗马尼亚大纲》各年级的知识点配备和模块，学生完成八年级（初中阶段）的汉语学习时须达到 HSK 一级的水平，九年级、十年级学习 HSK 二级的大部分内容，十一年级学习 HSK 二级的剩余内容和 HSK 三级的部分内容，并准备 HSK 二级考试，整个十二年级用来备考 HSK 三级。但是，该安排与《罗马尼亚大纲》总纲中学习目标的等级不对等。按照《HSK 标准教程》的学时建议，零基础学习者完成初级阶段三个级别的学习，所需学时差别不大，分别为 30 至 34 学时、30 至 36 学时以及 35 至 40 学时。综合《罗马尼亚大纲》《等级标准》以及罗马尼亚中学教育模式，我们建议知识点层级安排如表5所示，该安排符合《欧框》和《等级标准》，也兼顾了罗马尼亚当地学生的学习特点。

表5　学习层级划分建议

年级	五	六	七	八	九	十	十一	十二
汉语等级	HSK 一级			备考	HSK 二级		备考	HSK 三级	备考

第二，提升内容的渐进性。各层级的具体要求须综合《欧框》和《等级标准》，并参照《欧洲外语学习基本水平标准》中的话题分类方式，结合罗马尼亚中学生不同阶段的学习需

求和学习兴趣，设置相对独立的、有区分度的话题任务。不同层级之间的难度等级也应当遵循认知规律，尽量避免出现重复；若无法避免，则应补充说明相同话题的不同侧重点或难度要求差异。我们结合《欧框》和《等级标准》中话题与任务的相关规定，重新分析一级词汇和语法点，再融合罗马尼亚当地相关规定，并考虑当地学生的学习兴趣和学习特点，暂拟话题任务如表 6 所示。《罗马尼亚大纲》的使用者中，本土教师和非汉语专业教师占比较大，因此我们认为，详尽的参考内容实际意义更大。此外，正如《欧框》所建议的，纲领性文件中话题任务内容只是个参考方向，使用时可以根据实际需要，在各主题下自由选择具体内容。

表 6　话题任务划分建议

年级	话题任务内容
五	基本交流问候、道谢与致歉、个人信息、国家和身份、基本人际关系、家庭信息、日期与时间、生活起居、地点与行动
六	餐饮（基本表达）、购物、活动与计划（基本表达）、校园生活、兴趣爱好、方位
七	天气、通信、就医（基本表达）、人与物的描述、交通与出行
八	寻求和提供帮助、活动与计划（细节表达）、情绪表达（基本表达）、意见与建议
九	日常行为、人际交往、运动与休闲、医疗与健康、学习安排、工作计划、购物、周边环境、餐饮（全面表达）
十	思考与评价、个人好恶、感受与需求、原因与理由、比较与选择（基本表达）、事物状态
十一	旅行（规划、建议等）、推测与判断、事物状态和变化
十二	比较与选择（全面表达）、人际交往、文化

第三，补充汉字板块。汉字学习是汉语学习不可或缺的一部分。根据《罗马尼亚大纲》的语言等级要求，学生完成高中阶段的学习后，须达到 HSK 三级[①]的水平。汉语作为罗马尼亚高考外语选考科目之一，考试难度也和 HSK 三级相当，在此阶段，学生须完全使用汉字完成水平测试，即要实现从汉语拼音到汉字的过渡。一直以来，汉字学习都是汉语学习者的一大难题，《罗马尼亚大纲》汉字板块的缺失给后续罗马尼亚本土教材研发工作带来了诸多不便。李行健（2021）强调，在汉语教学中，若充分利用汉字的构词功能，将其与音节、词汇、语法融会贯通，可以克服学习汉字难的认知障碍，提高学习效能和学习成果。刘英林等（2020）认为，国际汉语教学中汉字教学长期滞后的原因主要有两个：一个是听说读写四种语言技能教学中，汉字认读与手写长期同步、等量进行；另一个是在教学整体设计上，所有

---

① 《罗马尼亚大纲》制定时，《等级标准》尚未发布，汉语水平等级遵循 HSK 考试等级标准。

的汉字一律要求"四会"，既要求能认读，也要求会手写。可见，语言共性与汉语特点的平衡问题是《罗马尼亚大纲》今后修订的工作重点。

《欧框》虽是依据欧洲诸语言共同特点拟成，但第五章"语言学习者/使用者能力"中的"拼写能力量表"及其说明为汉字学习提供了一定的参考。经过对多种汉语教材的对比分析，并参考《欧框》的"拼写能力量表"对拼音文字的学习要求，同时结合罗马尼亚中学生汉语学习的兴趣与需求，我们拟出以下汉字教学层级表（见表7）。需要说明的是，表7主要以汉字书写的相关知识来划分，不包括具体的认读和手写要求。该表仅从汉字相关知识层面进行划分，意在加深学生对汉字的认识并减轻学生对汉字学习的恐惧感。

表7　汉字教学层级

年级	五	六	七	八
内容主题	汉字与汉语、汉字书写历史、汉字书写工具与载体	基本笔画、笔顺、结构	基本偏旁、标点符号及其使用	字体、输入法
年级	九	十	十一	十二
内容主题	偏旁		四书	

第四，补充语言量化指标，如字表、词表、语法表。任何学习都有特定范围的学习内容，语言学习中，学习效果的检测离不开量化指标，而当前《罗马尼亚大纲》中并未附上相关内容。语言量化指标的选取原则有三个：第一，联通性，音节、汉字、词汇及语法"四维基准"相互联通；第二，交际性，培养学习者在不同情境下使用汉语进行交际的能力是国际中文教学的根本目标，语言要素的选取以交际性为核心原则；第三，针对性，语言量化指标的选取，除了满足汉语学习者的日常交际需求，贴近现实生活，也要注意汉语作为第二语言教学的实际需求，尤其是国际中文教学的可操作性与实用性（李亚男，2021）。《等级标准》中有两个5%，即替换5%和加减5%，范围包括音节、汉字、词汇和语法，目的是帮助学者和教师更好、更灵活、更方便、更有针对性地基于本地区的教学特色编写教材，进行教学改革（刘英林，2021）。刘英林等（2020）进一步解释道，如国名、地名、学校名、人名等，可在各级别语言量化指标的基础上适当替换；也可根据学习对象、教学需求的不同，适当降低本级语言的量化指标。《罗马尼亚大纲》可以在《等级标准》附录字表、词表、语法等级大纲的基础上，结合罗马尼亚当地实际，制定自己的字表、词表和语法表。需要注意的是，罗马尼亚属于非汉字文化圈，学生需要更多时间适应汉字的笔画和框架结构，汉字独有的音义分离特点也是很大的挑战。因此，我们建议在初中阶段（五至八年级）以认读为主，高中阶段逐步增加汉字书写要求。词汇和语法方面，考虑到罗马尼亚学生的学习特点和中罗两国的文化差异，可适当进行调整。语言量化指标参考建议如表8所示。《等级标准》发布时间

还不太长，与旧标准的过渡还需要一段时间，旧标准下的量化指标依然适用于各项汉语水平考试，表8数据主要以新标准为纲，仅供思路参考。

表8　语言量化指标分配

年级	五、六、七、八	九、十	十一、十二
认读汉字	350	350/700	200/900
书写汉字	40	100/140	160/300
词汇	400	672/1072	873/1945
语法	48	81/129	81/210

第五，精简内容，增加考评维度。《罗马尼亚大纲》中不同年级学习、测评的各项指标重复率较高，作为纲领性文件，不论是学习内容还是测评标准，应当尽量精练内容，避免不必要的重复。尤其是考评，应当在不同等级中有所区分；同时，考虑到汉语的特点，在汉语的口语和书面语标准上也稍做区分，这也符合《欧框》给使用者的建议。

四、余论

以上建议都在《欧框》规定范围之内，符合《欧框》与《等级标准》。《欧框》在涉及书写内容时明确指出："拼写能力指识别和书写文字的知识及其应用能力。拼音字母是所有欧洲语言的书写基础，其他语言的书写系统则可能是象形文字，如中文；或者以辅音为主，如阿拉伯语。"（欧洲理事会文化合作教育委员会，2008）表面上看，似乎在《欧框》之中没有汉字的容身之地，但我们发现，在"拼写能力"之后还有明确的说明："请本《共同参考框架》的使用者根据情况考虑并明确：根据学习者的口语和书面语类型，以及他们将口语转换成书面语或者书面语转换成口语的需要来整合学习者需要掌握的书写和发音知识"（欧洲理事会文化合作教育委员会，2008）。因此，增加汉字内容也在《欧框》规定范围之内。我们希望《罗马尼亚大纲》能够尽快进行修订，在《欧框》标准之下，充分考虑汉语与印欧语系诸语言的差异，参照汉语母语国《等级标准》，遵循汉语学习特点，同时结合罗马尼亚教学实际和学生学习兴趣与特点，修订出更为全面的本土汉语教学大纲，为罗马尼亚的汉语教学和学习提供更加有效的指导。

参考文献

教育部中外语言交流合作中心.国际中文教育中文水平等级标准（国家标准·应用解读本）第一分册：等级描述、音节、汉字[M].北京：北京语言大学出版社，2021.

教育部中外语言交流合作中心 . 国际中文教育中文水平等级标准（国家标准·应用解读本）第二分册：词汇 [M]. 北京：北京语言大学出版社，2021.

教育部中外语言交流合作中心 . 国际中文教育中文水平等级标准（国家标准·应用解读本）第三分册：语法 [M]. 北京：北京语言大学出版社，2021.

孔子学院总部，国家汉办 . 国际汉语教学通用课程大纲（修订版）[M]. 北京：北京语言大学出版社，2014.

李行健 . 一部全新的立足汉语特点的国家等级标准——谈《国际中文教育中文水平等级标准》的研制与应用 [J]. 国际汉语教学研究，2021（1）：8-11.

李亚男 .《国际中文教育中文水平等级标准》解读 [J]. 国际汉语教学研究，2021（1）：24-26.

刘英林 .《国际中文教育中文水平等级标准》的研制与应用 [J]. 国际汉语教学研究，2021（1）：6-8.

刘英林，李佩泽，李亚男 . 汉语国际教育水平等级标准全球化之路 [J]. 世界汉语教学，2020（2）：147-157.

马箭飞 . 强化标准建设，提高教育质量——国际中文教育标准与考试研讨会大会致辞 [J]. 国际汉语教学研究，2021（1）：4-5.

欧洲理事会文化合作教育委员会 . 欧洲语言共同参考框架：学习、教学、评估 [M]. 北京：外语教学与研究出版社，2008.

吴勇毅 . 汉语母语国的担当和责任——《国际中文教育中文水平等级标准》制定的意义 [J]. 国际汉语教学研究，2021（1）：18-20.

赵杨 . 构建国际中文教育标准体系 [J]. 国际汉语教学研究，2021（2）：9-11.

中华人民共和国教育部，国家语言文字工作委员会 . 国际中文教育中文水平等级标准（GF 0025—2021）[S]. 北京：北京语言大学出版社，2021.

"缅甸政府部门公务员汉语班"项目重启可行性分析 *

宋一杰　云南师范大学云南华文学院

摘　要　缅甸中文教育在历史上曾经历了 20 世纪 60 年代至 90 年代的发展停滞期。在最近 20 年中，缅甸民间中文教育开始快速恢复，但主要在民间华裔群体内发展，缅甸当地政府机构及缅族群体的中文教育发展较为缓慢。2016 年缅甸政府与中国驻缅甸大使馆开启"缅甸政府部门公务员汉语班"项目，为开拓、发展缅甸政府机构中文教育提供了渠道。但受新冠疫情影响，该项目目前仍处于停滞状态，如何重启该项目成为当前急需解决的问题。本文介绍"缅甸政府部门公务员汉语班"项目的创立、发展情况，并据此分析缅甸政府部门中文教育发展情况，以及重启、优化该项目的可行性。

关键词　缅甸　政府机构　中文教育　公务员汉语班

一、缅甸汉语教育背景情况

缅甸毗邻中国西南部，是中国共建"一带一路"的重要国家。缅甸与中国交往历史悠久，并拥有华人近 300 万。在全球中文教育日益发展的今天，缅甸的中文教育却未能如其他国家一样蓬勃发展，其原因是多方面的。缅甸中文教育作为中缅经济和文化交流的基础和桥梁，也影响着两国的合作与发展。

第二次世界大战时期，缅甸有 200 多所华文学校，中文教育呈现出一片欣欣向荣的景象。但从 20 世纪 60 年代到 80 年代，缅甸中文教育进入了停滞阶段。1989 年至今，由于政府政策的调整和国际环境的影响，缅甸政府开始逐步放开民间中文教育，缅甸民间中文教育开始慢慢恢复。但受历史原因以及缅甸近几十年来外语教育政策的影响，缅甸中文教育依旧发展缓慢（苏文，2019）。

*　本文是教育部中外语言交流合作中心 2022 年国际中文教育研究课题"疫情冲击和政治变动下的缅甸国际中文教育现状及发展调查"（22YHGB1021）的研究成果。

近几年，缅甸政府积极推动社会改革，在经济、文化等各方面加强与世界各国的交流。中国已成为缅甸的第一大贸易伙伴国以及第一大投资来源国（马强，2015），缅甸政府为了培养精通中文的专业人才，以适应缅甸社会、经济发展的需要，在中文教育的政策上逐步优化。同时，中国的"一带一路"倡议也大大促进了中缅经济交往，使得相关政府机构开始主动开展中文教育（张栋，2022）。这种变化主要体现在缅甸政府部门公务员的汉语教育方面。

二、"缅甸政府部门公务员汉语班"项目开展情况

2016 年初，缅甸政府建设部因工作需要，向中国驻缅甸大使馆提出汉语学习的需求。此后中国大使馆与东方语言与商业中心孔子课堂达成合作协议，为缅甸政府部门公务员开设汉语班。同年 6 月 18 日，缅甸建设部、中国驻缅甸大使馆、东方语言与商业中心孔子课堂联合举办的"第一期缅甸建设部公务员汉语班"在缅甸首都内比都正式开班。此次汉语班的开设受到了中缅双方的高度重视，缅甸建设部部长、常务秘书和中国驻缅甸大使馆文化处参赞、商务处参赞等多位高级官员出席了开班典礼。该班共有学员 42 人，涵盖缅甸建设部厅级、处级、科级等各级十部。中国驻缅甸大使馆评价"第一期缅甸建设部公务员汉语班"："缅甸政府部门近 50 年来首次公开举办汉语培训，其意义重大。"

"第一期缅甸建设部公务员汉语班"的成功举办产生了巨大的影响力。2016 至 2021 年，缅甸政府部门公务员汉语班发展迅速，从一开始的建设部，发展到了商务部、内政部、投资与对外经济关系部、体育部、农业部、宗教事务与文化部、旅游与酒店部、旅游与酒店部仰光培训处、巩发党总部、巩发党仰光分部、仰光省议会、计划与财务部仰光投资与管理局等 13 个部委机构。6 年间，各部委共开设汉语班 48 期，累计 1352 人次参加了汉语学习。缅甸各部委机构对汉语班非常重视，自 2016 年以来，共有 36 位部级、司局级领导参加汉语班的开班、结业典礼。

在汉语班的教学目标上，各部委的原则是长期开设系统的汉语课程，逐步培养一批能应用汉语进行工作的汉语人才。各部委为此专门安排了学习计划，每期汉语班为期 6 个月，每周学习 8 课时左右。通过长期系统的学习，汉语班学员的汉语水平不断提高。2018 年，政府公务员汉语班共有 181 名学员参加中国汉语水平考试（HSK），173 名学员顺利通过考试并取得各级证书。最早开设汉语学习班的建设部和商务部，截至 2021 年已分别累计开设 8 期和 10 期汉语学习班，由此可见缅甸政府各部委对汉语学习的重视程度。

三、缅甸政府机构中文教育发展的原因

3.1 政治原因

　　缅甸是中国的邻国,两国之间有着长期的政治、文化、经济联系与交流,最早可追溯至秦汉时期(马明、杨儒艳,2020)。随着 20 世纪 90 年代的对外开放,缅甸积极融入世界发展潮流中,缅甸政府机构对汉语的学习需求也不断增加。近年来,中国政府提出了"一带一路"倡议,不断加强与周边国家的相互合作。缅甸是"一带一路"倡议的关键节点之一,缅甸政府也深知中文教育对两国交流合作的重要性,因此,缅甸政府机构积极开展相关中文教育活动,以加深两国之间的文化交流,促进互信合作,实现两国共同发展的目标。

3.2 经济原因

　　近年来,中国已经成为对缅甸投资大国,投资额成倍增长。在贸易方面,中国已经连续多年成为缅甸最大的贸易伙伴,中缅贸易额已占缅甸对外贸易总额的一半。随着缅甸经济的深化改革,双方推进高质量"一带一路"共建合作,中缅贸易额、中国投资额大幅提升,两国经贸往来日益频繁。为了更好地对接中国的投资项目,适应缅甸经济和社会的发展,缅甸13 个部委机构自 2016 年以来,持续为其部门的公务员开设汉语课程,旨在培养一批能运用汉语进行工作的专业人才,以便于今后深化中缅合作交流。

　　同时,中缅旅游业也在快速发展。2018 年《缅甸之光报》公布了当年上半年进入缅甸的外国游客人数,其中,中国赴缅旅游的人数达 133 687 人,同比增加 36%,游客数量仅次于泰国,成为缅甸第二大游客来源国。中国游客的增加也促进了缅甸旅游业、酒店业、零售业等旅游相关行业对汉语人才的需求。

　　中缅两国经贸往来的第一个作用是提升了缅甸的经济发展水平,第二个作用就是为缅甸当地人民创造了大量的就业机会。在缅甸,如果能掌握中缅双语,工资待遇就会较普通人员高出三四倍,这使得很多人开始学习汉语,由此促进了缅甸主流社会中文教育的发展。

四、"缅甸政府部门公务员汉语班"项目暂停原因

　　2020 年新冠疫情的暴发导致了全球范围内的教育中断问题。缅甸政府也被迫关闭学校和教育机构,或将常规的线下教育改为线上教育。虽然教育部中外语言交流合作中心(以下简称"语合中心")外派的汉语教师仍在缅甸,但受防疫政策限制,缅甸政府部门公务员汉语班也只能转为线上教学。但是受基础设施、网络状况以及教学设备等客观因素的影响,该项

目线上教学效果欠佳。缅甸社会发展也深受疫情影响，各政府机构将主要精力都投入防疫抗疫、保障社会生活正常运行当中，各政府部门汉语学习班的学习计划因此被迫暂停或取消。

五、对"缅甸政府部门公务员汉语班"今后发展的思考

5.1 "缅甸政府部门公务员汉语班"项目重启的可能性

疫情不仅给全球教育事业带来了巨大的影响，也给全球经济发展带来了沉重的打击。目前世界各国都致力于经济恢复，缅甸也在不断解决经济和社会发展中的各种问题。在缅甸经济、社会面临巨大困难的情况下，加强与中国经济、文化等各领域的合作，积极参与共建"一带一路"，是缅甸快速恢复发展的选择之一。缅甸今后的发展会与中国产生更加密切的联系，对汉语人才的需求也会与日俱增。随着缅甸社会的逐步稳定，中缅交流也会全面恢复并发展，因此"缅甸政府部门公务员汉语班"项目重启符合缅甸政府的发展目标，具有可行性。

5.2 重启"缅甸政府部门公务员汉语班"项目的准备工作

5.2.1 师资方面的准备工作

为了配合"缅甸政府部门公务员汉语班"项目的重新启动，我们应提前做好相应的教学准备，特别是教师资源的准备工作。比如，提前增加在缅孔子课堂的本土教师数量，在新一批中国外派教师到达之前，充分利用本土教师资源为项目提供教学保障；同时，尽早派遣中方相关负责人赴缅工作，具体运作项目的各个环节，做好项目重启的相关工作。

5.2.2 教学内容方面的准备工作

在教学内容方面，应该注重加强教学的针对性。缅甸政府部门开设汉语班的主要目的是便于开展相关工作业务，因此汉语班的教学要进一步与各部门的业务内容紧密结合，将"学"与"用"结合起来，让汉语从单纯的语言教学拓展到语言、技能双向应用层面。为此，应该尽快开发针对性、专业性更强的汉语教材。我们可以充分利用公务员汉语班暂停的时间，加强对缅甸政府各部门的调研，了解各政府机构的工作内容和汉语需求，设定有针对性的教学计划和教学内容，提高教学的实用性和目的性，以便更好地满足缅甸政府各部门的学习需求。

5.2.3 教学方法方面的准备工作

在教学方法方面，应该加强个性化、实践化、互动化教学。比如，根据不同部门公务员的学习时间、学习需求，为其提供量身定制的学习计划和学习内容；教学中可以多使用真实案例和情境来教授课程内容，帮助学生将汉语知识与实际运用相结合；多设计实践项目，让

学生能运用他们学到的知识来解决工作中的问题,培养学生实际运用汉语进行工作的能力。

5.2.4 师资培训方面的准备工作

在师资培训方面,应根据项目需要,提前对教师进行有针对性的培训。比如,为教师提供教学方法和教学策略培训,使他们能够运用最合适的教育方法,以提高教学效果,使学生能更有效地进行学习;培养教师运用现代教育技术的能力,以提高教学的丰富性和互动性。

5.2.5 项目评估方面的准备工作

在项目检测和评估方面,应建立一套有效的评估机制。建立教学评估机制可以监测学生的学习情况和需求,并根据反馈调整教学;建立教师评估机制可以便于教师了解自己的教学效果,并根据学生和同事的反馈进行改进;建立项目评估机制可以评估项目的效果,并根据结果持续进行改进。

"缅甸政府部门公务员汉语班"项目的发展体现了中缅两国在政治、经济、文化等领域中越来越紧密的联系。实践证明,汉语作为语言交流的工具,对缅甸的经济发展起到了很大的积极作用。在今后的缅中合作交流中,如果缅甸政府能拥有一批熟练掌握汉语并能用汉语进行工作的政府人员,将扫除语言交流的障碍,为缅中合作打下良好的基础。虽然"缅甸政府部门公务员汉语班"项目目前处于停滞状态,但我们应基于此前的基础,积极推动该项目的重启,并不断优化项目,使之成为促进缅中交流的重要助力。

参考文献

马明,杨儒艳.新形势下深化中国与缅甸文化交流的思考 [J].东南亚纵横,2020(5):93-101.

马强.中国已是缅甸最大贸易伙伴和最大投资来源国 中缅拓展经贸投资合作面临的六大挑战与七大机遇 [J].中国经济周刊,2015(23):22-23.

苏文.缅甸汉语教学历史和现状分析 [J].枣庄学院学报,2019(3):45-51.

张栋.缅甸语言教育政策探微 [J].北部湾大学学报,2022(5):95-100.

日本在湄公河五国的语言文化推广策略
及对中国的启示 *

姚月燕　云南师范大学华文学院 / 国际汉语教育学院

摘　要　澜湄区域在亚洲具有重要的政治经济战略地位，日本积极利用各种方式在澜湄区域推广日语，取得了显著成效，逐渐形成了一套较为成熟的语言推广策略。本文从法律政策、投资援助、文化交流、语言基础、流行文化及品牌形象六个方面深入分析了日本在湄公河五国的语言推广策略，指出日本在澜湄区域的语言推广为中国带来的可鉴之处与启示，希望促进我国在澜湄区域的语言文化传播，提高我国的文化软实力和世界影响力。

关键词　日本　澜湄区域　语言文化推广策略　启示

澜湄区域主要指澜沧江—湄公河流经的区域，包括中国、缅甸、老挝、泰国、柬埔寨、越南。澜湄区域六国"同饮一江水"，结成了紧密的"命运共同体""发展共同体"，发挥出了"6个1大于6"的效应，有力维护了区域的稳定，促进了六国经济社会的发展与繁荣，在亚洲具有重要的政治经济战略地位。日本为了增强在澜湄区域的影响力，利用各种方式推广自己的语言，取得了显著成效，促进了本国文化产品的输出，提高了文化软实力，也带动了国内经济的发展。日本国土面积不大，但为何能在澜湄区域的语言推广进程中取得如此成就？

一、日本在湄公河五国语言推广的经验

随着日本经济的发展，以及日本政府和民间机构的积极推广，很多国家掀起了一股"日语热"，日语成为多国学习的热门语言，也是世界上使用人数最多的十种语言之一，海外日语教育机构数量和学习者人数也在稳步增长。参考 2018 年度日语教育机构发表的《日本以

---

* 本文是教育部中外语言交流合作中心 2022 年国际中文教育研究课题"中、日、韩在泰国语言文化推广策略比较研究"（22YH80C）的研究成果。

外国家和地区的日语教育现状》，日本国际交流基金会指出，2006 至 2018 年的 12 年间，澜湄区域国家日语学习者人数、日语教师人数及日语教育机构数量总体来说呈稳步增长趋势，尤其是在 2012 年，澜湄区域国家掀起了日语学习的高潮，中国日语学习者人数突破 100 万，泰国、越南和缅甸的日语学习者在 2012 年之后数量激增，尤其是越南和缅甸。越南 2015 至 2018 年三年间，日语学习者数量增长近 11 万人，日语教师人数增长 5000 多人，提供日语教育的机构数量也从 219 个增长到 818 个，可见日语在越南的火爆程度。缅甸 2018 年日语学习者及教师数量比 2015 年增长了三倍多，提供日语教育的机构更是从 132 个激增到 411 个，可见日语逐步受到缅甸人的喜爱和重视。具体数据见图 1、图 2 和图 3。

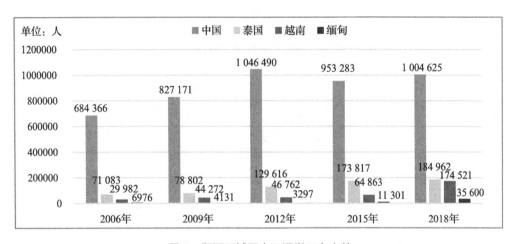

图 1　澜湄区域国家日语学习者人数

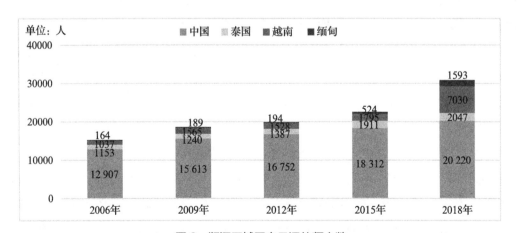

图 2　澜湄区域国家日语教师人数

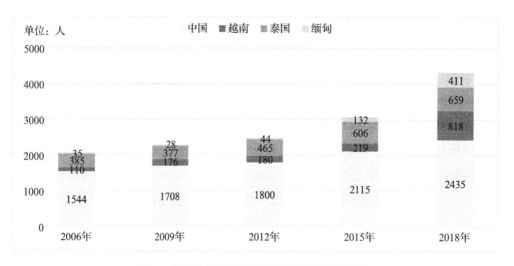

图3　澜湄区域国家提供日语教育机构的数量

除此之外，由于日本对东南亚国家的开发援助与贸易投资，澜湄区域国家的日资企业非常多。出于就业和贸易的需要，很多人积极学习日语，日语在澜湄区域得到了很好的推广，成为澜湄区域一些国家中小学选择学习的主要外语。那么日语在澜湄区域推广的经验有哪些呢？具体来说，主要有以下几个方面。

1.1　政府设立的机构及颁布的法律、政策为语言的推广提供政治保障

日本在澜湄区域的语言推广之所以取得如此瞩目的成就，离不开日本政府对澜湄区域政策性的支持及经济上的援助。日本政府负责日语国际推广的主要省厅有文部科学省和外务省，文部科学省下设的高等教育局、文化厅等都是参与日语推广的部门，它主要负责派遣日语教师到外国教育机构执教，援助海外日本子女的教育及开展国内的外国儿童教育等。外务省一直致力于海外日语的推广，其负责国际推广的主要部门是宣传文化交流部，文部科学省在制定文化交流政策、发展海外日语教育活动、提供无偿文化援助及开展文化交流等方面发挥了积极的作用。

除了国家行政机构外，日本还有很多独立行政法人类型的日语推广机构，如日本国际交流基金会、日本国际协力机构、国立国语研究所、日本学生支援机构和日本贸易振兴机构。日本国际交流基金会于1972年成立，以促进日本的国际文化交流为使命，是日本进行海外日语推广的主要机构，在中国、泰国和越南都有海外分支机构。它通过派遣教师与专家、推进文化艺术交流、提供人才与资金援助、开展调查研究和知识交流等，极大地促进了日语在澜湄区域国家的推广和传播。在泰国，曼谷日本文化中心是日本国际交流基金的重要附属机构，该中心定期组织各种日本文化活动，如日本艺术展、日本电影展、日本动漫放映会等，这些活动深受泰国人民的喜爱，进一步扩大了日本文化在泰国的影响力。在越南，由于日本国际交流

基金会的积极援助，2005 年日语就作为第一外语进入越南的中学课堂；2021 年 7 月，越南教育与培训部将日语正式纳入初中等教育第一外语科目，日语在越南得到全国性的普及。其他行政法人类型的机构如日本国际协力机构、国立国语研究所、日本学生支援机构、日本贸易振兴机构等，也在日语推广中做出了突出的贡献，为日语的国际推广起到了很好的促进作用。

日本政府还为日语的推广制定了很多相关的法律法规，为日语在世界的推广提供了切实的法律保障。如《日本宪法》《教育法》《文化艺术振兴基本法》中都有与日语推广相关的内容。日本的《教育公务员法》《地方公务员法》《被派遣到外国地方公共团体机关的普通职公务员待遇法》等对日语教师的权利和待遇都有明确的规定，保障了教师的合法权益（张晓宇，2015）。另外，为了增进日本与澜湄区域国家的文化交流和友好关系，近年来，日本不断放宽签证条件，实施了一些新的政策，吸引了大批外国人赴日旅游、留学和工作，促进了日语的推广。如从 2019 年 1 月 4 日起，日本对中国 1243 所公办本科大学的在读本科生、研究生以及毕业 3 年以内的学生，简化申请赴日签证手续（之前仅针对 75 所大学），这些学生只需提供在学证明就可申请单次赴日旅游签证。

此外，日本在 2019 年 4 月正式实施"特定技能"外国人才引入制度，同时实施"特定技能"新签证政策。"特定技能 1 号"和"特定技能 2 号"签证主要面向在特定专业领域里拥有相当程度经验和技能的外国劳动者，该人群取得签证后有机会转签甚至携带家属定居日本。日本丰厚的薪资待遇和优越的工作环境吸引了大批澜湄区域的人们学习日语，以取得签证资格。日本为了发展"面向外国人才的日语事业"，也为这些来日本生活和工作的人提供日语教育支持，如派遣日语专家，培训各国日语教师，开发并发布日语教育学习工具"JF 生活日语 Can-do"及基于该工具的日语教材，以及开发测试"特定技能 1 号"签证所需日语能力的 CBT（机考）考试等，并且在准备时间有限的情况下，以日本政府指定的 9 个国家为对象（其中就有中国、柬埔寨、泰国、越南和缅甸 5 个来自澜湄区域的国家）实施考试。这些政策吸引了大批澜湄区域国家的人赴日务工、学习和旅游，切实促进了日语的推广。

1.2 通过贸易投资和开发援助，为语言推广奠定经济基础

日本对湄公河五国推广日语的一个重要手段就是借助政府的开发援助扩大文化推广态势。自 2010 年以后，日本增加了对湄公河五国（越南、泰国、缅甸、老挝、柬埔寨）的资金援助，援助金额在 2012 年达到峰值，超过 4500 亿日元，占东南亚受援资金总额的 80.38%（赵师苇，2018）。根据日本外务省网站的统计，2017 年越南获得日本的开发援助共计 1100.9 亿日元，2017 年缅甸获得日本的开发援助高达 1397.5 亿日元，1992—2017 年柬埔寨获得援助 4281 亿日元，2016 年老挝获得援助 2744.8 亿日元（日本外务省，2021）。

日本把对外援助与贸易和投资相捆绑，促进了日本与湄公河五国的经贸交流与合作。早在 2017 年 10 月，日本在老挝运营的公司就已达到 135 家；2018 年，日本在越南的注册资本高达 86 亿美元（日本外务省，2021）。日本的投资多集中在高技术制造行业，如金属制品、机械和电子产品等，直接提升了湄公河五国的工业电子技术水平，使这些国家对日本技术产品产生了极大依赖性。

日本通过贸易、投资和开发援助促进了与湄公河五国的经济文化交流，赢得了当地人民信任和好感，为实施语言文化推广奠定了基础。日本通过对湄公河五国的贸易、投资和开发援助，一方面挽救了低迷的日本经济，拉动了本国经济的增长，促进了日本企业和商品走出国门；另一方面也促进了湄公河五国的经济发展，缩小了东南亚各国发展水平的差距，推动了"东南亚共同体"的构建。

1.3 通过积极开展各类文化交流活动，营造良好的语言交流学习环境

为落实日本政府 2013 年提出的全新亚洲文化交流政策"文化之 WA（和·环·轮）项目·相知亚洲"，日本启动了"亚洲文化交流强化事业"，并于 2014 年成立了亚洲中心。为了增加日语学习者与日本人之间的交流机会，日本实施了"日语学习伙伴派遣事业"，向各国的日语教育机构派遣日语教师和日语学习者的学习伙伴等相关人才。2019 年，日本共计向 10 个东南亚国家和中国派遣 515 人，其中澜湄区域六国是接收的主体。派遣人员通过讲授日语课程，与约 16 万名学生接触，向约 20 万人介绍了日本文化，加深了学生对日本文化及语言的理解，提高了他们学习日语的热情。

为了加深与东南亚的文化交流，日本以东南亚三个城市（雅加达、河内、曼谷）为中心举办了"响彻亚洲 2019"活动，仅 24 个主要项目就吸引了约 2 万人参与。比如，2019 年在越南河内举办"东盟—日本音乐节 2019 越南站"，在曼谷开展足球交流事业"亚洲十一人"以及"舞动亚洲、跨界运动"等。另外，日本还积极举办音乐节、足球比赛，播放电影、电视节目，如在中国的 8 个城市放映日本电影，有超过 6700 名观众欣赏。日本积极在中国推行"日中交流中心事业"，比如为期一年左右的"邀请中国高中生长期访日事业"；在中国地方城市运营"中日交流之窗"；由中日两国的大学生共同筹备和举办交流活动；等等。

这些文化交流事业为加强澜湄区域国家与日本的文化交流做出了巨大贡献，促进了这些国家的人民对日本文化及日语的了解，营造了良好的语言推广氛围。

1.4 多举措开发日语教学资源，营造日语教育环境

日本采用多举措夯实日语教育及学习基础，开发日语教学资源，支持日语教育机构，开

展日语教师研修，开发及实施新的日语能力评估机制，为澜湄区域的学习者提供了良好的教育及学习环境，促进了日语的推广。

首先，日本积极加强与澜湄区域国家和地区的行政机构与主要日语教育机构的交流合作，根据实际情况制定可行性方案，增加运营费补贴，以便更高效地推广日语。另外，日本积极邀请澜湄区域国家的教育决策者及教育工作者赴日交流访问，以促进日语教育的开展。如泰国教育部在2013—2018年的6年时间内培养了600名外语教师，其中日语教师为200名。日本国际交流基金会受泰国教育部委托，在2019年邀请了泰国教育行政官员及学校领导共16人赴日参观交流，参与活动的13所泰国学校中有8所新开设了日语课程或增设了原有课程，有7所学校新聘请了日语教师。

其次，为响应安倍首相2017年6月在第23届国际交流会议"亚洲的未来"上提出的"在亚洲各地选择3处，设立培养日语教师的基地"，日本从2018年开始在印度、越南和缅甸三个国家加强对日语教师的培养。在越南，完成研修者可被聘为初中等教育的日语教师，以及新开设日语课程的大学的教师。在缅甸，对仰光外国语大学实施了第一期（2018年12月—2019年9月）和第二期（2019年12月—）教师培训之后，曼德勒外国语大学也于2019年12月开始实施新教师培训。此外，日本还为这三个国家的教师提供研修机会，共有887人参与，此举大大提高了印度、越南和缅甸日语教师的教学水平。

最后，为进一步普及日语，提高日语的国际标准化水平，日本积极推广日语教材《Marugoto日本的语言和文化》和《IRODORI生活中的日语》，研发新的日语学习者能力评估机制，开发并实施JFT-Basic考试。JFT-Basic是面向外国人的日语能力基础测试，测试考生来日后的日语水平，以判定他们是否拥有相当于CEFR中A2级别的日语能力。2019年下半年，日本在6个国家实施了3次考试，其中就包括柬埔寨和缅甸，并且在中国、泰国和越南三个国家也做好了开考准备，以便在条件允许时立即实施考试。

日本的这些举措进一步促进了日语教育内容的国际化、标准化，完善了学习者能力评估机制，开发了日语教育资源，为日语在澜湄区域国家的传播提供了良好的条件。

1.5 通过流行文化，吸引年轻的日语学习者

提到日本流行文化，人们通常都会联想到日本电影，特别是动漫电影。动漫是日本的文化名片，在世界上极具影响力，日本可谓是世界动漫文化的领跑者。宫崎骏创作的一部又一部佳作把日本的动漫电影推到了世界动漫电影的顶峰，让日本动漫电影走向了世界。据统计，全球播放的动漫节目约有60%是由日本制作的。近十年来，日本动漫产业平均每年的销售收入达到2000亿日元，已经成为日本经济的三大支柱产业之一。加上动漫衍生品的销售收入，

广义的动漫产业在日本 GDP 中的占比在 6% 以上。日本调查企业帝国数据库公司（Teikoku Databank）发布的一项调查显示，日本动漫产业 2020 年销售额总计 2511 亿日元（约合 148 亿元人民币），虽然这是日本动漫产业销售额近十年来的首次下降，但仍超过了 2000 亿日元。可见日本动漫是日本的主要经济命脉，支撑着日本经济的发展。日本动漫内容丰富，创意新颖，趣味十足，在努力汲取其他文化精髓的同时又具有鲜明的民族特色，因此受到了全世界的追捧。日本动漫产业的蒸蒸日上也催生出大批相关的文化产业，如游戏、玩具、电视、电影等，形成了一条完整的产业链，促进了日本经济的发展以及日语在海外的推广。日本动漫也吸引了大批东南亚的动漫爱好者，在东南亚掀起了一股日本动漫的热潮，很多书店都有一排排的日本动漫，如《航海王》《Lovelive!》《进击的巨人》等，这些作品深受东南亚动漫迷们的喜爱，动漫里出现的人物玩偶也是年轻人争相购买的对象。很多年轻人因为动漫而爱上了日语，爱上了日本文化，他们是动漫受众中占比最大的群体，也恰恰是学习日语的主要群体。可以说，日语在澜湄区域国家的推广之所以取得如此大的成功，有一大部分应该归功于日本动漫。

日本动漫电影在汲取其他民族营养的同时又蕴含着自身的文化底蕴，集中体现了日本的社会状况、文化习俗及文化精神，有利于日本文化的对外传播，在文化输出上具有重要地位，因此获得了日本政府的大力扶持。日本政府以迎合青少年娱乐口味的电影和动漫来吸引这个占比最大的受众群体，激发他们对日语的学习兴趣，使口语在潜移默化中得到普及。

1.6 通过"品牌形象"提高国家形象，从而吸引学习者学习日语

日本在湄公河五国积极树立"品牌形象"，借助品牌形象来提高国家形象，从而吸引学习者了解日本语言文化，提高学习日语的兴趣，这也是日本在澜湄区域国家推广语言的有效途径之一。目前，日本的汽车、家电、化妆品、餐饮及小商品正迅速占领湄公河五国的市场，"日本制造"已经成为日本最具竞争力的标签，为日本赢得了极高的声誉。

第一个重要的可视标志是日系车。如泰国街头行驶的车辆中，85% 是日系车，包括汽车和摩托车，日本的丰田、本田、日产、马自达等汽车品牌常年占据泰国汽车销售排行榜前列，性价比高的卡罗拉更成为泰国出租车的标配。东南亚一些国家经济不发达，人工成本低廉，日本二战后对东南亚国家提供了大量 ODA 贷款，这些因素共同促进了日本与东南亚的经济贸易往来，很多日本知名企业都落户东南亚，如丰田、本田、马自达等都在泰国设立了分厂。日本汽车节油耐用，服务到位，价格也极具优势，为日本赢得了良好的声誉，受到了泰国、老挝、柬埔寨等国家的欢迎。

另一个可视标志是日本征服东南亚女性市场的秘密武器——化妆品。随着经济的发展，湄公河五国女性的收入水平有了显著提高，成为重要的消费群体。日本企业都非常看重东南

亚的美妆商机，纷纷前来开拓市场。日系化妆品历史悠久，种类繁多，价格比较亲民，主打天然无刺激的药妆，品质有保障，性价比非常高，对于经济相对落后的东南亚国家尤其适合，因此在东南亚市场上特别受欢迎。

还有一张重要名片遍布泰国的大街小巷，那就是"7-11"便利店。"7-11"已经成为泰国人日常生活中不可或缺的重要部分，附近有没有"7-11"甚至成为买不买房的重要影响因素，而这个能解决人们日常生活所需的商店正是纯正的日本企业。

日本料理在湄公河五国特别普及，大大提高了日本饮食品牌的知名度和影响力。日本料理因原汁原味及精致细腻享誉国际，深受人们的喜爱，如曼谷的商场里随处可见日本的饭店、饮料甜点店，休闲时吃吃日本料理、绿茶甜点、自助餐等已是很多中产阶级的日常。在泰国曼谷，日本餐厅在 2013 年仅有 1241 家，而自 2015 年以来，数量已增长到 1700 家左右。日本料理食材讲究，制作精细，赏心悦目，特别富有匠人精神，再加上烹饪方式追求原汁原味，非常符合湄公河五国人民的饮食习惯，得到了广泛认可的同时，很多本地人也做起加盟生意。

另外，日本的茶道也广受欢迎。日本茶道讲究器具，步骤烦琐，茶室环境优雅，还凝聚了"和敬清寂"的茶道精神。在日本的努力推广下，日本茶道已经不单单是一种休闲方式，更上升为一种艺术、一种美学、一种陶冶性情的方式。随着日本餐厅的增多和日式无糖茶的流行，日本茶在澜湄区域国家得到了广泛普及，带着日语标签的日式茶成为"7-11"连锁店的热销饮料。湄公河五国一些大城市也有很多茶道体验馆，如曼谷日本茶道体验店 Peace-Oriental Tea House。日本的茶道传递出一个颇具文化内涵、绿色健康的日本形象，激发了该区域人们对日本文化的兴趣。

可见，日本的品牌大到汽车、家电，小到食品、饮料，已经进入了湄公河五国人民的生活，科技发达、时尚精致、品质优良、绿色健康成为人们对日本商品的共识，日本企业渐渐在澜湄区域树立了良好的品牌形象，"日本制造"已成为一种品质的保证。再加上日本企业需要更多的本地语言人才，越来越多的人想了解日本的语言文化，因此纷纷选择学习日语。日本通过品牌形象大大提升了国家形象，为日语的推广奠定了基础，探索出了一条语言推广的独特之路。

二、日本在湄公河五国的语言推广对中国的启示

通过以上研究可以看出，21 世纪以来，日本非常重视语言文化的输出，采取各种手段积极为语言推广服务，在湄公河五国取得了巨大的成功，积累了丰富的经验。相较而言，中国推广机构单一，法律政策不够健全，文化交流有待进一步加强，中文教学资源、学习环境

有待进一步开发，另外，对流行文化重视不足，品牌形象有待提升。日本在湄公河五国语言推广的成功经验非常值得我们学习和借鉴。

2.1 政府与民间密切合作、相互支持，共同推动语言的推广

日本政府设立了各种机构，为语言的推广提供了保障。如日本主要的国家行政机构有文部科学省和外务省，文部科学省下设的高等教育局、文化厅等。除此之外，日本还有独立行政法人类型的日语推广机构，同时积极发动民间团体及机构的力量，壮大了推广的队伍。可见，政府提供资金、组织、人员及政策的支持，民间通过多种形式为政府助力，政府与民间展开多方位、多领域的合作，能够为语言的推广提供坚实的后盾，切实保障语言文化的对外传播和推广。

中国在语言推广方面主要是依靠中外语言交流合作中心，通过建立孔子学院、派遣教师和志愿者、组织文化交流和合作等方式进行中文传播。跟日本相比，中文语言推广力量相对比较薄弱，今后应该借鉴日本的经验，积极利用民间团体、优秀个人的力量，建立牢固的合作伙伴关系，共谋中国语言文化教育传播的大业。湄公河五国是华侨华人聚集地，华人精英在各种民间团体中扮演着重要的角色，应该让他们积极团结起来，发挥他们的作用。另外，中国还有很多民间团体，如中国民间组织国际交流促进会，下设科学教育、文化艺术、企业工商和慈善扶贫等领域的分支机构，这些机构举办了多次中国与东南亚民间的高端对话，增进了中国与湄公河五国的沟通和合作。除此之外，中国在澜湄区域还有很多声誉较高的企业团体、明星演员、知名媒体等，应该发挥这些民间资源的特色和优势，促进与澜湄区域国家共建"一带一路"，共建澜湄区域国家命运共同体，使之成为中国推进语言文化教育与传播的助推器。

2.2 健全法律法规，为汉语推广提供法律保障

日本为促进日语的推广制定了很多相关的法律法规，如《日本宪法》《教育法》《文化艺术振兴基本法》中都有相关内容。为了保障教师权益，日本的《教育公务员法》《地方公务员法》《被派遣到外国地方公共团体机关的普通职公务员待遇法》等也都出台了相关规定，切实为日语的推广提供了法律保障。

我国法律中涉及语言文字的有《中华人民共和国国家通用语言文字法》，但这部法律主要是为了推广普通话、推行规范汉字，并不侧重汉语国际教育与传播。《中华人民共和国教育法》中也有条款规定学校及教育机构推广使用普通话和规范字，但并没有针对汉语国际推广的规定。总的来说，我国除了部分领导的讲话、指示及中外语言交流合作中心的有关工作

章程外，并没有出台有关汉语国际传播及对外汉语教育的法律法规。随着中外语言文化交流的日益增多，涉及的利益关系及合作内容也越来越错综复杂，处理不当难免会引起不必要的矛盾，我们迫切需要像日本那样有相应的法律法规提供保障，做到有法可依，将汉语的推广事业上升到国家战略的高度，只有这样，才能保证汉语在湄公河五国的顺利推广。

2.3 创新文化艺术交流模式，加强文化艺术交流，激发语言学习兴趣

日本积极开展各类文化交流活动，以文化交流激发学习者的学习兴趣，促进语言的推广。如日本积极向澜湄区域国家派遣"日语学习伙伴"，在雅加达、河内和曼谷举办了"响彻亚洲 2019"活动，积极举办音乐节、足球比赛及播放电影等，在中国推行"日中交流中心事业"，促进中日学生的文化交流。日本通过丰富多彩的文化艺术活动，传播了日本文化，促进了澜湄区域国家人民对日本文化的了解，同时也激发了人们对日语的学习兴趣。

党的二十大报告明确指出，要增强中华文明传播力影响力，坚守中华文化立场，讲好中国故事、传播好中国声音，展现可信、可爱、可敬的中国形象，推动中华文化更好走向世界。因此，我们要紧紧围绕中华文化深耕细作，创新文化艺术交流合作模式，深入开展各种形式的文化交流，通过多种途径推动我国与湄公河五国的文化交流，促进民心相通。目前，中外语言交流合作中心在促进文化交流上进行了多方位的探索，如举办国际中文日、唱歌学中文、文化视频及线上展览等活动，取得了卓越的成效。但我们还要继续拓展文化艺术交流的深度和广度，继续探索文化艺术交流的新模式、新路径，使中国与各国的文化交流向区域性、专项性、多样性发展，努力把中华优秀传统文化的精神标识提炼出来，深耕"文化＋教育""文化＋饮食""文化+旅游""文化+艺术""文化+经贸"等，通过"文化+"的形式，积极传播好中国声音，打造中国影响力，以吸引越来越多的澜湄民众对中国语言文化产生兴趣。

2.4 加强对中文教学资源的开发，营造良好的中文教育环境

日本通过多种举措积极开发日语教学资源，在澜湄区域国家创造了良好的日语教育环境，促进了日语的推广。如日本开发和推广日语教材《Marugoto 日本的语言和文化》和《IRODORI 生活中的日语》，与行政机构和教育机构加强交流合作，加强对日语教师的培养，构建和实施新的日语学习者评估机制，实施 JFT-Basic 考试等，这些措施都为日语的推广奠定了良好的基础。

经过不断努力，我国在中文教学资源的开发及教育环境营造上也取得了显著成效，如"国际中文教育资源网"提供了大量的中文教材及读物，"中文联盟"为全球中文学习者提供数字化教学服务和资源支撑，网络中文课堂为海外有需求的教育机构提供个性化网络教学方

案等，但仍需继续开拓发展。首先，国别性的教学资源欠缺，《国际中文教育教学资源发展报告（2021）》中只列举了泰国中文教育资源，澜湄其他国家的中文教育资源尚需开发建设。其次，湄公河五国的中文教育数字资源目前尚不完善，数字教材及在线课程等亟须开发。再次，随着湄公河五国"中文＋职业技能"教学的开展，"中文＋职业技能"教学资源相对匮乏的问题日益凸显，"中文＋职业技能"教学资源建设刻不容缓，"中文＋职业技能"教材、网络课程资源及微课程等教学资源亟待开发完善，手机 App 学习端也待研发，数字时代需要"汉教人"顺应数字化发展潮流，更新教学理念，推动国际中文教育的优化升级。另外，日本不断开发评估学习者日语能力的考试，更是针对外国人才的引进而开发出 JFT-Basic 考试。相比之下，虽然我国的汉语水平考试（HSK）已逐步普及，并逐步被世界认可，但有针对性的专项考试尚需继续开发、完善及推广，如商务汉语考试（BCT）未得到广泛普及，考试信度有待提高，试题单一且与职场中汉语的实际应用差距较大，真实案例缺失。因此，我们应该积极借鉴日本的经验，开发汉语能力评估考试，为汉语学习者提供便利。

2.5 利用流行文化扩大影响力，吸引年轻的语言学习者

日本在语言推广上还有一个重要的特征，就是充分利用本国极具知名度和影响力的流行文化来吸引受众。日本最具影响力的是动漫，日本动漫可谓日本的文化名片。日本充分利用本国的文化优势，积极发展动漫产业，带动了一批由动漫催生的产业链，如漫画、游戏、玩具、电影等，不仅拉动了本国的经济发展，还壮大了本国的优势产业，也激发了动漫爱好者对日语的学习兴趣。

中国的流行文化独具特色，而且近年来对湄公河五国民众的影响力和吸引力也越来越大，甚至一些国家领导人都是中国电影、电视剧的粉丝。湄公河五国人民特别钟情中国的武侠剧、宫廷剧和仙侠剧，从早期的《还珠格格》到《步步惊心》《延禧攻略》，从《花千骨》到《三生三世十里桃花》《苍兰诀》，中国古装影视剧风靡全球。中国古风小说也占据了泰国书店的半壁江山。中国的很多明星，如 TFboys、任嘉伦、王嘉尔、王鹤棣等也深受湄公河五国年轻人的喜爱。现在随着网络的发展，中国的现代言情剧、综艺节目、游戏等也开始流行。湄公河五国与中国地缘相近、人缘相亲，一直以来都深受中国社会的影响；这些国家对外来文化非常开放和包容，是我国文化交流的重要对象，也可为汉语在世界其他地区的推广提供经验和借鉴。因此，我们要学习日本通过流行文化推广日语的经验，利用好流行文化带来的口碑和热度，政府与民间的企业团体凝心聚力，为流行文化提供制度保障和经济基础，最大程度地发挥中国流行文化的独特优势，吸引年轻语言学习者的眼球，以流行文化的热度带动语言的热度，从而推广我国的语言和文化。

2.6　以品牌形象提升国家形象，赢得湄公河五国人民的信任和好感，提高其对语言的关注度

国家形象是一个国家软实力的表现，是政治、经济、文化等多方面的综合体现。日本在语言推广过程中还通过树立良好的国家形象来赢得澜湄区域国家人民的信赖和好感。日本一方面通过对澜湄区域国家的经济文化援助扩大其影响力，促进日本与澜湄区域国家的经济文化交流，获得当地民众对日本的好感；另一方面还通过良好的品牌形象塑造声誉，无论是日系车、日本药妆还是小商品，都树立了一个科技发达、时尚精致、品质优良的国家形象，使"日本制造"成为良好的宣传标签，获得了澜湄区域国家人民的信赖，从而激发起大家对语言学习的兴趣。通过现代影视剧、高品质商品及时尚服务逐步打造一个健康时尚、质量优良、科技发达的先进国家形象，无疑是宣传推广所属国语言隐形但有效的名片，使澜湄区域国家的人们对日本的语言文化充满好感，激发起他们学习语言的欲望。

湄公河五国与中国地理位置接近，具有地理优势，是中国企业海外投资的首选目标。中国著名家电企业，如 TCL 集团、海尔集团、长虹集团等在这些国家占据越来越大的市场份额，在当地市场的存在感与日俱增，提升了中国品牌的形象和知名度。另外，中国电子科技品牌在东南亚也广受青睐，如小米、OPPO 及华为等品牌的手机，因超高的性价比而获得了湄公河五国的广泛认可。随着中国与湄公河五国经济贸易往来的日益加强，中国商品涌入湄公河五国，成为当地民众生活中不可或缺的一部分。中国地大物博，物产丰富，不缺盛名在外的品牌，我们要借鉴日本的经验，重质重量，树立品牌形象，营造良好的中国形象，以品质赢得湄公河五国的信任和好感，进而提高人们对中文的关注度。

总之，日本在语言文化推广上形成了一套符合本国国情的成熟的语言推广策略，我们要积极借鉴日本在语言推广方面的经验，解决目前我们在机构设置、法律政策、推广方法等方面存在的问题，积极探索出一条适合我国国情的语言推广之路，更快更好地促进中文在湄公河五国的推广，以提高我国的文化软实力和世界影响力，助力我国早日实现中华民族伟大复兴的中国梦。

参考文献

日本外务省. 国·地域 [EB/OL].（2022-10-22）[2022-12-05]. https://www.mofa.go.jp/region/asia-paci/index.html.

张晓宇. 以日语国际推广为观照的汉语国际推广问题研究 [D]. 沈阳：辽宁大学，2015.

赵师苇. 安倍政府的东南亚援助政策研究 [D]. 长春：吉林大学，2018.